RECUEIL

DE

DIVERS MÉMOIRES.

RECUEIL

DE

DIVERS MÉMOIRES,

EXTRAITS DE LA BIBLIOTHÈQUE

DES PONTS ET CHAUSSÉES,

A L'USAGE DES ÉLÈVES INGÉNIEURS;

Publié par P. C. LESAGE, Ingénieur en chef de première classe, Inspecteur de l'École Impériale des Ponts et Chaussées, Membre de l'Académie des Sciences et Arts de Turin, de celle des Arcades de Rome et de Dijon.

A PARIS,

Chez BERNARD, Libraire de l'École Impériale des Ponts et Chaussées, quai des Augustins, n° 25.

1806.

INTRODUCTION.

Depuis plus de trente ans, je veille avec une affection particulière à l'instruction des élèves de l'École Impériale des Ponts et Chaussées, puisée principalement dans les Ouvrages des Perronet, Chézy, Lamblardie, et dans ceux de M. Prony, aujourd'hui inspecteur-général et directeur de cette École. Je publie ce Recueil, dans l'intention de contribuer à faciliter les études des élèves.

Dépositaire de la bibliothèque, des modèles et des manuscrits dont le fondateur de l'École des Ponts et Chaussées a doté cet utile établissement, j'y ai recueilli une partie des matériaux épars qui composent ce Volume ; mes deux voyages en Angleterre, le second avec M. Perronet, m'ont fourni des observations intéressantes ; j'ai tâché de rassembler dans ces deux points tout ce qui appartient aux progrès de l'art.

J'ai cru devoir ce tribut de mon zèle à la mémoire de l'illustre Perronet, dont je ne puis encore retracer les travaux sans émotion ; à l'attachement que me portent les Élèves dont l'inspection est confiée à mes soins ; au Corps respectable dont j'ai l'honneur d'être membre ; à l'amitié du Directeur célèbre de cette École ; à la bienveillance du digne chef (1) que de nouvelles fonctions ont appelé à de nouveaux services publics. Puisse cet hommage de ma vieillesse honorer ma carrière, laisser un souvenir à l'amitié, et inspirer à mes successeurs le desir de surpasser mes foibles efforts !

---

(1) L'administration de M. le Conseiller-d'État Cretet, comme Directeur-général du Corps des ponts et chaussées, fera certainement époque : donner le plus grand essor aux travaux des Routes, des Canaux et des Ports, en perfectionner la législation, réorganiser le Corps impérial des ponts et chaussées sur une base solide, raviver l'instruction des élèves, réveiller partout l'émulation, laisser sur plusieurs points de l'Empire, et dans tous les cœurs, des monumens et des traces durables de son passage dans les ponts et chaussées, tout cela a été pour M. Cretet l'ouvrage de moins de six ans. A ce témoignage de la justice, je joindrai celui de ma reconnoissance pour ce chef à qui je dois l'honneur d'avoir présenté à S. M. I. et R., le 23 mars 1806, ma Notice sur la vie et les ouvrages de feu Perronet.

Le Héros du dix-neuvième siècle, le Restaurateur des arts et des lois de la France, a donné au Corps impérial des ponts et chaussées un nouveau gage de ses bontés, en fixant son choix sur Monsieur le conseiller d'État de Montalivet, commandant de la légion d'honneur, environné de la considération générale due à ses talens et à ses vertus. Puissions-nous le posséder long-temps ! c'est le vœu unanime que les ingénieurs forment pour lui et pour S. E. le Ministre de l'Intérieur, Monsieur de Champagny, dont les bontés nous sont également chères.

SOMMAIRE.

Ce Recueil sera divisé en douze parties :

1°. Une *Notice historique* sur la vie et les ouvrages de Perronet ; elle est moins l'hommage de la reconnoissance que le langage de la vérité.

2°. L'*Exposé* succinct des travaux de Perronet ; ce cadre, plus resserré, les met à la portée des jeunes ingénieurs.

3°. Des *Observations* sur les Grands Chemins de l'Angleterre, sur les Rues, Ponts, Places publiques de Londres.

Nota. Ces Notes sont extraites d'un journal de deux voyages en Angleterre, le premier que je fis en 1784, le second en 1785 avec M. Perronet, qui m'en avoit demandé la rédaction : on y trouvera une variété d'observations qui peuvent intéresser, sur les Rues, Égoûts, Chemins publics, Chariots, Ponts à bascules, et autres objets que j'ai eu occasion de remarquer dans ce pays, avec les plans et les profils relatifs.

4°. Un *Mémoire* inédit sur la construction et l'entretien des chemins en plaines et en montagnes ; par M. Tresaguet, inspecteur-général des ponts et chaussées, mort à Paris en 1794.

Nota. Aux profils de Routes relatifs à ce Mémoire, j'ai joint divers autres profils, dont quelques-uns sont pris parmi ceux donnés par feu M. Lamblardie, et professés aujourd'hui par M. Sganzin, inspecteur général, son successeur, à l'Ecole polytechnique ; il suffit de les exposer aux yeux exercés des ingénieurs, sans y ajouter des observations qui seroient superflues.

5°. Un *Mémoire* sur les vers à tuyaux qui percent les vaisseaux, et rongent les pieux des digues dans les ports et dans les ouvrages à la mer ; extrait du Mémoire de M. Massuet, publié à Amsterdam en 1773.

Nota. Cet extrait, quoique déjà publié à Paris en l'an VIII (1801), tome VII, page 307, par le Journal des Arts et Manufactures, sur des notes que m'avoit demandées son éditeur, M. O'Reilly, devient aujourd'hui d'un nouvel intérêt, depuis l'accroissement de l'Empire français dans le Nord, et nos relations avec la Hollande ; la nouvelle publication que je lui donne, est fondée sur la nécessité où seront désormais les ingénieurs, d'appliquer les moyens d'extirper ce fléau de la marine et des travaux maritimes.

6°. L'article intitulé *Navigation maritimo-fluviale*, est la description d'une machine que j'ai composée pour faire connoître les sous-courans qui existent à l'embouchure des fleuves à la mer.

Nota. Le modèle que j'en ai fait faire, est déposé dans la galerie des machines, à l'École.

SOMMAIRE.

7°. Une *Table* des produits des vis d'Archimède, et des hauteurs auxquelles ces machines peuvent élever l'eau, suivant leurs différentes longueurs, leurs diamètres, et inclinaison de position.

Nota. Cette Table a été dressée sur les expériences du sieur Thouroude, mécanicien . et vérifiée par M. Garipuy, ingénieur en chef et directeur des travaux du canal de Languedoc.

8°. Une *Table* des pesanteurs spécifiques des corps, extraite de l'ouvrage de M. Brisson, de l'Académie des Sciences de Paris.

Nota. Quoique cette Table très-étendue se retrouve encore dans l'Architecture hydraulique de M. Prony, membre de l'Institut, inspecteur général et directeur de l'École des ponts et chaussées, elle est d'un usage trop fréquent aux ingénieurs, pour ne pas trouver une place dans ce Recueil ; nous y avons ajouté la conversion des valeurs en mesures métriques

9°. Une *Table* par ordre de matières, des ouvrages historiques et Mémoires de l'Académie des Sciences de Paris, depuis son établissement en 1666 jusqu'en 1806.

Nota. Cette Table, extraite de celle des matières insérée en tête de chaque volume des Mémoires de l'Académie des Sciences de Paris, est spécialement consacrée à l'usage des élèves de l'Ecole qui y ont fréquemment recours, et qui, pour trouver un mémoire de mathématiques, d'analyse et de mécanique appliqué à l'hydraulique, ou même de physique, se fatiguent inutilement par la recherche des objets dont ils ont besoin, dans un grand nombre de volumes de cette histoire. La publication de cette Table, qui ne contient que l'indication des ouvrages relatifs aux sciences physiques et mathématiques, leur sera donc vraiment utile. Elle est la carte des sources où ils vont souvent puiser. C'est un guide propre à leur éviter la perte d'un temps si précieux à leur âge, et qui fuit sans jamais revenir.

10°. D'un exposé succint de diverses autres machines de la galerie des modèles de l'École des Ponts et Chaussées.

Nota. On regrette de n'avoir pu y joindre des planches pour en faciliter la conception.

11°: Une *Table* des machines consignées dans les Annales des Arts et Manufactures, dé 1799—1806; par O'Reilly.

12°. Une dernière *Table* des Textes, des Mémoires et Machines des Sociétés Académique et Royale de Londres, de 1794—1806.

Ce Recueil de Mémoires est suivi de seize Planches, ayant en tête le portrait de M. Perronet.

NOTICE HISTORIQUE

SUR LA VIE ET LES OUVRAGES

DE M. PERRONET,

PREMIER INGÉNIEUR DES PONTS ET CHAUSSÉES DE FRANCE , CHEVALIER DE
L'ORDRE DE SAINT-MICHEL , MEMBRE DES ACADÉMIES DES SCIENCES , D'ARCHI-
TECTURE, ET D'AGRICULTURE DE PARIS, DE CELLES DE ROUEN , DE DIJON,
DE LYON , DE METZ ; DE LA SOCIÉTÉ ROYALE DE LONDRES , DE CELLES DE
STOCKOLM , DES ARCADES DE ROME.

JEAN-RODOLPHE PERRONET naquit à Surennes, près Paris , le 8
octobre 1708. Son père (1), ancien officier suisse, au service de France ,
laissa, à sa mort, une veuve peu fortunée, et ce fils, objet de nos regrets,
qui développa de bonne heure , dans la Capitale, son goût naturel pour
les sciences et les arts.

En 1718, Perronet, âgé de dix ans, fut , un jour , conduit par sa mère
aux Tuileries : dans un des carrés de ce jardin, près la terrasse des Feuillans,
on avoit alors construit une salle en bois, fermée par des vitreaux , dans
laquelle étoit un petit billard destiné aux amusemens de Louis XV,
qui n'avoit alors que huit ans. Le jeune prince , ayant aperçu cet enfant

---

(1) La famille de Perronet est originaire de Lauzanne ; elle s'est rendue recommandable par
les vertus et les talens de plusieurs de ses membres. Le célèbre Crouzas , son oncle, s'étoit illustré
dans la carrière des lettres et des mathématiques.

de son âge, pria son gouverneur de le faire entrer. Perronet lui plut tellement, qu'il fut invité à se rendre tous les dimanches dans les appartemens du roi, qui l'affectionnoit de plus en plus; un jour, le gouverneur l'ayant interrogé sur un fait d'espiéglerie qui avoit eu lieu entre le jeune prince et un autre jeune seigneur de sa cour, Perronet, qui en étoit instruit, répondit qu'il l'ignoroit, et dès ce moment il ne fut plus reçu au château.

Louis XV, pendant son règne, ne cessa de montrer à Perronet beaucoup d'affection et d'estime; il ne le voyoit pas sans lui faire des questions sur ses affaires personnelles, et toujours avec un intérêt particulier. Perronet nous disoit souvent qu'il croyoit devoir les marques de la bonté de Louis XV à la discrétion qu'il lui avoit montrée dans un âge aussi tendre, qualité qui devient si grande dans un homme public.

A l'âge d'environ quinze ans, étant déjà fort avancé dans la géométrie, le maréchal de Berchiny, qui étoit ami de son père, détermina sa mère à le faire entrer dans le Génie militaire. Il subit un examen, et fut admis au nombre des candidats; mais on ne recevoit, cette année-là, pour les trois places qu'on devoit donner, que les fils des ingénieurs, ce qui le renvoya à la première promotion. Gêné par la fortune, il prit un autre parti, et se détermina à étudier l'architecture.

En 1725, âgé de dix-sept ans, il fut admis dans les bureaux de M. Debeausire, architecte de la ville de Paris, qui l'employa à vérifier les toisés, à régler les mémoires des ouvriers, et à suivre les constructions intéressantes qu'il avoit sous sa direction. L'aptitude et les talens qu'il montra lui méritèrent son amitié et une confiance sans réserve. Il fut chargé du projet et de la conduite du grand égoût, et de la partie du quai qui forme l'abreuvoir près le pont de la Concorde et des Tuileries, ainsi que du trottoir en encorbellement du quai Pelletier, près le pont Notre-Dame. Dans ce même temps, il dirigeoit les travaux des chemins de la banlieue, exécutés sur les fonds de la ville. Il fut également chargé de plusieurs fêtes publiques, dont M. Debeausire, déjà fort avancé en âge, lui avoit confié les soins.

En 1745, âgé de trente-sept ans, Perronet passa dans le Corps des ponts et chaussées, où il fut appelé par M. Trudaine père, intendant des finances, chargé de l'administration de ce département. Il fut d'abord nommé inspecteur, et, une année après, ingénieur en chef de la ci-devant généralité d'Alençon.

M. Trudaine, magistrat éclairé et devenu célèbre par les bienfaits de son administration, sentoit la nécessité d'avoir un coopérateur capable de l'aider dans le projet qu'il avoit conçu, d'établir à Paris une École spéciale, où l'on pût former des ingénieurs, qui, répartis sur les principaux points de la France, devoient un jour les lier entre eux par des communications aussi faciles que nécessaires aux relations commerciales et administratives d'un grand Empire. Il le trouva dans Perronet, qu'il rappela à cet effet à Paris, et le nomma inspecteur général, et directeur de cette École, qu'il fonda en 1747. A cette époque, M. Hupeau étoit premier ingénieur des ponts et chaussées de France; mais accablé sous le poids des infirmités qui accompagnent presque toujours un grand âge, Perronet s'y attacha, et, pendant sept à huit ans, il remplit près de lui toutes les fonctions qui formoient les attributions de sa place. M. Fitrou (1), inspecteur général, qui lui succéda, laissa, à sa mort, une veuve respectable, chargée de cinq enfans : Perronet en fut l'ami et le père.

Ce fut à l'âge de quarante-un ans (c'est-à-dire en 1747)(2), qu'il parvint au grade de premier ingénieur des ponts et chaussées. Ce fut aussi à cette époque, que commença la réputation de cet homme célèbre, qui a illustré ce Corps, que les plus grands talens ont rendu recommandable.

Plusieurs puissances étrangères envoyèrent des sujets à l'École des ponts et chaussées, pour perfectionner leur instruction.

Perronet fut parfaitement secondé dans ses fonctions de directeur de l'École des ponts et chaussées, par M. Chezy, ingénieur et sous-directeur,

---

(1) M. Pitrou est mort le 15 janvier 1750. Il est auteur d'un excellent ouvrage sur la *Construction des Ponts, et l'Art de la Charpente* ; 1 vol. grand atlas, imprimé à Paris en 1756.

(2) Arrêt du Conseil d'État du roi, du 14 février 1747, qui nomme Jean-Rodolphe Perronet premier ingénieur des ponts et chaussées de France, garde du dépôt des plans et modèles, etc.

homme d'un mérite rare, qu'il fixa près de lui en 1763, et dont il fut l'ami le plus constant (1).

Perronet assistoit souvent aux leçons de cette École ; il aimoit à s'entretenir avec les élèves qui y étoient admis, et à exciter leur zèle et leur aptitude. Leurs progrès dans les sciences étoient l'unique objet de sa sollicitude ; et, dans les réunions fréquentes qui avoient lieu chez lui, et où le sentiment du dévouement et de l'amitié présidoit toujours, il s'occupoit sans cesse à leur élever l'ame, à étendre leurs idées, et à leur faire envisager que l'estime et la considération publiques étoient le partage de ceux qui se distinguoient dans la carrière qu'ils avoient à parcourir.

Messieurs les ingénieurs se les rappellent sans doute avec plaisir, ces conférences instructives où ils apportoient le tribut des lumières qu'ils avoient acquises, et apprenoient de bonne heure à se distinguer mutuellement par d'heureuses et d'utiles conceptions, dans l'exécution des monumens dignes d'être transmis à la postérité (2).

Comme ingénieur, Perronet s'est constamment occupé, pendant sa longue carrière, des connoissances théoriques qu'il est possible d'acquérir ; de l'art de concevoir les projets en grand, et de les bien rédiger ; enfin,

---

(1) M. Chezy étoit excellent géomètre, bon astronome, mais malheureusement d'une modestie extrême, n'ayant rien fait imprimer de ses nombreux écrits. Il mourut à Paris, inspecteur général, directeur de l'École nationale des ponts et chaussées, le 13 vendémiaire an VII (4 octobre 1798), âgé de quatre-vingts ans.

M. Chezy, ayant, en 1792, demandé et obtenu sa retraite, Perronet obtint pour adjoint à la direction de l'École Jacques-Élie Lamblardie, ingénieur en chef, né à Loche, département d'Indre-et-Loire, en 1747. Cet ingénieur, d'un vrai mérite, fut, au décès de Perronet, confirmé, par le comité de salut public, directeur de l'Ecole des ponts et chaussées, le 9 février 1794. Lamblardie, mort à Paris, le 6 frimaire an VI (26 novembre 1797), jeune encore, et regretté des élèves et de tous ses amis, est auteur de plusieurs ouvrages imprimés et manuscrits, sur les ports de mer, les canaux, etc.

M. Prony, membre de l'Institut, inspecteur général, succéda, en l'an VII, à M. Chezy, pour la direction de l'Ecole. Ses ouvrages, sa modestie, sa renommée, nous dispensent de tout éloge.

(2) L'instruction concernant le réglement intérieur de l'Ecole des ponts et chaussées, approuvée par M. Turgot, contrôleur général, le 19 janvier 1775, est un des meilleurs moyens que Perronet ait employés pour exciter leur émulation Plusieurs puissances étrangères lui en ont fait demander des copies

(5)

de celui des grandes constructions subordonnées aux règles de la statique
et aux principes du bon goût, et d'une sage économie.

Une des maximes qu'il aimoit à répéter, étoit celle-ci : « Nos con-
» noissances, quelque étendues, quelque variées qu'elles soient, ne
» sont que de deux sortes : celles que nous acquérons par l'impression
» que les objets font sur nos sens, et celles que la méditation ou l'étude
» peut nous procurer. »

C'est d'après ces principes, qu'il sentoit l'importance d'avoir des Écoles
spéciales pour certains arts, où les connoissances théoriques fussent pro-
fessées, et où les faits qui leur appartiennent fussent déposés. Aussi
devint-il le créateur et le père de l'*Ecole* vraiment nationale *des ponts
et chaussées* (1).

Cette École fut fondée par le célèbre Trudaine (Charles-Daniel), né
en 1703, et qui mourut à Paris, le 19 janvier 1769, emportant avec lui
les regrets et l'estime générale. Charles-Philibert Trudaine, né en janvier
1733, héritier des vertus de son père, lui succéda dans tous ses emplois.
On croit devoir rapporter ici une lettre qu'il écrivit à Perronet un mois
avant sa mort.

A Montigny, le 4 juillet 1777.

« Vous voudrez bien, Monsieur, rendre compte à mon successeur,
» que j'ignore encore; des affaires que vous m'envoyez. Il n'est pas possible
» qu'il ne sente tout le besoin qu'il a de vos lumières, de votre talent, et
» de votre probité ; mais je le défie, quel qu'il soit, d'en faire plus de
» cas que je n'en ai fait. L'amitié la plus tendre est la suite des sentimens
» que vos vertus m'ont inspirés, et c'est un bien dont personne ne me
» privera. Je sais combien vous êtes affligé de me perdre pour les affaires ;
» mais conservez-moi votre amitié, c'est un héritage pour moi. Je ne
» veux pas vous en dire davantage, de peur de vous affliger. Je sais que

---

(1) Perronet, qui étoit un tendre père pour les élèves, sachant que plusieurs d'entre eux, peu
fortunés, ne pouvoient se procurer tous les secours de l'art dans leurs maladies, leur envoyoit
souvent son médecin ; *ayez soin*, lui recommandoit-il, *de ces jeunes gens que j'aime ;* paroles
vraiment paternelles, et qui lui ont mérité la reconnoissance et les regrets des ingénieurs qui en
ont été les objets.

» je veux compter sur les mêmes regrets de la part d'un Corps qui vous
» doit tout son lustre, et la considération dont il jouit. Si mon attache-
» ment pour ce Corps peut me laisser encore quelque droit à lui donner
» des conseils, j'exhorterai fort tous ces Messieurs, j'oserai ajouter que je
» les prie de se rappeler toujours ce qu'ils doivent au service de l'État et à
» eux-mêmes ; qu'ils ne perdent jamais de vue cet esprit d'honneur et de
» délicatesse qui a toujours présidé à nos assemblées, et l'union et la
» subordination qui ont été jusqu'aujourd'hui leur soutien.

» Voilà mes derniers vœux pour eux, Monsieur ; soyez-en l'inter-
» prète : assurez tous ces Messieurs de la continuation de mon estime
» tant que je vivrai ; que la mémoire de mon père leur soit toujours
» chère : quant à moi, je vais jouir, dans ma retraite, d'un repos dont
» je n'ai pas encore goûté la douceur depuis que je suis au monde. »

Signé TRUDAINE (1).

Il suffira d'indiquer ici les grands ouvrages que Perronet a projetés et
fait exécuter, pour donner une idée des connoissances physiques et mathématiques qu'il a su y employer : tels sont les ponts de Nogent-sur-
Seine, de Château-Thiery, de Mantes, de Neuilly, dont toute la Cour
(22 septembre 1772) et les étrangers vinrent admirer l'art, que le premier
coup-d'œil de son décintrement offrit aux yeux étonnés de tous les spec-
tateurs ; celui de Sainte-Maxence, dont l'élégance de la composition et
de l'architecture égale la hardiesse ; celui de la ●●ncorde à Paris (2) ;
celui de Nemours, que l'ingénieur en chef du département de Seine-
et-Marne vient de construire ; le canal de Bourgogne par Tonnerre ; le

---

(1) M. Trudaine est mort subitement à Montigny, le 5 août 1777.

(2) Exécuté sous l'inspection et la conduite de M. Dumoutier, habile ingénieur, mort à Paris,
le 7 ventose an XII.

. En 1770, le projet et les dessins de ce pont totalement arrêtés, ainsi que le détail estimatif,
montant à près de deux millions, le modèle en fut porté à Choisi, et présenté au roi : il l'expliqua
avec cette simplicité et cette modestie qui l'ont toujours caractérisé. Un seigneur de la Cour lui fit
l'objection que, lorsque les eaux seroient hautes, le chemin de hallage ne serviroit à rien ; le roi ré-
pliqua qu'*il ne lui avoit point fait cette observation, parce qu'il étoit sûr que Perronet y avoit
pensé ;* effectivement, il répondit à ce seigneur, que, la rivière étant à la hauteur du niveau du
dessus du pavé du chemin de hallage sous l'arche du pont, la navigation est alors interrompue

beau projet du canal de l'Yvette, dont la rédaction complète se trouve consignée dans trois volumes *in-folio*, déposés à la bibliothèque de l'École ; les grands et utiles travaux qui embellissent nos plus belles routes, et dont les détails sont en partie insérés dans son ouvrage, imprimé aux frais du Gouvernement, divisé en deux parties, avec un supplément : dans son discours préliminaire, Perrouet rend compte des motifs qui l'ont engagé à le publier.

Par arrêt du Conseil d'État, de 1757, il fut nommé inspecteur général des Salines de France, fonction qu'il a exercée jusqu'en 1786.

Les grandes routes de la ci-devant généralité de Paris étoient celles dont il avoit la direction immédiate, et qui devoient surtout fixer son attention : aussi a-t-on vu que, dans cette seule partie, plus de six cents lieues de longueur (500 myriamètres environ), à deux mille quatre cents toises la lieue, y ont été ouvertes, rectifiées et plantées d'arbres, dans l'espace de trente ans ; qu'une multitude de routes sinueuses et trop rapides y ont été successivement élargies, adoucies et rendues accessibles à tous les genres de circulation ; enfin, que près de deux mille ponts de toute grandeur y étoient entretenus aux frais du Gouvernement, avant 1790.

Indépendamment de ces immenses travaux, on pourroit encore citer ceux des rivières qu'il a détournées, des canaux qu'il a ouverts à la prospérité publique ; les machines ingénieuses qu'il a imaginées et dont il s'est servi long-temps avec beaucoup de succès ; enfin, ses rapports et mémoires académiques, comme membre de plusieurs sociétés savantes de l'Europe.

---

au-dessus et au-dessous de Paris. D'ailleurs, les trois planches gravées en 1776, et qui sont dans son ouvrage, sont exactement conformes à sa construction, à l'exception du vide dans les culées, et de l'ouverture du milieu des piles, que des personnes timides ont regardés comme pouvant nuire à sa solidité ; contrariété qui l'a beaucoup affecté, parce qu'il regardoit ce genre de construction comme un pas de plus fait dans l'art de l'appareil des ponts, et comme offrant un modèle dans la Capitale.

Celui de Sainte-Maxence, exécuté en 1774, est établi sur les mêmes principes ; c'est-à-dire, vide dans les culées et dans les piles.

Comme premier ingénieur des ponts et chaussées, Perronet déploya de grands talens en administration. Placé à la tête du Corps dont il fut le fondateur en France, il étoit aussi judicieux que juste dans le choix des places, qui, sans être à sa nomination, étoient presque toujours données sur son avis par les ministres, dont il avoit toute la confiance. Il savoit distinguer, surtout dans les ingénieurs, les talens divers, le mérite individuel, ou propre à telle ou telle autre place, les convenances personnelles, la moralité surtout. Il savoit, avec sagesse, arrêter les efforts de l'intrigue, prévenir les abus de la faveur, pour laisser percer le vrai talent qui se cache, le vrai mérite toujours trop modeste. Ces qualités si rares dans les hommes en place, Perronet les possédoit et les fit constamment paroître. Plein d'urbanité, d'estime et d'affection particulières pour tous les ingénieurs, il en fut constamment l'appui et l'ami. Rempli de désintéressement, de loyauté et de probité, il étoit cher aux siens, et affable à tous.

Perronet avoit des parens pauvres ; il en fut le soutien, et donnoit à chacun en raison de ses besoins. Né sensible et bon, son cœur étoit aimant, mais judicieux dans le choix de ses connoissances particulières ; indulgent pour les autres, il étoit sévère pour lui-même ; patient et courageux, il avoit cette humeur douce et obligeante qui fait les bons amis, et qui est le caractère du vrai sage. Perronet étoit très-laborieux ; sa vie fut sobre et régulière ; il se levoit de très-grand matin, et recevoit à toute heure les personnes qui se présentoient chez lui. Son travail le plus assidu étoit celui du soir ; souvent même il y consacroit des nuits. Indépendamment de son travail comme ingénieur, sa correspondance étoit très-étendue.

Enfin, pour donner la mesure de la considération dont Perronet jouissoit chez l'étranger, il suffira de citer l'hommage que lui a rendu la Société des arts de Londres, en plaçant son buste dans la salle de ses séances, à côté de celui de Franklin (1).

---

(1) En 1774, le roi de Danemarck fit demander, par son ambassadeur à Paris, un ingénieur de mérite, pour être chargé en chef de la direction des ponts et chaussées dans ses États. Perronet proposa M. Marmillod, son parent, qui a résidé douze ans à Copenhague, et est rentré en France, avec le grade d'inspecteur général, où il est mort en 1785. La Russie et le Portugal firent la même demande.

Dans les dernières années de sa vie, il composa encore plusieurs mé‑
moires qui ont été imprimés ; enfin, il conserva, jusqu'à son dernier
instant, toutes ses facultés morales, et cette douce aménité qui faisoit
le bonheur de ceux qui l'entouroient.

Il termina en paix sa longue et honorable carrière, âgé de quatre-
vingt-six ans, le 27 février 1794 (9 ventose an II). On put lui appliquer ce vers du bon Lafontaine :

Rien ne trouble sa fin, c'est le soir d'un beau jour.

En 1778, seize ans avant sa mort, Perronet reçut un gage flatteur de
la reconnoissance et de l'attachement des ingénieurs des ponts et chaussées, qui firent exécuter son buste en marbre ; ils lui en firent hommage,
avec cette inscription écrite en lettres d'or sur le piédestal : *Patri caris-
simo Familia.* Par son testament, il le légua à l'École avec sa bibliothèque qui étoit considérable, ainsi que tous ses modèles.

En 1782, les élèves de son école, ses enfans adoptifs, jaloux aussi
de lui témoigner leur amour et leur vénération, avoient fait graver
son portrait avec cette inscription :

OPTIMO VIRO ET CLARISSIMO CIVI,

JOANNI - RODOLPHO PERRONET,

REGIÆ SCIENTIARUM ACADEMIÆ PARISIENSIS SODALI,

ET A VIIS, PONTIBUS ET ÆDIFICIIS PUBLICIS GALLIÆ CONFICIENDIS

ARCHITECTURÆ PRÆFECTO,

OFFEREBANT ET CONSECRAVÈRE INSTITUTORI, AMICO, PATRI,

TESTES VIRTUTUM ASSIDUI, ET BENEFACTORUM MEMORES,

ALUMNI.

ANNO M. DCC. LXXXII (1).

Tels furent les derniers témoignages rendus à la mémoire de Perronet.
Son nom vit encore dans celle de ses contemporains : il vivra tant que

---

(1) Cette inscription fut composée par Diderot, que Perronet comptoit, ainsi que Buffon et
Bélidor, au nombre de ses meilleurs amis.

les sciences existeront parmi les peuples policés ; il a été et sera toujours l'ornement et la gloire de notre art. Formé par ses leçons, guidé par ses exemples, j'ai cru devoir laisser à ceux qui entreront un jour dans la même carrière, les éclaircissemens propres à faire connoître tous les pas d'un homme digne des hommages de tous les artistes. En leur transmettant les faits que je me suis plu à recueillir, j'ai satisfait aux sentimens les plus chers à mon cœur, à la reconnoissance, à la vénération, à l'amitié. L'éloge de l'homme vertueux est dans ses bienfaits ; l'apothéose de ses talens utiles est dans les monumens qu'il laisse, et les écrits qu'il nous transmet.

Pénétré de ce sentiment, j'ai rédigé sommairement l'Abrégé historique des différentes constructions qu'il a fait exécuter, de celles qu'il a seulement projetées ; le titre et les dates de ses principaux mémoires, et de ses rapports académiques. D'autres ingénieurs pourront en donner un jour une analyse plus étendue et plus instructive.

P. C. L. S.

SOMMAIRE

DES PRINCIPAUX OUVRAGES DE PERRONET.

Les principaux ouvrages exécutés ou projetés par Perronet, dont on donne ici une analyse succinte, sont divisés, dans ce recueil, en six chapitres :

Le premier comprend les ponts exécutés ;

Le second, ceux projetés ;

Le troisième, les canaux et rivières navigables ;

Le quatrième, ses principaux mémoires académiques ;

Le cinquième, les machines ;

Le sixième, un extrait de quelques mémoires sur différens ports de mer ; — l'onderie de canons, expériences, etc.

CHAPITRE PREMIER.

Ponts exécutés.

Pont d'Orléans, commencé en 1750, fini en 1760.

Pont de Mantes, commencé en 1757, fini en 1765.

Pont de Trilport, commencé en 1758, fini en 1764.

Pont Saint-Edme, à Nogent, commencé en 1766, fini en 1769.

Pont des Fontaines, commencé en 1770, fini en 1771.

Pont Biais-Bicheret, commencé et construit en 1775.

Pont de Neuilly, commencé en 1768, fini en 1774.

Pont de Château-Thiéry, commencé en 1765, fini en 1786.

Pont Sainte-Maxence, commencé en 1774, fini en 1785.

Pont de Brunoi, commencé en 1784, fini en 1787.

Pont de Rosoi, commencé en 1786, fini en 1787.

Pont de la Concorde, à Paris, commencé en 1787, fini en 1792.

Pont de Nemours ; le projet en fut fait en 1776. Il vient d'être exécuté avec des changemens (1805).

CHAPITRE II.

Ponts projetés.

Pont de Melun, en 1772.
Pont de la Salpétrière, vis-à-vis le jardin des plantes, en 1773.
Pont sur la Saône, à Lyon, en 1774.
Pont de Moret, sur Loing.
Pont de Pontoise.
Pont sur la Néva, à Saint-Pétersbourg, en 1778.
Pont sur la Loire, à Nantes, en 1778.
Projet d'une arche en pierre, de 200, 300, 400 et 500 pieds d'ouverture, en 1792.

CHAPITRE III.

Canaux et Rivières navigables.

Projet de la navigation de la Loire, depuis Nantes jusqu'à Pimbœuf, 1770.
Canal de Bourgogne, par Tonnerre, commencé en 1775.
Canal de l'Yvette, projeté en 1775, 1776 et 1777.

CHAPITRE IV.

Mémoires académiques.

Mémoires sur le cintrement et décintrement des Ponts, et sur les différens mouvemens que prennent les voûtes; en 1773:
Sur les différentes méthodes pour fonder les ouvrages en maçonnerie dans l'eau; en 1775:
Sur la réduction et l'épaisseur des piles, et sur la courbure qu'il convient de donner aux voûtes; en 1777.
Mémoire sur les pieux et pilotis; en 1779.
Mémoire sur les cintres des ponts:
Sur les éboulemens qui arrivent à des parties de montagne; en 1780.

(13)

CHAPITRE V.

Machines.

1° Drague en forme de mâchoire, mue verticalement par deux cor-
dages, pour enlever les vases et le sable du fond des rivières et des ports.

2° Une espèce de planchette portant un crayon, qui mesure exactement les angles, au moyen d'une alidade mobile, etc.

3° Une double pompe, qui fait mouvoir deux pistons, au moyen d'un
mouvement continu.

4° Une petite voiture, ou camion prismatique.

5° Roue à aube mobile, dont l'arbre est vertical, etc.

6° Autre roue dont l'arbre est horizontal, etc.

7° Deux scies à récepter les pilotis sous l'eau.

8° Odomètre pour les épuisemens, etc., etc.

CHAPITRE VI.

Ports de Mer.

Mémoires,

Avis

et Rapports sur

- La rade de Cherbourg.
- Le port du Havre.
- Le port de Dunkerque.
- La forme de Toulon.
- La fonderie de canons, à l'île d'Inderet.
- La manufacture des porcelaines de Sèvres, etc.

CHAPITRE PREMIER.

PONT D'ORLÉANS,

Commencé en 1750, fini en 1760.

LE pont d'Orléans fut projeté par M. Hupeau, premier ingénieur des ponts et chaussés, et conduit sous ses ordres, par M. Soyer, ingénieur en chef. Il est composé de neuf arches, dont les naissances sont à 12 pieds (3 ^{m} 90 ^{c}) au dessus des basses eaux ; celle du milieu a 100 pieds (32 ^{m} 48 ^{c}) d'ouverture, et 28 pieds (9 ^{m} 10 ^{c}) de hauteur sous clef ; celles des culées, 92 pieds (29 ^{m} 89 ^{c}), sur 25 pieds (8 ^{m} 12 ^{c}) de hauteur, et les autres arches à proportion. Les quatre piles du milieu ont 18 pieds (5 ^{m} 85 ^{c}) d'épaisseur, et les quatre autres, 17 pieds (5 ^{m} 52 ^{c}); ce qui donne, au total, 166 toises 4 pieds (324 ^{m} 83 ^{c}) de distance d'une culée à l'autre, lesquelles ont chacune 22 pieds (7 ^{m} 14 ^{c}) d'épaisseur : la largeur du pont est de 46 pieds (14 ^{m} 94 ^{c}) d'une tête à l'autre ; savoir : 27 pieds (8 ^{m} 77 ^{c}) pour le passage des voitures, 8 pieds (2 ^{m} 60 ^{c}) pour chaque trottoir, et 18 pouces (0 ^{m} 49 ^{c}) d'épaisseur de parapet ; les culées sont accompagnées de pans coupés, chacun de 30 pieds 8 pouces (9 ^{m} 96 ^{c}) de longueur, évasés sur un angle de 45 degrés, au bout desquels sont des pilastres formant saillie de 5 pieds (1 ^{m} 62 cent.) sur les nouveaux murs de quai, lesquels, ainsi que les pilastres, ont été retournés d'équerre au pont.

La voûte de l'arche du milieu a 6 pieds 6 pouces d'épaisseur à la clef (2 ^{m} 11 ^{c}); celles près des culées ont 5 pieds 6 pouces (1 ^{m} 79 ^{c}), et celles intermédiaires à proportion. L'assise du cordon qui couronne le pont, a 27 pouces (0 ^{m} 73 ^{c}) de hauteur, compris 10 pouces (0 ^{m} 27 ^{c}) pour un cavet et un filet ; la saillie totale de ce cordon est de 18 pouces (0 ^{m} 49 ^{c}); la hauteur du parapet est de 3 pieds 1 pouce (1 ^{m} 00 ^{c}) au dessus du cordon, et de 1 pouce (0 ^{m} 27 ^{c}) de moins sur les trottoirs ; le tout, non compris 1 pouce (0 ^{m} 27 ^{c}) de bombement pour le bahut. Le pavé a, de part et d'autre du pont, 8 lignes (0 ^{m} 18 ^{c}) de pente par toise (1 ^{m} 95 ^{c}).

Les fondations sont en maçonnerie, sur pilotis ; grillage et plate-
forme de charpente; la courbure des arches est de forme ovale , décrite
à trois centres. On a employé dix ans pour en terminer les travaux (1).

PONT DE MANTES,

Commencé en 1757, fini en 1765.

Le pont de Mantes, situé sur la Seine et la basse route de Paris à
Rouen , fut projeté et commencé par M. Hupeau, premier ingénieur.
Il est composé de trois arches ; celle du milieu a 120 pieds ($39^m 00^c$)
d'ouverture, et celles des deux culées 108 pieds ($35^m 10^c$); sa largeur,
d'une tête à l'autre, est de 33 pieds 4 pouces ($10^m 83^c$), et entre les parapets, de 30 pieds ($9^m 75^c$).

L'épaisseur des piles est de 24 pieds ($7^m 80^c$), et celle des culées ,
de 27 pieds ($8^m 77^c$); les murs d'épaulement qui accompagnent les culées,
ont 14 pieds ($4^m 55^c$) de longueur, 14 pieds 6 pouces ($4^m 71^c$) d'épaisseur, et 37 pieds ($12^m 02^c$) de longueur sous leur couronnement.

Les murs de rampe en retour d'équerre au pont, ont chacun, du côté
de la ville, 27 toises ($52^m 62^c$) de longueur ; et les murs en aile, du côté
opposé, 5 toises 4 pieds ($11^m 04^c$), non compris les socles qui les ter-

---

(1) Perronet fut chargé , en 1752 , de l'inspection des travaux du nouveau pont d'Orléans ,
sous M. Hupeau ; M. Trudaine , par sa lettre adressée à M. Cypierre , intendant, (le 29 avril
1763), le prévient que le sieur Perronet, qui remplace M. Hupeau, se trouve chargé du compte
définitif, et de la réception de tous les ouvrages faits pour la construction du pont d'Orléans , de ses
ouvrages , etc.

L'adjudication de ce pont en fut passée à Jean Chopine, entrepreneur, le 29 mars 1751 , pour
la somme de 2,081,000 livres, et subrogée ensuite à Jean Rondel, par arrêt du conseil, du 20 octobre 1761.

Le procès - verbal et le compte définitif de réception , sont du 22 octobre 1763 , montant
à 2,670,856 liv. 13 sous, savoir :

Prix de l'adjudication.	2,084,000 l.	» s.
Et pour les augmentations.	586,856	13
Total.	2,670,856 l.	13 s.

A Orléans, le 22 octobre 1763.　　　　*Signé* PERRONET , et SOYER , ingénieur en chef
　　　　　　　　　　　　　　　chargé de la conduite des travaux.

minent, ainsi que les murs de rampe; leur épaisseur est 10 pieds (3 ^{m} 25 ^{c}) à leur origine, réduite à 7 pieds (2 ^{m} 27 ^{c}) à leur extrémité.

Tous les murs ont été élevés sur un pouce (o ^{m} 27 ^{c}) de talus par pied (o ^{m} 82 ^{c}) de hauteur; ils ont été fondés à 2 pieds (o ^{m} 65 ^{c}) seulement sous l'étiage, et les culées, ainsi que les piles, à 6 pieds (1 ^{m} 95 ^{c}); le tout fondé sur pilotis battus au refus, racinaux et plate-forme en charpente.

La naissance des arches est établie à 3 pieds (o ^{m} 97 ^{c}) au dessous de l'étiage; l'arche du milieu a 35 pieds (11 ^{m} 37 ^{c}) de hauteur, et les autres 33 pieds 6 pouces (10 ^{m} 99 ^{c}), ce qui donne au pavé une pente par toise (1 ^{m} 95 ^{c}) de 1 pouce (o ^{m} 27 ^{c}).

La courbe des voûtes est à 11 centres, et pareille à celle du pont de Neuilly.

Les voussoires de la clef ont 6 pieds (1 ^{m} 95 ^{c}) de longueur de coupe; l'assise du couronnement faite avec tore, filet et cavet, a 27 pouces (o ^{m} 76 ^{c}) de hauteur; les parapets ont 20 pouces (o ^{m} 54 ^{c}) d'épaisseur, et 3 pieds (o ^{m} 97 ^{c}) de hauteur.

PONT DE TRILPORT,

SUR LA RIVIÈRE DE MARNE,

Commencé en 1758, fini en 1764.

Le pont de Trilport construit sur les projets et la conduite de M. Chezy, et sous la direction de M. Perronet, qui en a fait la réception le 13 septembre 1765, est composé de trois arches; il est situé sur l'alignement qui conduit de la ville de Meaux au village de Trilport, et biais à la direction habituelle de la rivière. Les flancs des culées et des piles forment avec la ligne de milieu, à droite, un angle de 72 degrés (ancienne division).

L'arche du milieu a 12 toises 3 pieds (24 ^{m} 33 ^{c}) d'ouverture carrée et d'ouverture biaise, 13 toises 10 pouces 5 lignes (25 ^{m} 61 ^{c}); sa hauteur est de 27 pieds (8 ^{m} 77 ^{c}) au dessus des basses eaux où elle prend naissance, jusqu'à l'intrados de la clef qui a 4 pieds six pouces (1 ^{m} 36 ^{c}) de hauteur; les deux autres arches ont chacune 12 toises (23 ^{m} 38 ^{c})

d'ouverture carrée, et d'ouverture biaise 12 toises 3 pieds 5 pouces 6 lignes (24 ^{m} 50 ^{c}); leur hauteur, depuis les basses eaux jusque sous la clef, est de 26 pieds (8 ^{m} 44 ^{c}).

Chaque arche contient deux cornes de vache qui rachètent le biais, et dont les retombées sont alternativement en amont et en aval de chaque arche; la largeur des retombées est de 5 pieds (1 ^{m} 62 ^{c}); elles vont se terminer aux clefs correspondantes de chaque côté, lesquelles ont 4 pieds 3 pouces (1 ^{m} 38 ^{c}) de coupe.

La longueur du pont, du devant d'une culée au-devant de l'autre, mesurée suivant la ligne de milieu, est de 43 trois toises 3 pieds 1 pouce 3 lignes (84 ^{m} 79 ^{c}); et sa largeur, mesurée carrément, de 30 pieds (9 ^{m} 74 ^{c}).

Chacune des deux piles a 15 pieds (4 ^{m} 87 ^{c}) d'épaisseur au nu, mesurée carrément ; les extrémités opposées des deux flancs sont pliées en sorte que la ligne de pli ou de brisure a 5 pieds (1 ^{m} 62 ^{c}) de longueur, et fait un angle de 18 degrés avec le flanc prolongé du même côté. C'est sur ces deux lignes de brisure que se font les retombées alternatives des cornes de vache.

Les avant et arrière becs sont décrits avec deux portions d'arc de cercle; l'un tangent à l'extrémité du flanc d'un rayon égal, a l'épaisseur carrée de 15 pieds (4 ^{m} 87 ^{c}) de la pile, et l'autre de 13 pieds (4 ^{m} 22 ^{c}) de rayon, tangent à la ligne de brisure : l'intersection de ces deux arcs donne l'angle saillant de chaque avant et arrière bec.

La hauteur de chaque avant et arrière bec est de 18 pieds (5 ^{m} 84 ^{c}) au dessus des retraites, compris 18 pouces (0 ^{m} 49 ^{c}) pour l'épaisseur de la plinthe, saillant de 1 pied (0 ^{m} 32 ^{c}) sur le nu : le recouvrement, terminé en pointe, a 11 pieds (3 ^{m} 57 ^{c}) de hauteur, et est formé par des assises qui ont en bas 4 pouces (0 ^{m} 11 ^{c}) de face verticale, pour éviter l'angle aigu.

L'épaisseur des culées, à leur nu, est de trois toises (5 ^{m} 85 ^{c}) mesurées carrément, et de 3 toises 9 pieds 9 lignes (9 ^{m} 01 ^{c}) suivant la ligne de milieu : l'extrémité d'un de leurs flancs est brisée de la même manière que pour les piles; mais, au côté opposé, elles sont accompagnées chacune de deux murs en ailes, terminés par un socle. Celui en amont de la culée, du côté de Trilport, est évasé sur un angle de 27 degrés; il a 62 pieds 6 pouces (20 ^{m} 30 ^{c}) de longueur; son épaisseur en racine, au dessus des retraites, est de 10 pieds (3 ^{m} 25 cent.), et, à son extrémité, de

6 pieds (1 ^{m} 95^c) ; il est élevé à plomb en ses deux paremens, et a de hauteur, près de la culée, 32 pieds 5 pouces (10 ^{m} 52^c) entre le dessus des fondations et la première assise du parapet, et, à son extrémité, 6 pieds (1 ^{m} 95^c).

Le mur en aile d'aval est évasé sous un angle de 67 degrés, avec le flanc prolongé de la culée ; sa longueur, depuis la brisure jusqu'à son extrémité, est de 69 pieds (22 ^{m} 41 ^{c}) ; il est élevé à plomb en son parement intérieur, et en talus de 5 pieds (1 ^{m} 62^c) en son parement extérieur sur sa hauteur à prendre dans l'angle de son épaulement où son épaisseur en racine est de 11 pieds (3 ^{m} 37^c), et, à sa sommité, de 6 pieds (1 ^{m} 95^c) ; celle de son extrémité est de 6 pieds 10 pouces (2 ^{m} 22^c) en racine, et de 6 pieds (1 ^{m} 95^c) à sa sommité ; les hauteurs sont les mêmes que dans le mur précédent.

Les socles qui terminent les culées ont 4 pieds (1 ^{m} 30^c) en carré, et sont élevés à plomb sur toutes les faces, dont deux font des angles droits avec la ligne du milieu du pont ; leur hauteur est de 6 pieds (1 ^{m} 95° cent. au dessus des basses eaux ; deux autres socles de 4 pieds, (1 ^{m} 30^c) en carré, sont placés à la hauteur des culées écartées de 12 pieds (3 ^{m} 90^c) de l'épaulement.

Les murs en ailes et les socles de la culée, du côté de Meaux, sont pareils et égaux à ceux ci-devant, excepté que les parties en aval de l'une de ces culées répondent aux parties en amont de l'autre.

Le cordon qui règne sur les deux têtes a 18 pouces (0 ^{m} 88^c) de hauteur, et un pied (0 ^{m} 32^c) de saillie ; il se termine à l'assise de parapet qui couronne les épaulemens. Le parapet a 3 pieds (0 ^{m} 97^c) de hauteur, et 18 pouces (0 ^{m} 88^c) d'épaisseur ; il règne sur les deux têtes et l'épaulement, et se termine aux dés de pierre qui recouvrent les socles à l'abord du pont.

Le tout est fondé sur pilotis, racinaux et plate-formes de charpente ; on a laissé au-delà de la première assise de pierre un empatement de 3 pieds 6 pouces (1 ^{m} 14^c) de largeur qui règne au pourtour des piles, des avant et arrière becs, le long des flancs des culées et de leurs épaulemens.

Les deux culées, leurs épaulemens, les deux piles, leurs avant et arrière becs sont fondés à six pieds (1 ^{m} 95^c) de profondeur sous les basses eaux, à mesurer du dessus des plate-formes ; et on a donné 1 pied

(o ^{m} 32 ^{c}) d'empatement autour des nus de ces parties, qu'on a divisé en trois retraites égales, dont la dernière est faite, avec l'assise de naissance, au niveau des basses eaux.

PONT DE SAINT-EDME,

A NOGENT-SUR-SEINE.

Commencé en 1766*, fini en* 1769.

Le pont de Saint-Edme est composé d'une seule arche de 90 pieds (29 ^{m} 24 ^{c}) d'ouverture, et de 27 pieds (8 ^{m} 77 ^{c}) de hauteur sous clef au dessus des naissances; la courbe génératrice de la voûte est de forme ovale, décrite avec onze centres; sa largeur est, d'une tête à l'autre, de 30 pieds (9 ^{m} 75 ^{c}).

Les culées ont chacune 18 pieds (5 ^{m} 85 ^{c}) d'épaisseur, et sont accompagnées d'épaulement et de murs de terrasse au derrière.

Les voussoirs ont 5 pieds (1 ^{m} 62 ^{c}) de longueur de coupe aux clefs des têtes, et de 4 pieds (1 ^{m} 30 ^{c}) de longueur pour ceux d'entre ces têtes; le tout est fondé sur pilotis, racinaux et plate-formes de charpente, à 4 pieds 2 pouces (1 mèt. 35 cent.) sous les plus basses eaux.

On s'est contenté de battre les pilotis à un refus de 3 à 4 lignes ($\frac{\text{o mèt. o7 cent.}}{\text{o mèt. o5 cent.}}$) par volée de 25 coups pendant plusieurs volées de suite, avec un mouton pesant deux milliers, en y employant une sonnette à déclic.

Quoiqu'on eût donné 3 à 4 lignes ($\frac{\text{o mèt. o7 cent.}}{\text{o mèt. o9 cent.}}$) aux joints des lits des voussoirs, on a été obligé de les dégarnir de leur mortier avec le couteau à scie, en plusieurs endroits de leur parement, et surtout aux angles des têtes, pour empêcher que la pierre, par la compression des mortiers, ne pût se toucher : sans cette précaution, elle auroit pu se casser et s'écorner aux têtes.

PONT DES FONTAINES,

SITUÉ SUR LA RIVIÈRE DES NONETTES, A CHANTILLY, ROUTE DE PARIS
A AMIENS,

Commencé en 1770, fini en 1771.

Le pont des Fontaines, situé sur la rivière des Nonettes, est composé de trois arches surbaissées au quart ; celle du milieu a 16 pieds (5 mèt. 20 cent.) d'ouverture, et les deux autres, 15 pieds ($4^m 47^c$) ; les culées et les piles ont chacune 5 pieds ($1^m 62^c$) d'épaisseur.

La largeur du pont, d'une tête à l'autre, est de 24 pieds ($7^m 80.$) ; il est un peu biais sur la direction de la rivière. Pour le rendre plus léger, on y a placé des garde-fous en fer, des trottoirs et des bornes pour les défendre du choc des voitures.

DESCRIPTION DE L'ARCHE BIAISE,

SITUÉE SUR LE RUISSEAU BICHERET, PRÈS ET AU-DELA DE LAGNY (ROUTE
D'ALLEMAGNE), A COULOMMIERS,

Construite en 1775.

Cette arche biaise a 9 pieds ($2^m 92^c$), d'ouverture et (11 toises ($21^m 44^c$) de longueur, d'une tête à l'autre, mesurée suivant son biais qui est de 45 degrés. Les culées ont 5 pieds ($1^m 62^c$) d'épaisseur ; celle de la voûte est de 1 pied 10 pouces ($0^m 60^c$), mesurée à la clef.

On voit, par l'épure gravée de cette arche, que les plans des têtes sont verticaux et parallèles à l'axe longitudinal de la route. La partie de la voûte qui se trouve entre les têtes, est construite en plein cintre et en appareil régulier : elle est terminée carrément à sa direction.

Les culées sont construites de manière que leurs paremens intérieurs, aux extrémités de la partie en plein cintre, d'un côté, se prolongent jusqu'à la naissance de l'une des têtes de l'arche, et, de l'autre, se détournent perpendiculairement à l'autre tête, dans l'intérieur de la culée.

De l'angle formé ainsi contre l'une des culées, on mène une ligne entre celle qui termine la partie de la voûte à plein cintre, et celle de tête oblique ; cette ligne termine les voussoirs de la tête de l'arche, à laquelle les plans de joints sont perpendiculaires : ces voussoirs se raccordent avec ceux de la partie en plein cintre, par une portion de voûte, dont les lignes intérieures des plans de joints sont parallèles à la ligne ci-dessus mentionnée.

La courbure des têtes est une demi-ellipse, dont le petit axe, qui forme la montée, est égal au rayon du plein cintre ; et le grand axe, à la distance oblique entre l'une des culées d'une part, et la perpendiculaire de l'autre.

Les lignes intérieures des plans de joints pour les trois portions de voûte, sont horizontales dans toute la longueur de l'arche, et se raccordent entre elles, de manière à former des lignes brisées. Les deux têtes sont symmétriques, et ne diffèrent en rien dans leur construction ; elles sont accompagnées de murs en ailes : ceux d'aval, et celui à droite d'amont sont dans le prolongement des culées ; le quatrième est perpendiculaire au plan des têtes.

PONT DE NEUILLY,

CONSTRUIT PAR MM. CHEZY ET DUMOUTIER, D'APRÈS LES PROJETS ET SOUS LA DIRECTION DE M. PERRONET ;

Commencé en 1768, *fini en* 1774.

Le pont de Neuilly, construit sur la Seine, est composé de cinq arches de 120 pieds ($38^m 98^c$) d'ouverture chacune, situé sur l'alignement de l'avenue des Champs-Élysées, que l'on a prolongé jusqu'au haut de la butte de Chantecoq, avec quatre rangs d'arbres, dont les premiers, espacés de 16 toises ($31^m 18^c$), forment l'allée du milieu ; et les autres, de 8 toises ($15^m 59^c$) pour chaque contr'allée. On a formé au haut de la butte une place de 100 toises ($194^m 90^c$) de diamètre jusqu'au premier rang d'arbres, avec contr'allée au pourtour extérieur, aussi de 8 toises ($15^m 59^c$). Cette place forme étoile de six avenues à double rang d'arbres, dont quatre sont réduites à 14 toises ($27^m 28^c$)

pour l'avenue du milieu, et 7 toises (13 ^{m} 64 ^{c}) pour chacune des contr'allées.

La hauteur sous clef des arches est de 30 pieds (9 ^{m} 74 ^{c}), à partir de la naissance des voûtes qui est établie aux basses eaux; la courbure du cintre primitif des voûtes a été faite avec onze centres; les têtes sont des portions d'arcs, dont le rayon est de 150 pieds (48 ^{m} 60 ^{c}); le raccordement entre les têtes et le cintre primitif des voûtes, est formé par des cornes de vaches en voussures, portant sur les avant et arrière becs, dont la courbure du plan est pareille à celle des voûtes.

On a donné aux piles 13 pieds (4 ^{m} 22 ^{c}) de largeur, et l'on auroit pu, en toute rigueur, les réduire à dix pieds (3 ^{m} 24 ^{c}), dimension double de la longueur que l'on donne à la coupe des clefs, et que l'on regarde comme devant être le *minimum* de l'épaisseur des piles.

La largeur du pont est de 45 pieds (14 ^{m} 58 ^{c}) d'une tête à l'autre, dont 29 pieds (9 ^{m} 42 ^{c}) pour le passage des voitures, et 6 pieds 3 pouces (2 ^{m} 03 ^{c}) pour chaque trottoir, dont l'élévation, au dessus du pavé, est de 15 pouces (40 ^{c} 5 ^{milli}).

La fondation des piles a 21 pieds (6 ^{m} 82 ^{c}) d'épaisseur, à mesurer du dessus des plate-formes en charpente, lesquelles, ainsi que les pilotis, ont encore 2 pieds (0 ^{m} 65 c.) de plus d'empatement au pourtour de la première assise de pierre de taille de ces piles.

Le pavé, les parapets et les chemins aux arrivées du pont, ont été faits de niveau, en observant, sur la largeur du pavé, les pentes convenables pour l'écoulement des eaux. On a donné 16 toises 2 pieds (31 ^{m} 83 ^{c}) de largeur à chaque extrémité du pont, dans les parties du dessus des culées et des arches de hallage qui ont chacune 14 pieds (4 ^{m} 55 ^{c}) d'ouverture en plein cintre.

Les parapets ont 2 pieds (0 ^{m} 65 ^{c}) d'épaisseur à leur nu, et 3 pieds 7 pouces (1 ^{m} 16 ^{c}) de hauteur au dessus des cordons et plinthes (1).

---

(1) Le décintrement du pont a été fait le 22 septembre, en présence de toute la Cour, des ambassadeurs, des ministres, et d'un grand nombre de personnes. Trois minutes et demie ont suffi pour faire tomber les fermes des cinq arches, auxquelles on avoit ôté, quelques jours auparavant, les moises, les liernes horizontales, les contrefiches, et les boulons des moises qui les entretenoient.

On a frappé une médaille à l'occasion de ce décintrement, portant d'un côté l'effigie du roi,

PONT DE CHATEAU-THIÉRY,

SUR LA RIVIÈRE DE MARNE;

Commencé en 1765, fini en 1786.

Le pont de Château-Thiéry est composé de trois arches; celles des extrémités ont 48 pieds ($15^m 59^c$) d'ouverture, et celle du milieu 54 pieds ($17^m 54^c$); elles sont toutes trois surbaissées au tiers de leur ouverture; la largeur d'une téte à l'autre est de 33 pieds ($10^m 72^c$).

Les piles ont 13 pieds 6 pouces ($4^m 38^c$) d'épaisseur, et sont terminées à chaque bout par des avant et arrière becs, dont les côtés sont décrits par des portions d'arcs, avec des rayons de 13 pieds 6 pouces ($4^m 38^c$) de longueur, formant, sur leur base, un triangle mixtiligne équilatéral. Elles sont recouvertes pyramidalement en forme de chaperon, au dessus d'une plinthe de couronnement, dont le dessous se trouve 15 pieds ($4^m 87^c$) plus haut que la dernière retraite de fondation.

Chaque culée a 14 pieds ($4^m 55^c$) d'épaisseur, étant fortifiée contre la poussée des voûtes, par des murs évasés sur un angle de 45 degrés, et d'autres, retournés à leur extrémité parallèlement aux têtes, chacun de 27 pieds ($8^m 77^c$) de longueur, lesquelles viennent se raccorder contre les murs de quai : chacun de ces murs a 6 pieds ($1^m 95^c$) d'épaisseur.

Les piles et les culées ont été fondées à 9 pieds ($2^m 92^c$) au dessous de la dernière retraite, et à 12 pieds 9 pouces ($4^m 14^c$) de la naissance des voûtes, sur des pilots espacés de trois pieds ($0^m 97^c$) de milieu en milieu, avec racinaux et plate-formes en charpente.

La coupe des voussoirs des clefs est de 3 pieds 9 pouces ($1^m 22^c$) à l'arche du milieu, et de 3 pieds 6 pouces ($1^m 14^c$) aux deux arches collatérales; les autres sont prolongés en coupe jusqu'à 5 et 6 pieds ($\frac{1 \text{ mèt. } 6c \text{ cent.}}{1 \text{ mèt. } 95 \text{ cent.}}$) des douelles, se raccordant par leur derrière, avec la hauteur

---

avec ces mots : *Ludovicus XV christianissimus ;* au revers, une vue du pont, portant l'inscription suivante : *Novam artis audaciam mirante Sequana ;* et pour exergue : *Pons ad Lugniacum extructus M. DCC. LXXII.* Cette médaille fut remise au roi, le jour même du décintrement.

des assises horizontales des timpans; les têtes du pont sont couronnées d'un tore avec cavet, sur une pente de 21 lignes ($0^m 47^c$) par toise ($1^m 95^c$); la hauteur des parapets est de 3 pieds 6 pouces ($1^m 14^c$) sur une épaisseur de 18 pouces ($0^m 49^c$).

PONT DE SAINTE-MAXENCE,

FONDÉ EN 1774 PAR M. DAUSSE, INGÉNIEUR, ET TERMINÉ PAR M. DUMOUTIER EN 1785.

Le pont de Sainte-Maxence, situé sur la rivière d'Oise et la grande route de Paris en Flandre, est composé de trois arches, chacune de 72 pieds ($25^m 34^c$) d'ouverture, et de 39 pieds ($12^m 67^c$) de largeur d'une tête à l'autre; comprenant celle des trottoirs de 4 pieds 6 pouces ($1^m 46^c$) de chaque côté, les culées ont 18 pieds ($5^m 85^c$) d'épaisseur de corps carré, avec piliers buttans au derrière, de même longueur, et 6 pieds ($1^m 95^c$) de largeur; les deux intervalles, entre ces piliers, sont arrondis en demi-cercle, opposant leur convexité au derrière de ces culées, pour en faire reporter la poussée correspondante sur ces piliers buttans.

Les culées sont accompagnées de murs de prolongement de 25 pieds 8 pouces ($8^m 34^c$) de longueur, compris les pilastres, et de 12 pieds ($3^m 90^c$) d'épaisseur; les murs de rampe ont 26 toises ($50^m 67^c$). On a construit, au-devant d'une des culées, un chemin de hallage pratiqué sous l'une des voûtes.

Les piles ont 9 pieds ($2^m 92^c$) d'épaisseur, mesurées à leur nu, à la hauteur des plus basses eaux, au dessous desquelles les assises forment chacune retraite de 18 pouces ($0^m 49^c$) de saillie les unes sur les autres; le tout est fondé sur pilotis, racinaux et plate-formes en charpente.

Les piles ont 18 pieds ($5^m 84^c$) de hauteur, qui est celle des grandes eaux, compris leur couronnement; elles sont composées de piliers circulaires, chacun de 9 pieds ($2^m 92^c$) de diamètre en forme de colonnes grouppées à chaque bout des piles; la demi-épaisseur de la première, et celle de la dernière, qui se trouvent au-delà du nu des têtes du pont, tiennent lieu d'avant et d'arrière becs; l'intervalle, entre ces grouppes de colonnes, laisse une ouverture de 9 pieds (2^m 92^c) de largeur, au milieu de la longueur des piles ; cette ouverture est faite en arc renversé par en bas, et terminée, dans le haut, par des lunettes qui pénètrent les voûtes ; le tout est également figuré aux culées, dans lesquelles il a été fait un enfoncement.

Les voûtes sont faites en portions d'arcs décrits sur un rayon de 111 pieds (35^m 16^c) ; elles ont 4 pieds 6 pouces (1^m 46^c) d'épaisseur à leurs clefs ; le pont est accompagné de quatre pyramides placées sur les pilastres du bout des murs de prolongement des culées ; il est situé sur un alignement qui a été ouvert dans la ville, et qui se prolonge de part et d'autre sur une lieue de longueur totale.

PONT DE BRUNOI,

Commencé en 1784, fini en 1787.

Le pont de Brunoi, situé sur la rivière d'Yères, est composé de trois arches, chacune de 18 pieds (5^m 85^c) d'ouverture : les piles ont 3 pieds 6 pouces (1^m 14^c) d'épaisseur, et les culées 10 pieds (3^m 35^c) ; ces dernières sont terminées par des pilastres de 5 pieds (1^m 62^c) de largeur, et de 3 pieds 9 pouces (1^m 22^c) de saillie ; le tout mesuré au nu des paremens et au dessus des deux assises de retraite, qui sont établies sur un radier de 3 pieds (0^m 97^c) d'épaisseur en maçonnerie, lequel est prolongé de 4 pieds (1^m 30^c) parallèlement aux têtes du pont, et retenu à chaque bout par une file de pieux et de palplanches coiffés d'un cours de chapeaux.

La largeur du pont est de 28 pieds 6 pouces (9^m 26^c) entre les deux têtes, compris 16 pouces (0^m 34^c) pour l'épaisseur de chaque parapet. On a fait un trottoir en pierre de taille, de 3 pieds (0^m 97 c^c) de largeur ; les voûtes sont faites en portion d'arc de cercle décrit avec un rayon de 18 pieds (5^m 85^c) de longueur, et leurs naissances sont établies de niveau, à 7 pieds (2^m 27^c) au dessus de la deuxième assise de retraite ; les voussoirs des clefs ont 2 pieds (0^m 65^c) de coupe, et les autres sont prolongés et arrasés de niveau jusque dessous l'entablement du couronnement du pont.

Les piles sont terminées à chaque bout par des piliers circulaires, encastrés d'un quart dans le corps de la maçonnerie, et diminuées de 3 pouces ($0^m\,08^c$) de chaque côté par le haut, pour en réduire le diamètre à 3 pieds ($0^m\,97^c$); elles sont figurées également sur moitié de leur épaisseur contre les culées.

La courbure, qui avoit été surhaussée de 4 lignes ($0^m\,09^c$), ne s'est affaissée que d'environ 1 ligne ($0^m\,02^c$) après le décintrement. Ce pont a été construit par M. Fourcherot, ingénieur des ponts et chaussées.

PONT DE ROSOI,

SITUÉ SUR LA ROUTE DE PARIS A SEZANNE;

Commencé en 1786 *, fini en* 1787.

Le pont de Rosoi est composé de deux arches de 24 pieds ($7^m\,80^c$) d'ouverture, terminées en portion d'arc dont le rayon a pareille longueur de 24 pieds ($7^m\,80^c$), et la flèche 3 pieds ($0^m\,97^c$.)

Les culées ont 12 pieds ($3^m\,90^c$) d'épaisseur, et la pile d'entre les deux arches 6 pieds ($1^m\,95^c$); le tout mesuré au dessus des deux assises de retraite : les voussoirs ont 2 pieds 6 pouces ($0^m\,81^c$) de longueur de coupe à la clef; la largeur du pont est de 33 pieds ($10^m\,72^c$) d'une tête à l'autre : il est fondé, ainsi que les murs en ailes, sur pilotis, racinaux et plate-formes de charpente.

PONT DE LA CONCORDE,

CONSTRUIT SOUS L'INSPECTION ET LA CONDUITE DE M. DUMOUTIER, INGÉNIEUR EN CHEF DU DÉPARTEMENT DE LA SEINE (1);

Commencé en 1787, *fini en* 1792.

Le pont de la Concorde est placé au droit de la place de même nom (ci-devant Louis XV), sur l'alignement du milieu de la rue de la Con-

---

(1) Une chose remarquable, c'est que l'Académie proposa, pour programme d'un prix de mois le projet d'un pont à construire en face de la nouvelle église de la Madeleine ; Perronet, jeune encore, étudioit l'architecture au Louvre ; il remporta le prix.

(27)

corde et du palais du Corps législatif. La distance de ce pont à celui des
Tuileries, est de 430 toises (838ᵐ 07ᶜ). Il est composé de cinq arches :
celle du milieu a 96 pieds (31ᵐ 18ᶜ) d'ouverture ; les deux collatérales,
chacune 87 pieds (28ᵐ 26ᶜ) ; et celles qui joignent les culées, 78 pieds
(25ᵐ 34ᶜ) chacune. Sous la première arche, du côté de la place, est
établi un chemin de hallage. Le débouché du pont est de 426 pieds
(138ᵐ 38ᶜ), lequel excède de 88 pieds (28ᵐ 59ᶜ) celui des cinq arches
du pont royal.

La largeur du pont, entre les deux têtes, est de 48 pieds (15ᵐ 59ᶜ) ;
compris 7 pieds 6 pouces (2ᵐ 44ᶜ) pour chaque trottoir ; les piles ont
9 pieds (2ᵐ 92ᶜ) d'épaisseur, mesurées à leur nu au dessus des fondations ; celles-ci sont établies par assises en retraite, sur pilotis, racinaux
et plate-formes en charpente, formant empatement de 5 pieds (1ᵐ 62ᶜ)
tout au pourtour.

Chaque pile est composée, à ses extrémités, de deux corps carrés,
chacun de 11 pieds 3 pouces (3ᵐ 65ᶜ) de longueur, mesurés d'après l'alignement des têtes ; ils sont terminés à chaque bout par un pilier rond
de 9 pieds (2ᵐ 92ᶜ) de diamètre en forme de colonne, engagé d'un quart
de son diamètre dans les corps carrés fomant les avant et arrière becs,
ayant toute leur saillie de 6 pieds 9 pouces (2ᵐ 19ᶜ) au-delà des têtes du
pont. Ces piliers sont élevés, compris leurs astragale et chapiteaux,
jusque sous l'entablement du pont. Les culées ont 60 pieds (19ᵐ 49ᶜ)
de longueur, et 50 pieds (16ᵐ 24ᶜ) de largeur ; le massif est évidé au
derrière.

Les voûtes sont en arcs de cercle, décrits avec des rayons qui ont
depuis 119 pieds (38ᵐ 66ᶜ) jusqu'à 129 pieds (41ᵐ 90ᶜ) ; les naissances
sont toutes de niveau, à 18 pieds (5ᵐ 87ᶜ) au dessus des plus basses eaux :
les voûtes ont 4 pieds (1ᵐ 30ᶜ d'épaisseur) à leurs clefs ; les voussoirs du
milieu des voûtes comprennent une partie de l'entablement, lequel a
4 pieds 6 pouces (1ᵐ 46ᶜ) de hauteur ; il est de niveau sur l'arche du
milieu, et en pente de 2 pouces (0ᵐ054ᶜ) par toise (1ᵐ 95ᶜ) de part et
d'autre sur les autres arches, à l'exception de la partie qui est sur les
colonnes.

On a posé, sur les têtes du pont, une balustrade servant de garde-
fou, pareille à celle du pourtour de la place de la Concorde. La partie
du pavé du milieu du pont est établie de niveau, sur 24 pieds (7ᵐ 80ᶜ)

de largeur, et le surplus en pente de part et d'autre, à raison de 2 pouces (o ^{m} 54^c) par toise (1 ^{m} 99^c); la banquette des trottoirs se trouve à 15 pouces (o ^{m} 41^c de hauteur parallèlement au dessus du pavé.

Sur les colonnes des têtes du pont, et sur les pilastres et les socles de pierre, on devoit élever des pyramides en fer, de 18 pieds (5 ^{m} 85^c) de hauteur, pour porter un globe de verre dans lequel on placeroit des lampes à réverbère pour éclairer le pont.

La dépense totale, suivant le détail estimatif, s'est élevée à 3,001,795 l.

PONT DE NEMOURS,

PROJETÉ POUR ÊTRE CONSTRUIT SUR LA RIVIÈRE DE LOING, ROUTE DE PARIS A LYON (1).

Le pont projeté à Nemours, sur la rivière de Loing, est composé de trois arches, chacune de 47 pieds (15 ^{m} 27^c) d'ouverture. La courbe génératrice des voûtes est une portion d'arc de cercle dont le rayon est de 15 toises 3 pieds (30 ^{m} 86^c), ayant leur naissance à 1 pied (o ^{m} 32^c) au dessus des hautes eaux, où se termine le corps des piles; les clefs des têtes ont 3 pieds (o ^{m} 97^c) de longueur de coupe; elles sont couronnées par un cordon qui a 1 pied 6 pouces (o ^{m} 49^c) de hauteur, et qui règne sur les murs d'épaulement et sur les murs de rampe qui accompagnent ces derniers; la hauteur du parapet au dessus du cordon, est de 4 pieds 6 pouces (1 ^{m} 46^c), et leur épaisseur de 1 pied 4 pouces (o ^{m} 43^c), non compris le filet qui les termine, et qui est au-delà du plan des têtes; les trottoirs sont de 3 pieds (o ^{m} 97^c) plus bas que la ligne supérieure des parapets, et ont de largeur 5 pieds (1 ^{m} 62^c): celle pour le passage des voitures est de 4 toises (7 ^{m} 80^c); ce qui donne pour largeur totale, entre les deux têtes, 5 toises 4 pieds (11 ^{m} 4°).

Les parapets et les trottoirs vont se terminer aux pilastres placés à la fin des murs d'épaulement d'équerre au pont; le tout est arrondi en quart de cercle aux angles du pont.

Les piles ont 6 pieds (1 ^{m} 95^c) d'épaisseur mesurées à leur nu, à la hauteur des plus basses eaux, au dessous desquelles les assises forment

---

(1) Ce pont vient d'être exécuté avec des changemens, et terminé en l'an XIII (1805).

chacune retraite de 14 pouces ($0^m 38^c$) les unes sur les autres; leur hauteur est de 18 pieds ($5^m 85^c$); leur couronnement qui arrive à la ligne des hautes eaux, ainsi que la partie entre ce couronnement et les naissances, sont de forme octogone; les piles sont formées de piliers circulaires de 6 pieds ($1^m 95^c$) de diam. en forme de colonnes grouppées à chaque bout des piles; la demi-épaisseur de la première et celle de la dernière qui se trouvent au-delà du nu des têtes du pont, tiennent lieu d'avant et arrière becs; l'intervalle d'entre ces grouppes de colonnes laisse une ouverture de 10 pieds ($3^m 25^c$) de largeur au milieu de la longueur des piles, terminée au haut par des lunettes qui pénètrent les voûtes; le tout est également figuré aux culées dans lesquelles on a fait un renfoncement.

Les murs de rampe, du côté de la ville, et celui en amont, du côté du faubourg, sont perpendiculaires au pont et dans le prolongement des épaulemens; le quatrième en aval, oblique aux têtes, est éloigné, à son origine, du parement extérieur du mur d'épaulement, de 5 toises 2 pieds ($10^m 39^c$), et est raccordé avec celui-ci par un mur en retour parallèle au pont. On a profité de cette forme donnée par la nature des lieux, pour pratiquer un escalier, moitié en dedans, moitié en dehors de ce mur en retour, qui descend à la rivière et conduit dans l'ouverture qui se trouve entre les grouppes de colonnes, au moyen d'un passage formé dans le sens de la longueur de la culée.

Les culées ont 13 pieds ($4^m 22^c$) d'épaisseur de corps rectangulaire, et sont accompagnées de trois piliers buttans, dont les intervalles, qui les séparent, sont arrondis en arc de cercle contre les culées; le pilier du milieu a 8 pieds ($2^m 60^c$) d'épaisseur, et les deux autres chacun 5 pieds ($1^m 62^c$), sur une longueur commune de 13 pieds ($4^m 22^c$); les murs d'épaulemens ont 9 pied ssix pouces ($3^m 9^c$) d'épaisseur, et 16 pieds ($5^m 20^c$) de longueur, compris celle des pilastres; le tout est fondé sur pilotis, racinaux et plate-formes de charpente.

CHAPITRE II.

PONT DE MELUN,

SUR LA SEINE;

Projeté en 1772.

LE pont de Melun, d'une seule arche, a 15o pieds ($48^m\,72^c$) d'ouverture. Sa largeur est de 3g pieds ($12^m\,67^c$) d'une tête à l'autre, compris 4 pieds 6 pouces ($1^m\,46^c$) de trottoirs de chaque côté. Le cintre
primitif est décrit avec un rayon de 200 pieds ($64^m\,97^c$), et celui de l'arc
des têtes avec un rayon de 3oo pieds ($97^m\,45^c$) pour former des cornes
de vache de l'un à l'autre de ces arcs.

L'épaisseur de la voûte à la clef est de cinq pieds ($1^m\,62^c$). La
grande arche est accompagnée de deux autres arches, chacune de 3o
pieds ($9^m\,75^c$) d'ouverture, dont les voûtes sont aussi faites en portion
d'arcs avec un rayon de 3o pieds ($9^m\,75^c$) : elles ont 3 pieds 6 pouces
($1^m\,14^c$) d'épaisseur à la clef.

L'épaisseur de la culée, entre la grande et la petite arche, est de 42
pieds ($13^m\,64^c$) : chacune des autres a 12 pieds ($3^m\,90^c$); le tout sur
73 pieds ($23^m\,71^c$) de longueur, qui est aussi celle des petits arches,
pour former une place de chaque côté du pont, qui a 70 pieds ($22^m\,74^c$)
de largeur entre les parapets, et 6o pieds ($19^m\,49^c$) de longeur entre
les pilastres. Ces pilastres ont chacun 9 pieds ($2^m\,92^c$) en carré, et accompagnent les têtes du pont.

La hauteur de la grande arche est de 24 pieds ($7^m\,80^c$) sous clef,
mesurée depuis le dessus des plus basses eaux; et sa pente est réglée à
raison de 2 ~~pieds~~ ($0,^m54^c$) par toise ($1^m\,95^c$) du milieu de ce pont.

PONT DE LA SALPÉTRIÈRE,

VIS-A-VIS LE JARDIN DES PLANTES;

Projeté en 1773.

LE pont de la Salpétrière, en charpente, devoit être construit sur la
Seine, à Paris, au droit du nouveau boulevart de la Salpétrière. Il est

composé de sept travées , chacune de 90 pieds (29^m 24^c) d'ouverture ,
à compter du milieu des six palées doubles , et des paremens des culées
qui sont en maçonnerie. La distance d'une culée à l'autre est de 105
toises (204^m 65^c) ; et la largeur du pont, de 27 pieds (8^m 77^c) , compris l'épaisseur des garde-fous.

Les doubles files de pieux , dont l'espacement est de 6 pieds (1^m 95^c)
de milieu en milieu sur leur largeur, sont moisées à fleur d'eau , et aussi
en écharpe au dessus : elles sont coiffées de chapeaux avec blochets au
dessus, à la hauteur de 12, 14 et 16 pieds (3^m 90^c) (4^m 55^c), (5^m 20^c)
pour les première , deuxième et troisième palées de chaque côté des
culées ; le tout à compter du dessus des basses eaux. Ces blochets servent
à porter des poinçons et des jambes de force qui reçoivent un premier
cours double d'arbalétriers , posés jointivement à redans et boulonnés ;
deux autres arbalétriers isolés , assemblés d'un bout sur les mêmes jambes
de force , et de l'autre dans les premières moises pendantes ; et de plus ,
un autre cours d'arbalétriers aux têtes , dont celui du milieu sert de lisse
ou de garde-fou , sont assemblés avec quatre cours de moises pendantes ,
dont celles des têtes embrassent les garde-fous. Ces moises sont boulon-
nées ; savoir : les longues en trois endroits, et les courtes en deux seulement. D'autres moises horizontales embrassent les premières moises pendantes sur la largeur du pont. C'est sur les formes que forme cet assemblage, que sont établis les poutrelles , les pièces de pont , les couchis et
les garde-fous , et que l'on doit poser le pavé.

On a placé, à chaque travée et de chaque côté du bas des fermes , deux
contre-fiches ou guettes, portant d'un bout sur les blochets, et diago-
nalement de l'autre contre les deuxièmes moises pendantes de la ferme du
milieu , pour contre-venter le pont.

Les brise-glaces sont formés avec quatre pieux, battus sur l'alignement
du milieu de la palée , moisés par bas et coiffés d'un chapeau , lequel est
tenu contre les pieux avec des étriers de fer qui y sont encastrés et boulonnés jusqu'au dessous des secondes moises horizontales, se terminant
au premier pieu. On a posé sur cette seconde moise une contre-fiche ,
qui est assemblée par le haut à tenons et à mortaises dans le poinçon du
dessous des poutrelles de rive. On devoit battre du côté d'aval un pieu
de buttée, moisé comme les précédens , et on a posé une contre-fiche
sur la seconde moise qui est assemblée comme celle dont on vient de

parler. Les pieux du dessus du pont et celui du derrière de chaque palée, sont battus obliquement et en sens contraire de part et d'autre, du milieu du pont ; ceux des avant-becs doivent être battus à plomb.

Le pont a 6 pieds ($1^m 95^c$) de pente de part et d'autre, du milieu ; ce qui donne 1 pouce et demi ($0^m 4^c$) par toise ($1^m 95^c$).

PONT SUR LA SAONE, A LYON,

EN PLACE DU PONT DE BOIS DE L'ARCHEVÊCHÉ;

Projeté en 1774.

CE pont est composé de trois arches ; celle du milieu a 108 pieds ($35^m 8^c$) d'ouverture, et celles des extrémités chacune 96 pieds ($31^m 18^c$). Les naissances sont de niveau, 5 pieds 8 pouces ($1^m 84^c$) au dessous des basses eaux.

La courbe génératrice des voûtes est une portion d'arc de cercle, dont le rayon, pour l'arche du milieu, est de 111 pieds 6 pouces ($36^m 22^c$) ; ce qui donne 15 pieds 8 pouces ($5^m 9^c$) de flèche, et 10 pieds ($3^m 25^c$) de hauteur sur les basses eaux ; et pour les deux autres arches, de 120 pieds ($38^m 98^c$) ; ce qui donne 11 pieds ($3^m 57^c$) de flèche, et 5 pieds 4 pouces ($1^m 73^c$) de hauteur sur les hautes eaux.

L'épaisseur des voûtes, jusqu'au niveau des trottoirs, qui est aussi la ligne supérieure du pavé, est de 6 pieds ($1^m 95^c$). La largeur du pont, entre les têtes, est de 44 pieds ($14^m 29^c$) ; et celle des trottoirs, de 6 pieds ($1^m 95^c$).

Les parapets qui règnent sur les têtes, les murs en retour d'équerre aux mêmes têtes, et sur les murs des quais obliques, ont 4 pieds ($1^m 30^c$) de hauteur au dessus des trottoirs, lesquels s'arrêtent aux pilastres qui terminent les murs en retour.

Les piles ont 12 pieds ($3^m 90^c$) d'épaisseur, depuis les basses eaux jusqu'aux naissances. Cette épaisseur augmente à chaque assise, depuis les basses eaux jusqu'aux plate-formes, où elle est de 18 pieds ($5^m 85^c$) environ. Les avant et arrière becs sont demi-cylindriques, de 6 pieds ($1^m 95^c$) de rayon au dessus des basses eaux, et se terminent d'une manière analogue au corps des piles, au dessous,

Les culées ont 6 toises ($11^m 69^c$) d'épaisseur de corps rectangulaire pour toute la largeur du pont, comprise celle des demi-piles, et sont terminées au derrière par trois piliers buttans, d'égale longueur et d'une largeur approchant de l'intervalle qui les sépare.

L'épaisseur des murs en retour et des murs de quai, près des fondations, est de 12 pieds ($3^m 90^c$.)

Le tout est fondé sur pilotis, racinaux et plate-formes en charpente, à 16 pieds ($5^m 19^c$) environ au dessous des basses eaux pour les piles, et 6 pieds ($1^m 95^c$) pour les culées.

PONT DE MORET.

SUR LA RIVIÈRE DE LOING;

Projeté en 1771.

Ce pont est composé de trois arches de 78 pieds ($25^m 34^c$) d'ouverture chacune : il est biais à la direction de la rivière, et son angle d'obliquité est de 126 degrés ($111^m 6^c$) en aval. La courbe génératrice des voûtes est une portion d'arc de cercle dont le rayon est de 144 pieds ($46^m 78^c$); leur surface est engendrée par le mouvement de cet arc toujours parallèlement à la direction du pont, son centre étant assujéti à se trouver constamment sur une droite horizontale parallèle à la direction de la rivière. Leur naissance est établie aux hautes eaux; et l'épaisseur, à la clef des têtes, est de 4 pieds ($1^m 30^c$). La hauteur du cordon qui couronne les têtes, comprise celle des parapets, est de 5 pieds ($1^m 62^c$). La largeur du pont, entre les têtes, est de 39 pieds ($12^m 67^c$); et celle des trottoirs, de 5 pieds ($1^m 62^c$).

Le cordon, les parapets et les trottoirs se prolongent de 5 toises ($9^m 75^c$) de chaque côté des culées sur les murs du quai. L'épaisseur des parapets est de 18 pouces ($0^m 49^c$); ils se terminent à un pilastre : le tout est arrondi à la rencontre des têtes du pont avec les murs de quai.

Chaque pile est composée, depuis les basses jusqu'aux hautes eaux, de huit piliers cylindriques, dont les centres sont placés aux angles de deux corps de murs séparés, en forme de parallélipipède obliquangle, dont le côté parallèle aux têtes du pont a 7 pieds 6 pouces ($2^m 44^c$), et celui suivant la longueur de la pile, 10 pieds ($3^m 25^c$); le tout placé de manière que les piliers ou colonnes ont l'arête la plus éloignée dans le plan même des têtes du pont.

D'après cette disposition, il n'y a point d'avant et arrière becs. Pour remplacer les premiers qui devenoient seuls nécessaires, on a formé en amont du pont un corps cylindrique qui embrasse les deux colonnes des têtes du pont, lequel corps s'avance de 5 pieds ($1^m 62^c$) au-delà des mêmes têtes, et s'élève de 4 pieds ($1^m 30^c$) au dessus des basses eaux.

Les trois-quarts des piles sont figurées sans aucun changement aux deux culées.

Au dessous des basses eaux, les piles et les culées sont composées d'assises formant retraite et régnant sur toute la longueur. Le tout est fondé sur pilotis, racinaux et plate-formes de charpente.

L'ouverture qui se trouve au milieu de chaque pile et de chaque culée, est terminée au haut par une lunette qui pénètre les voûtes du pont. La partie des assises au dessous des basses eaux qui répond à cet intervalle, est appareillée de manière à lui faire porter une portion du poids du pont.

La hauteur des piles, depuis les basses eaux jusques aux naissances, est de 12 pieds ($3^m 90^c$). Les colonnes sont couronnées par un chapeau de forme pentagonale; leur rayon est de 3 pieds ($0^m 97^c$).

L'épaisseur des murs de quai, ainsi que celle des culées, est de 9 pieds ($2^m 92^c$). Ces dernières sont renforcées au derrière par trois piliers buttans, de 20 pieds ($6^m 50^c$) de longueur moyenne, et de 6 pieds ($1^m 95^c$) d'épaisseur; laissant entre eux des intervalles de 10 pieds ($3^m 25^c$) de large. Ces intervalles sont arrondis en arc de cercle tournant leur convexité vers les culées, pour en reporter la poussée sur les piliers buttans. Ces piliers sont terminés d'équerre à leur longueur, et non parallèlement à celle des culées et des piles.

La naissance des voûtes paroît, aux têtes du pont, être établie au dessus des basses eaux; mais on remarquera que c'est l'avancement des demi-colonnes, sur le plan des deux corps de mur des piles, qui produit cet effet, et que les voûtes descendent encore et vont prendre naissance à la ligne supérieure et extérieure de ces deux corps de mur, laquelle ligne est aussi celle des hautes eaux. C'est pour ne pas laisser saillir sans appui les demi-colonnes qui s'avancent, qu'on les a montées au dessus de leur couronnement jusqu'aux voûtes.

PONT DE PONTOISE,

Projeté en 1772.

Le pont, projeté pour être construit à Pontoise, est composé de trois arches, chacune de 90 pieds ($29^m 24^c$) d'ouverture, décrites en portion d'arc de cercle de 25 toises 5 pieds 6 pouces ($50^m 52^c$) de rayon; ce qui donne 6 pieds 8 pouces ($2^m 27^c$) de flèche au dessus des naissances qui sont établies à la ligne des hautes eaux. L'épaisseur des voûtes à la clef est de 5 pieds ($1^m 62^c$); elles sont arrasées de niveau, et leurs têtes couronnées d'un cordon qui se prolonge jusques aux extrémités des murs de rampes qui accompagnent des murs en retour circulaires; la hauteur des parapets, comprise celle du cordon, est de 5 pieds 4 pouces 11 lignes ($1^m 76^c$); les trottoirs sont établis 3 pieds ($0^m 97^c$) au dessous de la ligne supérieure des parapets, et ont 4 pieds 6 pouces ($1^m 46^c$) de largeur; ils se terminent, ainsi que les trottoirs, au commencement des murs de rampes; ceux-ci le sont par un appui d'une hauteur moindre que celle des parapets.

La largeur du pont, entre les têtes, est de 39 pieds ($12^m 67^c$); les piles sont formées chacune de deux corps de mur rectangulaires de 9 pieds 3 pouces ($3^m 00^c$) d'épaisseur, et de 13 pieds ($4^m 22^c$) de longueur, laissant entre eux un intervalle de même dimension, et ayant à chaque angle un pilier cylindrique engagé du tiers. L'axe de chaque pilier se trouve toujours, dans une des faces qui terminent les deux corps de mur, parallèlement aux têtes; le tout depuis les basses eaux jusques aux naissances.

Au dessous des basses eaux, les piles sont composées d'assises en retraite dans toute la longueur. Les avant et arrière becs sont formés, pour chaque pile, des quatre demi-colonnes qui se trouvent au-delà des plans des têtes du pont. L'intervalle qui se trouve au milieu de chaque pile est terminé au haut par des lunettes qui pénètrent les voûtes, et au bas par une assise horizontale dont les plans de joints concourent à un centre: des demi-piles de même construction sont également figurées aux culées.

Un chemin de hallage est établi contre une des culées, soutenu par des murs en talus d'équerre au pont dans toute sa largeur, et retournés en ligne droite au droit des murs en retour circulaires qui sont à gauche et à droite des culées, reprenant ensuite une direction parallèle aux murs de rampe, et n'étant alors soutenus que par un glacis en terre, parmenté à pierre sèche; le tout établi, ainsi que les piles et les culées, sur pilotis, racinaux et plate-formes de charpente.

On a pratiqué dans chaque mur, en retour cylindrique, un vide de même forme, voûté, dans lequel on arrive par le moyen de portes pratiquées latéralement dans la direction de la partie du chemin de hallage correspondant aux murs de rampe; l'objet de ces ouvertures est de diminuer le massif de la maçonnerie.

Les culées sont accompagnées, au derrière, de deux piliers buttans, laissant entre eux un intervalle de même dimension qu'eux, arrondi en demi-cercle; opposant sa convexité au derrière des culées pour en reporter la poussée sur ces piliers.

PONT SUR LA NÉVA, A St.-PÉTERSBOURG,

POUR REMPLACER LE PONT DE BATEAUX QUI Y EXISTE;

Projeté en 1778.

Ce pont est composé de sept arches, six piles et deux culées; l'arche du milieu, destinée pour le passage des vaisseaux, au moyen d'un pont levis, doit avoir 60 pieds (19 ^{m} 49 ^{c}) d'ouverture; les trois arches suivantes, de chaque côté, ont 18 toises (35 ^{m} 08 ^{c}), 16 toises (31 ^{m} 18 ^{c}), et 14 toises (27 ^{m} 29 ^{c}); l'épaisseur des piles du milieu est de 30 pieds (9 ^{m} 75 ^{c}); les autres, 27 et 24 pieds (8 ^{m} 77 ^{c} et 7 ^{m} 80 ^{c}) successivement; les demi-piles des culées ont 12 pieds (3 ^{m} 90 ^{c}); le tout mesuré au dessus des retraites des fondations; la largeur du pont est de 56 pieds (18 ^{m} 19 ^{c}) entre les têtes, compris 12 pieds (3 ^{m} 90 ^{c}) pour chaque trottoir, et 2 pieds (0 ^{m} 65 ^{c}) de plus pour les parapets, indépendamment d'un corps saillant de 3 pieds (0 ^{m} 97 ^{c}), qui est fait au bout de chaque pile.

Les voûtes sont décrites avec onze centres, avec des cornes de vache dont le rayon de l'arc des têtes est de 125 pieds 8 pouces 9 lignes (40 ^{m} 84 ^{c}); pour l'arche de 18 toises (35 ^{m} 08 ^{c}) d'ouverture; leurs naissances, ainsi que celles des voûtes , sont établies à la hauteur des basses eaux ; le dessous du couronnement des avant et arrière becs est également posé de niveau à la hauteur des plus hautes eaux ; pour mieux résister au choc des glaces , on a renforcé les piles d'un second avant-bec de forme triangulaire tangent au premier , en inclinant les dessus sur un angle de quarante-cinq degrés , et les terminant en portions d'arc , ainsi qu'au sommet des triangles que forme leur base.

Pour l'établissement du pont levis , qui a 60 pieds (19^m 49^c) de longueur , et les tabliers chacun 30 pieds (9^m 75^c) , on a élevé , sur les deux piles du milieu , un bâtiment en forme d'arc de triomphe , décoré de bas-reliefs avec inscriptions, et terminé par un trophée d'armes qui doit figurer dans le milieu sur les quatre faces.

GRANDES ARCHES.

Recherches sur les moyens que l'on pourroit employer pour construire de grandes arches en pierre , de 200 , 300 , 400 et jusqu'à 500 pieds d'ouverture , qui seroient destinées à franchir de profondes vallées , bordées de rochers escarpés.

Le mémoire de M. Perronet , sur la construction de grandes arches , est divisé en cinq sections ; les quatre premières ont pour objet la construction de l'arche de 500 pieds (160^m 74^c) , et la cinquième concerne les arches d'une moindre ouverture. Dans la première , il examine le choix que l'on doit faire de la pierre , pour qu'elle puisse résister à la pression à laquelle elle doit être exposée ; on doit préférer la pierre la plus dure que l'on pourra trouver ; elle doit être sans fil ni moye, dont les bancs de carrière puissent porter au moins 18 pouces (0^m 49^c) de hauteur taillés au vif , la plus grande longueur de coupe étant de 7 pieds (2^m 27^c) dans le haut de la voûte ; et celle des douelles, de 4 et 5 pieds (1^m 30^c et 1^m 62^c) ; la pierre la moins dure que l'on puisse employer , doit peser environ 150 l. (733 h. 72 d.) le pied cube , et la plus dure , jusqu'à environ 180 livres (880 hect. 47 déc.) , en préférant de placer les plus dures , jusqu'à hauteur d'environ 30 degrés (ancienne division) , parce que les voussoirs supérieurs se trouvent d'autant moins comprimés , qu'ils sont plus élevés en s'approchant de la clef.

Parmi le grand nombre d'expériences que M. Perronet a faites sur la dureté des pierres, pour en écraser des échantillons qui n'avoient que 2 pouces ($0^m 054^c$) en carré, et 1 pouce ($0^m 027^c$) de hauteur, avec une machine dont la force de pression étoit élevée jusqu'à 30 milliers (146,745 h. 00 déc.), il a reconnu que ceux de ces échantillons provenant de la carrière de Saillancourt, près Meulan, ont supporté un poids moyen de 7,375 livres (36,074 hect. 81 déc.); ce qui produit, pour un pied carré, (0,105 de mèt. carré), 265,680 livres (129,957 hect. 37 déc.). C'est d'après ces expériences, que l'on a entrepris de construire le pont de Neuilly.

On doit observer qu'un gros quartier de pierre doit résister sous la la pression, beaucoup plus, en raison de sa masse, que n'ont pu le faire de petits échantillons. Les expériences ont fait connoître que la résistance de la pierre n'est pas toujours en raison de son poids, mais qu'il y influe plus généralement.

Dans la seconde section, on examine la composition des cintres, et les moyens de les élever. Lorsque les arches n'ont pas au dessus de 120 pieds ($38^m 97^c$) d'ouverture, on peut employer des cintres retroussés, qui ne sont appuyés que contre les culées et les piles; mais, quand ces arches passent cette ouverture, les cintres ont besoin alors d'être soutenus, soit par de forts pieux, soit sur des piliers ou des arcades de maçonnerie ou de briques.

Pour établir les cintres de l'arche de 500 pieds ($160^m 74^c$) demi-circulaire, sur une vallée dont la profondeur auroit au moins 250 pieds ($80^m 37^c$), et seroit bordée de rochers escarpés qui lui serviroient de culées, on élève provisoirement six piles en pierres de taille ou libage débrutis; les quatre piles du milieu étant espacées à 100 pieds ($32^m 15^c$), de milieu en milieu, ayant 10 pieds ($3^m 22^c$) au sommet; les deux dernières piles étant éloignées de 50 pieds ($16^m 08^c$) du parement des culées, et de pareille distance des piles précédentes, leur épaisseur réduite à 8 pieds ($2^m 60^c$) dans le haut: elles ont toutes 60 pieds ($19^m 30^c$) de longueur, et un talus de 4 lignes ($0^m 09^c$) par pied ($0^m 32^c$) de hauteur. Pour faciliter le service, on a pratiqué dans chaque pile, au droit de chaque échafaud, des ouvertures servant de passage d'un côté à l'autre.

Les fermes, au nombre de six, sont composées de sept cours d'arbalétriers, chacun de 18 à 21 pouces ($0^m 487^c$ à $0^m 568^c$) de grosseur, et de 21 à 24 pieds ($6^m 82^c$ à $7^m 79^c$) de longueur; ceux du milieu et les deux premiers du bas sont posés jointivement à redans avec ceux du dessous. Les autres arbalétriers sont posés triangulairement, liés à chaque bout, et au milieu de leur longueur, avec des moises pendantes dirigées au centre de l'arche; d'autres moises horizontales de 9 à 18 pouces (0^m 244^c à 0^m 488^c) de grosseur, ainsi que des liernes et contrevents, sont posées pour entretenir les fermes dans leur position verticale; ces dernières sont soutenues par les piles, au moyen de la prolongation des moises et des pièces en décharge : la courbure de l'ételon doit être surhaussée de 8 pieds (2^m 60^c).

La troisième section a pour objet le décintrement. Lorsque les cintres retroussés n'ont d'autres points d'appui que les culées et les piles, les fermes, en s'affaissant sous la charge des voussoirs, conservent, par l'élasticité des bois, une courbure régulière du même genre que celle de l'épure; il suit de là que l'abaissement de chaque partie des cintres est proportionnel à la partie de l'ordonnée verticale d'entre la courbe de la voûte et celle de l'ételon. Pour que la courbe ne fasse point de jarret, il faudra donc tâcher de faire descendre les fermes au droit de chaque point d'appui, dans la proportion du résultat moyen de ces ordonnées.

La quatrième section a pour objet la construction des murs d'épaulement et pilastres, trompe sur l'angle en tour creuse, œils de pont et maçonnerie des reins. Les trompes sont décrites avec un rayon de 30 pieds (9^m 74^c), ainsi qu'à leur profil. Les œils de pont sont destinés à diminuer la maçonnerie des reins : ils sont au nombre de trois, de chaque côté de la voûte; le petit axe du grand œil est établi sur la direction d'un angle de 45 degrés de l'arche, et a 50 pieds (16^m 08^c) de longueur; le plus grand axe a 70 pieds (22^m 73^c) de longueur; le grand axe de chacun des deux petits œils du pont forme un angle de 50 degrés avec celui du précédent; et, partant des foyers, il a 40 pieds (12^m 99^c) de longueur; le petit axe a 25 pieds (8^m 04^c) : le tout étant symétrique de chaque côté de la voûte.

La cinquième et dernière section concerne les arches de 200, 300 et 400 pieds (64^m 30^c, 96^m 45^c et 128^m 59^c) d'ouverture. Il est facile de concevoir la construction de ces arches, en considérant que les naissances de l'arche de 400 pieds (128^m 59^c) partiroient du niveau du troisième échafaud, et qu'elle auroit 100 pieds (32^m 15^c) de hauteur ou de longueur de flèche; la seconde, de 300 pieds (96^m 45^c) seroit établie à la hauteur du quatrième échafaud, et auroit 50 pieds (16^m 08^c) de flèche; et la troisième, de 200 pieds (64^m 30^c), se trouveroit plus élevée de 30 pieds (9^m 74^c) que cet échafaud; ce qui réduiroit sa hauteur sous clef à 20 pieds (6^m 49^c). Toutes ces arches étant formées des segmens supérieurs à leurs cordes, on établiroit les cintres, leurs points d'appui et décharges convenablement à ce qu'elles exigeroient.

CHAPITRE III.

CANAL DE BOURGOGNE,

PAR TONNERRE;

Commencé en 1775.

Plusieurs ingénieurs se sont occupés du canal de Bourgogne, et en ont donné différens projets; il doit ouvrir une nouvelle communication entre les deux mers par le milieu de la France, en arrivant d'un bout dans la Saône et le Rhône, et de l'autre dans l'Yone et la Seine. Ce canal procureroit un commerce assuré et florissant sur environ 200 lieues (100 $^{myr.}$) de longueur, entre les villes de Marseille, Lyon, Dijon, Paris et Rouen.

A ces grands avantages s'en joindroient d'autres, en ouvrant de nouvelles communications avec le canal, comme l'ont proposé en 1765 M. de la Chyche, ingénieur des fortifications, et M. Bertrand, ingénieur des ponts et chaussées.

L'on s'est occupé de ce grand projet sous le règne de Louis XII, et on en a proposé l'exécution à Henri IV. Louis XV s'en est occupé plus particulièrement, et MM. Perronet et Chezy furent chargés d'examiner tous les projets que l'on avoit présentés. Le résultat du travail de ces deux ingénieurs est consigné dans le mémoire qu'ils présentèrent à M. Bertin, ministre et secrétaire d'État. On trouve dans ce mémoire les motifs qui ont déterminé MM. Perronet et Chezy, sur le choix du projet qui fut adopté.

On voit que le canal doit avoir 124,800 toises (243,255 ^{m}) faisant 52 lieues de 2400 toises (4677 ^{m} 60 ^{c}) depuis la rivière d'Yone, près le village de la Roche, jusqu'à Saint - Jean - de - Laune, où il entre dans la Saône. Ce canal doit ensuite passer par Saint-Florentin, Germigni, Tonnerre, Ancy-le-Franc, Ravière, Buffon, où se trouve le confluent de l'Armançon et de la Brenne; Monthar, Pouillenay au droit de Sainte-Reine, Pouilli-sur-Armançon-en-Auxois, où est établi le point de partage; Chateau-neuf, le pont d'Ouche, le pont de Pany, Plombières,

Dijon, Aiscray et Saint-Jean-de-Laune, en côtoyant la rive gauche de l'Armançon jusqu'au dessus de Montbar, ensuite le vallon de la Brenne, la rivière d'Ouche jusqu'à Dijon, et le ruisseau de la Bièvre. Son élévation totale, en remontant depuis l'Yone jusqu'au point de partage de Pouilly, est de 921 pieds ($299^m\ 17^c$), et sa pente jusqu'aux plus basses eaux de la Saône, de 705 pieds ($229^m\ 01^c$); ce qui donne pour l'excédant de la hauteur de cette dernière rivière sur l'Yone, 216 pieds ($70^m\ 16^c$).

La largeur du canal dans le fond, est de 30 pieds ($9^m\ 75^c$), et celle du sommet, de 60 pieds ($19^m\ 49^c$) sur 7 pieds 6 pouces ($2^m\ 44^c$) de profondeur, dont 5 pieds ($1^m\ 62^c$) pour la hauteur de l'eau. Les levées ou chemins de hallage qui régneront de part et d'autre du canal, auront chacun 18 pieds ($5^m\ 85^c$) de largeur. Le glacis de terre aura 2 pieds ($0^m\ 65^c$) de base pour chaque pied ($0^m\ 32^c$) de hauteur du côté du canal, et seulement 18 pieds ($0^m\ 49^c$) de base sur la même hauteur d'un pied ($0^m\ 32^c$) au côté opposé. Le tout dressé de niveau d'une écluse à l'autre. Les côtés extérieurs des levées doivent être plantés d'arbres espacés à 18 pieds ($5^m\ 85^c$) les uns des autres sur la longueur du canal, et à 2 pieds ($0^m\ 65^c$) du bord extérieur des levées.

Le nombre total des écluses est de 60 : leur chute est de 8, 10 et 12 pieds ($2^m\ 60^c$), ($3^m\ 25^c$) et ($3^m\ 90^c$), suivant la nature du terrain. Leur largeur est de 16 pieds ($5^m\ 20^c$) entre les bajoyers, et 16 toises ($30^m\ 18^c$) de longueur d'une porte busquée à l'autre, pour le passage d'un seul bateau de 15 toises ($29^m\ 24^c$) de long, et 15 pieds ($4^m\ 87^c$) de large.

CANAL DE L'YVETTE,

Projeté de 1775 en 1777.

Le canal de l'Yvette est destiné à conduire les eaux de cette rivière à Paris, cette ville n'en ayant que très-peu par ses fontaines. M. Deparcieux, de l'Académie des sciences, ayant considéré que les machines établies sur la Seine n'en fournissent qu'une très-petite quantité, fit le projet de ce canal. (Mémoires de l'Académie, 1762, 1766 et 1767). M. Perronet fut nommé pour achever le projet dont les devis et détails

(45)

n'étoient pas faits, et trouva le moyen de réunir aux eaux de l'Yvette une partie de celles de la Bièvre. M. Deparcieux prenoit l'Yvette au-dessus de Vaugien, à 14,800 toises (28,845 ^{m}) du carrefour de la rue Neuve-Notre-Dame et du Marché-Palu. Il a trouvé qu'avec les ruisseaux et les sources que l'on pourroit y réunir, cette rivière fourniroit au moins 1000 pouces lors des basses eaux, au moyen de plusieurs réservoirs ou retenues.

Perronet a trouvé les mêmes résultats. Il a également reconnu qu'il seroit possible de réunir à ces eaux 450 pouces de celles de la rivière de Bièvre, en y ajoutant les ruisseaux des Mathurins et de Vauhalan, au moyen d'une branche d'aqueduc de 2809 toises (5474 ^{m}) qui partiroit de la Bièvre, et arriveroit dans celui de l'Yvette, un peu au-delà de Massy.

Il résulte des nivellemens, que la pente totale, depuis le même endroit où M. Deparcieux devoit faire sa prise d'eau (c'est-à-dire, au déversoir de l'ancien moulin d'Étau, jusqu'au bouillon du château d'Arcueil, près de l'Observatoire), est de 45 pieds 7 pouces 7 lignes (14 ^{m} 82 ^{c}), et de 34 pieds 2 pouces (11 ^{m} 11 ^{c}) jusqu'au sol de l'Observatoire. Ce déversoir est de 6 pieds 4 pouces (2 ^{m} 06 ^{c}) plus bas que le fond du réservoir auquel M. Deparcieux se proposoit d'établir la prise d'eau, et cela pour pouvoir porter une partie de l'eau à l'Estrapade.

La prise d'eau de la Bièvre est faite à 48 pieds 9 lignes (15 ^{m} 61 ^{c}) au dessus du bouillon d'eau d'Arcueil, à mesurer du fond du canal, et à 7900 toises (15,397 ^{m}) du carrefour de la rue Notre-Dame et du Marché-Palu.

L'aqueduc d'Yvette doit avoir 17,352 toises (33,819 ^{m} 00 ^{c}) de longueur, dont 15,141 toises (29,509 ^{m}) à découvert; et 2211 toises (4309 ^{m}) en quinze parties sous terre. Celui de la partie supérieure de l'Yvette a 4 pieds (1 ^{m} 30 ^{c}) de largeur dans le fond, et 5 pieds (1 ^{m} 62 ^{c}) dans le haut, le tout mesuré dans œuvre, sur 5 pieds (1 ^{m} 62 ^{c}) de hauteur. On donne 1 pied (0 ^{m} 32 ^{c}) de plus de largeur à la partie dans laquelle les eaux de la Bièvre se trouveront réunies à celles de l'Yvette.

La pente de l'acqueduc de l'Yvette doit en général être réglée à raison de 15 pouces (0 ^{m} 40 ^{c}) par 1000 toises (1949 ^{m}) dans les souterrains et les aqueducs élevés au dessus de terre; pour diminuer la dépense, la largeur est réduite, et la pente augmentée, pour que la même quantité d'eau puisse également y passer.

(44)

La vitesse de l'eau dans l'aqueduc, avec la pente de 15 pouces ($0^m 40^c$) par 1000 toises (1949^m), sera, d'après l'expérience, d'environ 1 pied ($0^m 32^c$) par seconde.

Un château d'eau devoit être construit près le carrefour de la route d'Orléans et du nouveau boulevart, un peu au-delà de l'Observatoire en partant de Paris.

L'eau arrivoit à ce château d'eau à 12 pieds 11 pouces 4 lignes ($4^m 20^c$) au dessus du bouillon d'eau d'Arcueil; ce qui donnoit la facilité de porter une partie de cette eau au sommet de l'Estrapade, qui est plus élevé de 13 pieds 1 pouce 6 lignes ($4^m 24^c$) que le bouillon d'eau d'Arcueil.

La dépense totale devoit s'élever à 7,826,000 livres. Cette somme comprenant généralement tous les frais à faire pour amener à Paris environ 2000 pouces cubes d'eau, ce qui fait plus de cinquante pintes par jour pour chaque habitant, en en portant le nombre à huit cent mille.

PROJET

POUR RENDRE LA LOIRE NAVIGABLE DEPUIS NANTES JUSQU'A PAIMBŒUF ;
(EN 1770).

Extrait du rapport de M. Perronet, du 11 décembre 1774.

Les États de la ci-devant province de Bretagne avoient demandé à M. le contrôleur général, que les travaux nécessaires pour faciliter la navigation de la Loire, au dessous de Nantes jusqu'à Paimbœuf, soient faits sur les droits qui sont destinés à cet usage, et perçus par les engagistes des domaines, et ce en considération de l'utilité que doivent en retirer plusieurs provinces, d'autant que la Bretagne a déjà contribué à cette dépense, pour une somme de 240,000 francs.

Perronet ayant été nommé par arrêt du Conseil, en date du 6 septembre 1769, pour faire la visite de la partie de la Loire d'entre Nantes et Paimbœuf, et faire un devis estimatif des ouvrages à faire pour en rendre la navigation plus facile, s'y est transporté le 15 août 1770, et a fait, en présence des Commissaires des États, un procès-verbal de l'état de cette rivière, arrêté et signé des membres de la commission, le 29 du même mois.

Perronet a fait depuis ce temps les plans, devis et détails estimatifs des ouvrages qu'il a trouvés convenable de proposer, et a remis le tout à M. le duc de Duras, le 31 octobre suivant, pour les faire passer aux États.

Il résulte du travail de Perronet, que l'on pouvoit alors, avec une somme de 180,000 liv., remédier aux endroits les plus difficiles de cette rivière, et qu'avec une somme peu considérable, qui seroit ensuite destinée annuellement à l'entretien de ces ouvrages et à ceux que les circonstances et les changemens inévitables des sables de la rivière occasionneroient, on pourroit maintenir la navigation en bon état, et ce au lieu des projets faits antérieurement par différens ingénieurs, que l'on faisoit monter jusqu'à six et huit millions.

On a lieu de croire que, depuis cinq ans, époque de la date du procès-verbal de visite, l'état de la Loire ne soit changé, et que les digues et autres ouvrages, qui avoient été antérieurement faits, ne se trouvent présentement dégradés; ce qui doit augmenter la dépense proposée ci-devant. Depuis la remise de tous ces papiers, Perronet n'en a plus entendu parler.

CHAPITRE IV.

EXTRAIT

D'un Mémoire de M. Perronet, sur les fondations dans l'eau; lu à l'Académie des Sciences, le 19 novembre 1765.

La méthode des fondations hydrauliques doit dépendre en général de la profondeur d'eau et de la nature du terrain. Telle rivière, comme la Loire, par exemple, ne permet pas d'employer avantageusement les bâtardeaux et épuisemens, à moins d'avoir élevé le sol, par un radier général de maçonnerie; le même moyen d'épuisement auroit également peu de succès sur un sol qui permettroit les filtrations, mais il deviendroit admissible, après avoir détruit cet inconvénient par une couche de glaise posée à la surface du terrain. Ce moyen suppose, au reste, peu de profondeur d'eau; il seroit pour ainsi dire impraticable sur un fleuve sujet au flux et reflux, tel que la Tamise; aussi les piles du pont de *Westminster* ont-elles été élevées au moyen de caissons, dans lesquels on les a construites, et qu'on a fait échouer dans l'emplacement déterminé. Ces mêmes caissons ont été employés au môle du port de Nice, et ailleurs.

On peut distinguer deux manières de fonder dans la mer sans épuisemens. La première se réduit à construire la maçonnerie par assise sur un radeau, qu'on fait ensuite descendre; le port d'Ostie et la mosquée de Constantinople ont été fondés ainsi. La deuxième méthode, plus applicable dans une mer profonde et agitée, consiste en un mortier appelé *béton*, composé de pozzolane, de terrasses de Hollande, de blocaillon et de chaux vive. Ce mortier, descendu au fond de la mer, y prend bientôt une grande consistance. La propriété qu'il a de se solidifier promptement, est due surtout à la pozzolane; celle-ci ne pouvant être suppléée, dans le cas où elle manqueroit, et cette dernière manière de fonder supposant d'ailleurs un fond solide, ce qui ne se rencontre pas en général dans les rivières, il est une autre méthode qui n'exige également ni bâtardeaux ni épuisemens, et avec laquelle on peut fonder à une grande profondeur.

Après avoir fait une enceinte de pieux, et dressé un échafaud près de l'emplacement de la fondation, on y établit un grillage, propre à être descendu et fixé à une certaine profondeur sous l'eau; on chasse un pilot dans chaque case, et l'on descend ensuite, au pourtour du grillage, des quartiers de pierre par carreaux et boutisses; ou, au défaut de pierres assez hautes, on en place plusieurs l'une sur l'autre au moyen d'un chassis de fer qui les assujétit, et permet de les ficher et couler en mortier sur l'échafaud supérieur; on les descend alors sur le grillage où elles sont facilement alignées, leur surface étant au dessus de l'eau. (Employé avec succès au pont de Chazai.)

Enfin, lorsqu'il s'agit de fonder à une plus grande profondeur, on peut alors se servir utilement de caissons établis sur pilotis battus au refus. Le succès de cette méthode dépend essentiellement de la scie inventée par M. Devoglie, avec laquelle on peut réceper les pilots jusqu'à 15 pieds ($4^m 87^c$) de profondeur.

MÉMOIRE

Sur la réduction de l'épaisseur des piles, et sur la courbure qu'il convient de donner aux voûtes; le tout pour que l'eau puisse passer plus librement sous les ponts.

DIMENSIONS DES PILES.

Les piles des ponts étant considérées comme faisant la fonction des culées, doivent être aussi fortes que celles-ci pour résister à la poussée latérale des voussoirs qui tend à les renverser, et qui augmente d'autant plus, que les voûtes sont plus plates, et les pieds droits plus hauts.

En considérant les arches comme devant être toujours contre-buttées par les arches collatérales jusqu'aux culées de ces ponts, il doit suffire de leur donner assez de largeur pour qu'elles puissent soutenir le poids de chaque demi-voûte qui est élevée de part et d'autre de ces piles.

En faisant abstraction de l'économie des matériaux, ce seroit une erreur de préférer les piles les plus épaisses comme plus solides, parce qu'en rétrécissant le cours naturel des rivières, on en augmente la vitesse, qui, seule, peut faire perdre la solidité, à cause des affouillemens qui se feroient au pied des piles.

On peut objecter les inconvéniens qui peuvent résulter de la dégradation rapide qui peut arriver à une pile de peu de largeur. Cependant, on ne doit pas craindre qu'une pile puisse être subitement détruite en entier, étant toujours facile de réparer les dégradations qui peuvent y arriver successivement.

Néanmoins, il convient de donner à ces sortes de piles de grands empatemens qui distribueront la charge, déjà moins forte, sur une plus grande surface de terrain.

Il seroit également prudent de placer aux ponts à faire sur les rivières les plus larges (comme cela a été pratiqué au pont de Blois, par M. Gabriel) de fortes piles, qui, dans le besoin, pussent servir de culées, en les espaçant à la distance de trois et quatre arches l'une de l'autre.

On sait que les voussoirs les plus comprimés sont ceux de la partie supérieure des voûtes : on est dans l'usage de leur donner en longueur de coupe, pour les grandes arches qui sont surbaissées du tiers, la vingt-quatrième partie de leur diamètre; et, comme une pile soutient deux demi-voûtes, on croit devoir leur donner au moins en épaisseur le double de cette largeur de coupe, et lui ajouter, pour plus de solidité, le tiers ou le quart de cette épaisseur.

FORMES DES VOUTES.

Les voûtes des ponts sont ordinairement faites en demi-cercle ; ou demi-ellipse, ou de forme ovale, en arc d'ogive, et enfin en portion d'arc de cercle.

Toutes ces courbures, lorsqu'elles prennent leur naissance à la hauteur des basses eaux, ou peu au dessus, comme cela est d'usage, ont l'inconvénient de diminuer le passage de l'eau, et cela d'autant plus qu'elles s'élèvent davantage.

On retire plusieurs avantages en faisant les voûtes en portion d'arc de cercle, dont les naissances soient établies à la hauteur des plus grandes eaux. On a, entr'autres, celui de faire passer les chevaux de hallage sous le pont.

MÉMOIRE

Sur les pieux et pilotis.

Les pieux sont le plus communément employés à porter un édifice construit au dessus des hautes eaux, tels que les ponts de charpente et les moulins.

On se sert de pilots ou pilotis pour porter un ouvrage de maçonnerie que l'on veut fonder sous les basses eaux, comme les ponts, les murs de quai, les écluses, etc.

DIMENSIONS.

On emploie la pièce la plus forte d'un arbre pour les pieux qui doivent être chargés d'un grand fardeau : on taille en pointe pyramidale le bout destiné à la fiche, qu'on arme souvent d'un sabot de fer de trois ou quatre branches. On leur donne communément environ dix pouces ($0^m 27^c$) de grosseur au milieu, lorsqu'ils ont 15 à 18 pieds ($4^m 87^c$) à ($5^m 85^c$) de longueur, et 20 pouces ($0^m 54^c$) de plus pour chaque toise ($1^m 95^c$) au-delà de cette première longueur.

Les pilots n'ont pas besoin d'être si gros à proportion que les pieux; il suffit qu'ils aient environ 9 pouces ($0^m 24^c$) de grosseur, jusqu'à 10 et 12 pieds ($3^m 25^c$ à $3^m 90^c$) de longueur, et un pouce ($0^m 27^c$) de plus pour chaque toise, ($1^m 94^c$) excédant cette première longueur.

Les pilots ainsi que les pieux ne doivent point être équarris; ils doivent être de droit fil et sans nœuds excédans.

Lorsque les pieux ou pilots ne sont pas assez longs, ou prennent plus de fiche, on peut les enter et les assembler exactement sur 18 pouces ou 2 pieds ($0^m 49^c$ à $0^m 65^c$) de longueur.

On emploie des pieux ou des pilots équarris dans certaines circonstances; on met des pilots de cette espèce au pourtour des fondations, pour que les palplanches que l'on chasse entre ces pilots puissent leur être plus adhérentes.

On ôte l'écorce en entier, et on laisse l'aubier aux pieux et aux pilots.

POSITION.

Les pieux et les pilotis battus dans les rivières, doivent toujours être placés dans le sens du cours de l'eau ; ils doivent être posés d'équerre entre eux autant que cela se peut, et à plomb, excepté dans quelques cas.

Dans une *palée*, les deux ou trois pieux du milieu doivent être battus à plomb, et les autres de chaque côté obliquement.

Les pieux des bâtardeaux et ceux des arches doivent être battus à plomb.

On est dans l'usage de battre les pilots de fondation à plomb : cependant, lorsque le terrain est de peu de consistance, il est à propos d'incliner ceux du pourtour des paremens extérieurs vers le massif de la fondation. Ce sont les pilots des culées et des murs de quai qui sont le plus exposés au déversement par la poussée des terres.

Les pilots sont ordinairement posés le petit bout en bas ; il convient de s'en tenir à cet usage, quoique, toutes choses égales d'ailleurs, les pilots posés le gros bout en bas parviennent au refus un quart de temps plus tôt. On en excepte, néanmoins, ceux des pilots qui doivent être coupés à une certaine profondeur sous l'eau, comme dans la fondation des piles et des culées dans des caissons de 12 et 15 pieds ($3^m 89^c$ et $4^m 87^c$) plus bas que la surface.

A l'égard des pieux, lorsque le milieu de la longueur devra se trouver sensiblement au-dessus des basses eaux, il conviendra de les mettre en fiche par le petit bout. Si le milieu de la longueur des pieux devoit se trouver élevé à la hauteur des eaux moyennes, comme cela arrive assez ordinairement aux grands ponts de charpente, il conviendroit de les battre le gros bout en bas.

ESPACEMENT.

L'espacement des pieux et celui des pilots dépend de leur grosseur, de leur longueur et du fardeau qu'ils doivent porter.

Suivant Muschembroeck, les forces des pièces de bois rondes ou carrées chargées debout, sont entre elles comme les cubes de leur diamètre ou grosseur, pris directement, et le carré de leur longueur pris réciproquement.

D'après les expériences, la force de différentes espèces de bois chargées debout, est exprimée ainsi qu'il suit :

Le chêne.................................... $12\frac{3}{5}$

Le saule.................................... $9\frac{3}{5}$

Le sapin.................................... $9\frac{2}{15}$

Le peuplier................................ $7\frac{2}{5}$

Le frêne.................................... $7\frac{1}{5}$

L'aune..................................... 7 »

On voit que le bois de chêne est le plus fort ; que le sapin l'est moins ; quoique, pour porter, étant chargé dans une position horizontale, le sapin soit plus fort d'un cinquième que le chêne. De même le frêne, quoique moins fort que le sapin pour porter dans une position verticale, l'est cependant davantage pour porter dans la position horizontale.

On est dans l'usage d'espacer les pieux des ponts de bois, depuis 4 jusqu'à 5 pieds ($1^m 30^c$ $1^m 62^c$); et les pilots de fondation, depuis 3 jusqu'à 4 pieds ($0^m 97^c$ $1^m 30^c$); le tout de milieu en milieu.

BATTAGE DES PIEUX.

Les pieux, et les pilotis surtout, doivent être enfoncés jusqu'au roc ou tuf, ou autre terrain assez ferme et solide pour porter le poids dont on aura à les charger, sans pouvoir jamais s'enfoncer davantage sous le fardeau.

On reconnoît les différentes couches de terrain, et leur épaisseur, au moyen d'une sonde de fer d'une longueur déterminée d'environ 2 pouces ($0^m 54^c$) de grosseur, battue et chassée au refus jusque sur le roc ou terrain solide.

MÉMOIRE

Sur les cintres des Ponts.

Pour construire les ponts, on emploie des cintres de charpente qui soutiennent les voussoirs de chaque voûte jusqu'à ce que les clefs en soient posées, et que les voûtes puissent se maintenir seules.

Les cintres sont composés de fermes ou d'assemblage de charpente posés verticalement, que l'on espace à environ 6 pieds ($1^m 95^c$) les uns de autres ; le dessus en est terminé exactement suivant la courbure qu'on se propose de donner aux voûtes , excepté la différence qui doit résulter de l'espace nécessaire qu'on laisse au dessus de ces fermes pour placer des couchis ou pièces transversales , et des cales qui sont destinées à recevoir les voussoirs.

La situation des pièces qui doivent composer les fermes, leur nombre, les dimensions qu'il est nécessaire de leur donner pour qu'elles puissent porter solidement les voûtes, et l'assemblage de ces pièces , sont les objets que l'on examine séparement dans le mémoire.

MÉMOIRE

Sur les éboulemens qui arrivent quelquefois à des portions de montagnes et autres terrains élevés , et sur les moyens de prévenir ces éboulemens , et de s'en garantir dans plusieurs circonstances.

Ces éboulemens doivent être attribués à des tremblemens de terre , aux volcans , ou à des causes qui dépendent plus particulièrement de la disposition et de la qualité du terrain. C'est la recherche de ces causes , qui, seules, sont plus à portée d'être observées et prévues, et celles des glacis que prennent les terres et autres matières éboulées ou jetées , après avoir été fouillées pour en former des digues , des chemins ou des terrasses élevées , ainsi que des portions de terrains inclinés , assis sur un banc de glaise , tous objets qui font essentiellement partie de ce mémoire.

CHAPITRE V.

MACHINES.

Indication des principales machines invéntées par Perronet, et dont les modèles sont déposés dans la galerie de l'Ecole.

Numéros des modèles.

85 DRAGUE pour enlever les vases ou le sable du fond des rivières et des ports.

124 Roue à aube mobile, dont l'arbre est vertical, etc.

125 Roue dont l'arbre est horizontal, etc.

97 Double pompe acolée qui fait mouvoir deux pistons, au moyen d'un mouvement continu, etc.

86 Une petite voiture ou camion prismatique, pour le transport des terres, etc.

113 1re Scie pour réceper les pieux sous l'eau.

114 2e Scie pour réceper les pieux sous l'eau, par une lame à mouvement horizontal circulaire.

89 Odomètre pour épuiser à la tâche les eaux d'une fondation.

98 Machine pour lever les plans la nuit.

DRAGUE

Pour enlever les sables ou la vase du fond de l'eau.
N° 85 du Modèle.

CETTE drague est en fer, en forme de tenaille à mâchoire; le bas est garni de tôle; l'effet représente assez l'action que l'on fait avec la main, lorsqu'on veut prendre du sable répandu sur une table.

La puissance de cette machine étant supposée appliquée aux léviers d'un treuil, ou mue par une grande roue, se reporte aux extrémités des quatre branches supérieures de la drague, au moyen de tringles de fer qui y sont fixées, et se réunissent en un point à la corde qui doit être arrêtée au treuil.

Aux quatre extrémités inférieures de la drague, sont quatre autres tringles de fer qui se réunissent à la corde, au bout de laquelle est suspendu un poids, assujéti au moyen d'un boulon.

L'axe qui passe au centre de la drague doit être maintenu entre deux coulisses ; il porte des cylindres divisés par tronçons, que l'on peut ôter ou ajouter suivant que le terrain offre plus ou moins de résistance. Ces cylindres et une partie du poids de la drague font effort pour la faire entrer dans le sable, à mesure que la puissance relevera ses extrémités pour la fermer.

De chaque côté du chassis de charpente, qui sert à la manœuvre de la drague, doit être établi un plan incliné en bois, portant sur des tourillons, pour que le sable puisse couler facilement dans le bateau servant au curage.

Cette drague pèse deux quintaux et demi ; elle est chargée de 150 livres (73 kil. 43 hect.) de plomb, et le contrepoids pèse autant que la drague (*inconvénient qui avoit déterminé feu Perronet à la remplacer par une autre drague semblable, et d'établir toute cette machine sur un grand bateau*). Trois hommes peuvent la manœuvrer avec facilité ; deux minutes de temps suffisent pour chaque coup de drague ; elle prend 2 pieds et demi et 3 pieds cubes ($3^m o8^c$ et $3^m 70^c$) de sable, et peut être employée avec avantage à curer les ports et les rivières, ainsi que l'intérieur des batardeaux.

ROUE

A aube mobile, dont l'arbre est vertical. — N° 124 du Modèle.

Cette roue est composée de quatre aubes verticales situées deux à deux, dans deux plans perpendiculaires entre eux. A la partie supérieure de l'axe de cette roue se trouve une roue dentée, dont les dents s'engrènent dans deux lanternes diamétralement opposées ; toutes ces pièces sont jointes entre elles à la manière des roues à aubes ordinaires verticales ; celle dont nous donnons la description diffère de ces dernières en ce que chacune de ses aubes est mobile autour d'un axe excentrique encastré par ses extrémités dans les deux traverses horizontales de leur chassis ; l'avantage de la mobilité de ces arbres est 1° d'augmenter la vitesse de cette roue dans son mouvement ; 2° de diminuer la pression des points d'appui de cette roue, en régularisant le mouve ment de chacune de se aubes; cette roue est encastrée dans un chassis auquel se trouvent deux vannes faisant fonction de coursier, et dont l'usage est bien connu.

Les roues à aubes verticales doivent être d'un usage plus avantageux que celles horizontales dans les hautes eaux, parce qu'on a la liberté de faire remonter ces premières assez pour qu'elles ne se trouvent jamais noyées.

ROUE

Dont l'arbre est horizontal. — N° 125 du Modèle.

L'ARBRE de cette roue est posée horizontalement, pour faire agir par un mouvement spiral une pompe aspirante e refoulante, pour diminuer le frottement des pistons qui seroient mus dans la même direction de leurs tiges.

DOUBLE POMPE ACOLÉE,

QUI FAIT MOUVOIR DEUX PISTONS, AU MOYEN D'UN MOUVEMENT CONTINU.

Cette pompe, mue par un courant d'eau, a deux mouvemens continus, l'un par le centre, et l'autre par la conférence.

N° 97 du Modèle.

LA roue mise en mouvement par un courant d'eau est disposée de manière à communiquer à plusieurs tiges de pistons un mouvement de va et vient.

L'arbre de la roue est taillé à ses deux extrémités, en deux demi-spires, dont l'une est doublée en fer; lorsque la roue tourne, en vertu du choc et du poids de l'eau, la spire doublée en fer touche à une roulette tournant autour d'un axe fixe, ce qui fait avancer horizontalement toute la roue pendant sa demi-révolution; elle revient ensuite, pendant l'autre demi-révolution, par une disposition semblable, qui se trouve à l'autre extrémité de l'arbre; un gros corps de pompe, dont l'axe est dans le prolongement de celui de l'arbre, est établi à une petite distance de la roue, la tige du piston qui s'y meut tient à l'arbre, et reçoit de lui son mouvement de va et vient.

La même roue communique, à deux autres tiges horizontales, un mouvement semblable, à l'aide de courbes ou portions de spires, appliquées à sa circonférence ; ces courbes touchent à des roulettes attachées aux tiges, et les font aller et venir deux fois pendant que la roue fait une révolution entière ; la disposition des portions de spires étant symmétrique, les mouvemens simultanés des deux tiges se font en sens contraire ; à l'extrémité de chacune de ces tiges, est liée une chaîne passant sur un arc de cercle, et portant à son bout un cylindre faisant les fonctions de piston dans un corps de pompe élevé verticalement.

PETITE VOITURE ou CAMION PRISMATIQUE

Pour le transport des terres, etc. — N° 68 du Modèle.

CES petites voitures, nommées *camions*, servent avantageusement pour transporter les déblais de terres qu'on est obligé de faire pour régler les pentes des chemins, ou dans les fortifications.

Les roues ne doivent pas avoir plus de trois pieds et demi de diamètre de dehors en dehors ; l'essieu traverse le camion à peu près par son milieu, un peu au dessous du centre de gravité, et sa capacité est telle qu'elle contient exactement une partie aliquote de la toise cube ; ce camion contient $^{1}/_{17}$ de toise cube, ou un peu plus de sept pieds cubes ($8^m 64^c$ cub.) ; lorsqu'il est bien conditionné, il doit revenir au plus à 75 francs ; en 1769, ils coûtoient 60 francs pièce.

Il y a deux manières de s'en servir ; la première c'est de les faire tirer par des hommes : dans ce cas, il a un timon, deux traverses, dont une avec deux crochets de fer, deux hommes s'atèlent par des bretelles, et, s'appuyant sur la première traverse, exercent, en la poussant, une force double avec un effort plus simple.

L'autre manière est de les faire tirer par des chevaux ; un seul cheval peut tirer facilement trois camions, et quelquefois quatre dans la belle saison ; pour cela on ajoute au derrière du camion une traverse au milieu de laquelle est un anneau de fer, pour recevoir un crochet qui doit se trouver au bout du timon du camion que l'on veut ajouter, et qui, pour lors, n'a pas besoin de traverse pour l'atelage.

L'essieu, traversant le camion un peu au dessous du centre de gravité, est retenu par un des côtés, au moyen d'un crochet qui, lorsqu'il est levé, abandonne la caisse à son poids excentrique, et lui permet de se renverser sous le plus petit mouvement d'impulsion du conducteur.

SCIES

A RÉCEPER LES PIEUX SOUS L'EAU.

PREMIÈRE SCIE

A réceper les pieux sous l'eau. — N° 113 du Modèle.

ELLE est composée d'un chassis en fer, portant une scie horizontale, lequel est mobile sur un autre chassis qui se meut sur un troisième, tous trois dans une direction parallèle au mouvement de la scie; aux quatre extrémités de ce troisième chassis s'élèvent verticalement quatre tringles dentées qui pénètrent dans un plancher mobile, dans deux directions horizontales entre elles, sur des rouleaux appuyés sur un échafaud de charpente; ce plancher est assujéti sur l'échafaud au moyen de fiches; le système des chassis se trouve donné de position, au moyen d'une verge de fer fixée tant au plancher supérieur que du troisième chassis inférieur, diamétralement opposé au pieu que l'on veut scier; ce pieu est retenu à la machine par deux pinces de fer recourbées, fixées à deux tringles qui s'élèvent verticalement et pénètrent le troisième chassis et le plancher.

Au centre du système est une tringle de fer qui pénètre, d'une part, une pièce de bois verticale tenue sur le plancher par quatre autres pièces inclinées, et de l'autre dans le troisième chassis, après avoir auparavant enclavé la verge dans une pièce de bois ayant la forme d'un cône renversé et une roue dentée; cette roue est arrêtée entre deux pièces dentelées, faisant partie du deuxième chassis; les dents de cette roue sont en nombre suffisant pour faire parcourir à la scie le plus grand espace possible; ce cône a pour objet de donner à la verge plus de stabilité, et d'empêcher cette roue de vaciller dans ce qui lui sert d'essieu. Il est maintenant facile de s'apercevoir que du mouvement de cette verge doit nécessairement résulter celui de la scie. Pour remplir ce dernier objet, on a l'axe horizontal qui s'appuie à la pièce et sur l'un des deux garde-foux du plancher; à l'extrémité de cet axe est une lanterne dont les cylindres s'engrènent dans les dents d'une roue posée à l'extrémité de la verge et de la pièce de bois; à l'autre extrémité est une manivelle qu'un ou deux hommes font tourner; ce mouvement est, à proprement parler, un mouvement d'oscillation, c'est-à-dire, qu'après avoir fait mouvoir la scie dans un sens , pour la faire mouvoir dans un autre , les hommes sont obligés de tourner la manivelle dans un sens opposé au premier. Le mouvement de la scie peut être donné par deux hommes ; on ramène la scie dans la première position , lorsque le pieu est scié , au moyen d'une corde qui , par le secours de petites poulies, va aboutir au premier chassis.

DEUXIÈME SCIE

A réceper les pieux sous l'eau , par une lame à mouvement horizontal et circulaire. — N° 114 du Modèle.

CETTE machine est composée d'un chassis triangulaire portant une scie horizontale , lequel se meut dans une direction parallèle au mouvement de la scie posée aur un autre chassis. Des deux extrémités , et du centre de ce dernier chassis, s'élèvent verticalement trois tringles en fer qui passent dans un plancher appuyé sur un échafaud de charpente. Ce plancher est assujéti sur l'échafaud au moyen des fiches ; ce dernier chassis est fait de manière qu'en le plaçant entre deux rangs de pilots , l'un récepé , l'autre qui ne l'est pas , il embrasse parfaitement la file de pieux à réceper.

La scie a un mouvement circulaire ; voici comment il est produit : au dessus du plancher sont trois tringles qui vont se réunir à une plaque circulaire , dans laquelle est enclavée l'extrémité de l'une des trois tringles, celle du milieu. Sur les deux branches situées du côté de la scie, sont deux petits tourillons où reposent les extrémités de l'axe du système de cinq roues ; les deux premières, ou poulies de chaque côté, ne forment qu'une seule pièce, quoique de rayons différens. Les parties qui sont près des tourillons sont de même rayon que la poulie du milieu, et les deux autres d'un rayon plus grand ; sur les deux poulies extrèmes sont deux cordes qui , au moyen de deux autres petites poulies, viennent aboutir aux deux extrémités de la scie ; sur les deux autres qui leur correspondent , sont deux cordes qui soutendent des poids ; sur la poulie du milieu, est une autre corde qui traverse une petite poulie attenant le deuxième chassis, et est arrêtée au sommet de l'angle opposé au côté du triangle formé par la scie elle-même ; à l'autre extrémité de la corde est un poids , cet axe est terminé par deux manivelles ; c'est ici encore un mouvement d'oscillation : l'objet des deux poids suspendus est , 1° de rendre la charge constante ; 2° de diminuer l'effort des hommes appliqués à la manivelle. Les rayons des rayons des roues adjacentes doivent être calculés dans cette hypothèse ; le troisième poids aide à ramener la scie dans sa première position , lorsque le pilot est scié.

Nota. Ces deux scies n'ont jamais été exécutées en grand.

ODOMÈTRE

Applicable aux Epuisemens. — N° 89 du Modèle.

CET odomètre est de grandeur d'exécution ; il est renfermé dans une boîte de fer battu de 2 lignes ($0^m\,005^c$) d'épaisseur ; elle a 5 pouces $\frac{1}{2}$ ($0^m\,15^c$) de long , et 5 pouces ($0^m\,14^c$) de large , sur 10 pouces ($0^m\,27^c$) de hauteur hors-œuvre. Dans l'intérieur , sont trois roues en fer ou en cuivre , de 4 pouces ($0^m\,11^c$) de diamètre , et de 3 lignes ($0^m\,097^c$) d'épaisseur ; celle d'en bas, qui a vingt dents , est mue par une spirale sans fin que porte la manivelle. La seconde roue, qui a vingt-cinq dents , est mue par une pareille vis que porte la première ; cette seconde roue est accompagnée d'un pignon à cinq ailes qui engrainent dans la troisième roue , qui est divisée en quarante dents ; l'aiguille est placée sur l'axe de cette roue , et marque , par sa révolution , 4,000 tours de manivelle sur le cadran qui est au dessus , et sur lequel ils sont divisés par centaine ; chacune de ces divisions est d'une grandeur suffisante pour y reconnoître les $\frac{1}{2}$ cent , et même les $\frac{1}{4}$, ce qui est suffisant. L'aiguille se retire à volonté pour la mettre à zéro, au commencement de chaque relai ; et, lorsqu'elle est placée , on la serre contre l'axe avec une vis et un écrou , qui sont placés au côté opposé de l'aiguille. On ferme le devant de la boîte d'une porte en fer battu , à laquelle on met un cadenas.

On place cette boîte sur l'un des supports de la manivelle, qui ont communément 5 pouces de grosseur ; elle est retenue contre le montant, avec vis et écroux, et avec un boulon qui passe dans les deux branches de fer qui la tiennent, et sont encastrées dans le bois ; la manivelle est assujétie de manière qu'elle ne prenne que l'engrènement convenable , sans pouvoir choquer ni endommager les roues.

Le prix du cent de tours de manivelle est fixé sur ce que les ouvriers doivent raisonnablement gagner par jour, en travaillant sans trop se fatiguer; on sait par expérience que quatre hommes peuvent faire communément trente tours de manivelle par minute, étant appliqués, pendant deux heures de suite, à une manivelle de seize pouces de coude, dont le hérisson a huit pouces de rayon, jusqu'au milieu de la chaîne, la pompe ayant douze pieds de hauteur et cinq pouces de diamètre; ce qui donne 3,600 tours pour deux heures, et 14,800 tours pour huit heures qu'ils peuvent travailler en vingt-quatre.

Cette machine a été employée, avec succès, aux épuisemens du nouveau pont de Saumur, en 1752, dont les travaux ont été dirigés par M. de Voglio, ingénieur en chef des ponts et chaussées, mort inspecteur (1).

MACHINE

Pour lever les plans, la nuit. — N° 98 du Modèle.

Cette machine consiste dans une planchette portant un crayon qui mesure et trace exactement, au moyen d'une alidade mobile, les bases et les angles des plans topographiques, en faisant parcourir ces bases avec une espèce de brouette qui porte la planchette, laquelle peut être conduite avec vitesse par un simple journalier, soit dans une tranchée dont on veut avoir le plan, *sans exposer les ingénieurs*, soit dans les avenues d'un parc, ou autre terrain : les détails de ces plans peuvent ensuite être levés avec la boussole, ou autres instrumens usités.

---

(1) Cet instrument, qui peut s'adapter à toutes les machines en usage dans les travaux publics, sert à faire connoître le nombre de tours de manivelle exécutés par les ouvriers appliqués à ces machines, et à régler, par ce moyen, les tâches et les prix de leur travail.

Comme il est propre encore à mesurer le chemin qu'on a fait, soit à pied, soit à cheval, soit en voiture, son usage peut encore être très-utile dans les marches, et dans les reconnoissances, aux armées. On a perfectionné cet instrument au point qu'il indique ou décompte les mouvemens et les pas rétrogrades.

CHAPITRE VI.

RADE DE CHERBOURG,

*Projetée par M. de Cessart, inspecteur général des Ponts et Chaussées,
depuis 1782 jusqu'en 1791.*

LE beau projet de la nouvelle rade de Cherbourg est dû à M. de
Cessart; il en commença les travaux en 1782, qu'il a continués jusqu'en
1791. Ils étoient en pleine activité en 1784, époque où M. Perronet
s'y rendit avec les Ministres.

.. L'auteur avoit demandé, dès le commencement, au Gouvernement
quatre commissaires, deux marins et deux ingénieurs, pour former un
comité particulier, où seroient discutés les avantages et les inconvéniens
de cette grande entreprise; on nomma MM. Borda, Fleurieu, Perronet et Chezy.

Cette rade est formée par une ligne de cônes en charpente, à (3898^{m})
du port (1); la droite de cette ligne est appuyée au fort de l'île Pelée,
et la gauche au fort de Querqueville. Dans le milieu de cette ligne,
il devoit y avoir une passe pour les vaisseaux, de 500 toises ($974^{m}\,50^{c}$)
d'ouverture.

La caisse de charpente à jour et sans fond, qui fait l'enveloppe du
cône, a 148 pieds ($48^{m}\,08^{c}$) de diamètre à la base, 60 pieds ($19^{m}\,49^{c}$)
de diamètre au cercle supérieur, et 60 pieds ($19^{m}\,49^{c}$) de hauteur
verticale.

L'on charge la base de cette caisse, dans toute sa circonférence, de
190,000 liv. (93006 kil. 90 déc.) de pierre, avant de la mettre à flot,

---

(1) L'idée de ces cônes ou caisses en charpente a été généralement approuvée des marins et
ingénieurs : les Anglais se sont servis du même moyen, il y a quelques années, pour protéger
l'entrée et la sortie de la rade de Torbay.

Divers motifs ont cependant fait renoncer au système des cônes, dans la construction de la grande
ligne qui couvre la rade ; mais ce système a déjà trouvé, et trouvera de plus heureuses applications.

afin qu'après son immersion, elle se trouve assez pesante pour se fixer sur le fond et résister à l'effort de la mer montante, qui, s'élevant de 18 pieds ($5^m\,85^c$), la feroit flotter, en tenant son sommet à peu près d'un septième de sa hauteur au dessus du niveau de la mer.

Le poids d'une caisse ainsi chargée est environ de 1,700,000 livres (832167 kil. 00 déc.); elle flotte, au moyen de 90 grosses tonnes, et 30 petites, capables d'un effort de 1,900,000 liv. (930069 kil. 00 déc.), de manière qu'il y ait une force excédante de 200,000 liv. (97902 kil. 00 déc.) à peu près. Ces tonnes sont distribuées et retenues au cercle inférieur et sur la circonférence de la caisse.

La remorque se fait depuis le bord de la mer où elles ont été construites, jusqu'à l'endroit déterminé pour l'échouage, avec des cabestans établis sur des pontons. Quarante hommes suffisent, avec quatre grandes chaloupes plates, garnies de 72 rames. L'on fait, par le calme, environ 3 à 400 toises ($584^m\,71^c$ à $779^m\,61^c$) par heure.

L'immersion se fait dans une heure de temps, au moyen de couteaux à long manche, qui communiquent de la galerie supérieure de la caisse, jusqu'aux soupentes en cables qui retiennent les tonnes.

Cette caisse est ensuite remplie de 2600 tonneaux ($19250^m\,11^c$) cubes de pierre, du poids de 194 livres (94 kil. 96 déc.) le pied cube.

Je n'entrerai pas dans de plus grands détails sur la grande idée de ce projet, qui a toujours été regardé comme étant de la plus haute importance; l'auteur, M. de Cessart, homme d'un rare mérite, fait, en ce moment, imprimer un recueil précieux pour l'art des grandes constructions, en deux volumes grand *in*-4°, avec des planches; il contiendra, avec le texte, tous les détails des travaux importans qu'il a fait exécuter, et de ceux qu'il a projetés pendant le cours de sa longue et honorable carrière (1).

---

(1) Je ne peux refuser à la mémoire de cet ingénieur distingué de consigner ici l'hommage exprimé sur sa tombe, le 12 avril 1806, par l'éloquence de l'amitié, et consacré par la vérité.

« La mort vient d'enlever à l'Etat un citoyen utile, au génie un de ses membres les plus distingués, à la société l'homme qui réunissoit au degré le plus éminent les qualités qui font estimer et chérir : M. Louis-Alexandre de Cessart, inspecteur-général des ponts et chaussées, ancien chevalier de l'Ordre de Saint-Michel, l'un des commandans de la Légion d'honneur.

Né à Paris le 25 août 1719, et issu d'une famille militaire, Louis-Alexandre de Cessart débuta de bonne heure dans cette carrière ; il fut attaché à la maison militaire du roi, fit les campagnes

(63)

PORT DU HAVRE.

Le port du Hâvre est un de ceux qui, de tous les temps, a le plus in-
téressé le Gouvernement, par sa position et son commerce.

Dans l'intervalle de dix années, des ingénieurs militaires et des ponts et

---

de 1743, 44, 45 et 46; il se fit remarquer aux batailles de Fontenoy, de Raucour, et au siége
de Fribourg.

Son génie, qui le rapprochoit sans cesse de la sphère dans laquelle il devoit prendre son essor,
ne tarda pas à percer le voile de cette modestie, qui, chez lui, a constamment été compagne du
vrai mérite. Des hommes en place, doués de ce tact heureux qui sait assigner les différens emplois à ceux-là seuls qui sont les plus propres à les remplir, appellèrent M. de Cessart dans le corps
des ponts et chaussées. Il en a parcouru tous les grades, imprimant à ses ouvrages le sceau du vrai
talent, et donnant partout l'exemple des plus rares vertus.

Je n'entrerai point ici dans le détail de ses nombreux et utiles travaux; on le trouvera dans le
journal qu'il m'en a confié, et dont j'ai rassemblé les différentes parties dans un seul corps d'ouvrage
qui, sous peu de jours, sera livré à la publicité.

Je ne puis toutefois me dispenser de rappeler que cet ingénieur fixa le premier les regards du
Gouvernement sur la possibilité d'abriter la rade de Cherbourg. Il jeta les premiers fondemens de
cette digue fameuse dont le succès long-temps contesté, mais devenu enfin incontestable, assure à la
marine impériale la prochaine jouissance d'un établissement maritime de première importance.

Il se montra dans tous les temps supérieur aux persécutions sourdes auxquelles il n'a pu échapper
pendant le cours d'une carrière aussi longue que glorieuse, et qu'il eût desiré de terminer active-
ment dans son grade, sous l'égide de soixante ans de travaux utiles.

Les services de M. de Cessart ne pouvoient manquer de fixer l'attention d'un souverain si digne
appréciateur des hommes et des travaux utiles; un ministre éclairé attira sur la position particulière de M. de Cessart les regards paternels de S. M., et M. de Cessart fut honoré du grade de
commandant de la Légion d'honneur. Ce prix d'une longue vie consacrée toute entière au bien de
l'Etat, soutint son existence et prolongea sa carrière. Il la termina le 12 avril à quatre-vingt-six ans.

J'ai reçu le dernier soupir de ce vieillard respectable, et ce soupir fut pour sa patrie, son souverain, et le corps à la gloire duquel il consacra son existence.

Il a dirigé des travaux immenses à Cherbourg, à Saumur, à Dieppe, à Rouen, au Hâvre,
au Tréport, et il laisse absolument sans fortune une femme dont le patrimoine s'est perdu dans
l'abime creusé par les événemens de la révolution.

Les amis des mœurs pures et des vertus sociales devoient s'unir aux amis des arts et des talens
supérieurs, pour payer le dernier tribut à M. de Cessart. Ils ont accompagné sa dépouille mortelle,
et l'expression de leurs profonds regrets étoit le plus bel éloge de celui qu'ils venoient de perdre. »

L'éditeur de l'ouvrage de M. de Cessart, Dubois Darneuville,
maire de la ville de Fontainebleau.

chaussécs, out fait différens projets, qui furent successivement présentés à l'examen des Conseils du génie militaire, de la marine, et de celui des ponts et chaussées, soumis ensuite à l'approbation du Gouvernement.

Le premier est celui des ouvrages à faire pour l'amélioration du port, et l'agrandissement de la ville, approuvé par l'assemblée des ponts et chaussées, le 10 janvier 1779.

Le deuxième projet, celui de MM. *Léger* et *Fourcroy*, ingénieur militaire, en 1779.

Le troisième, celui des commissaires de l'Académie des sciences, *Borda*, *Perronet* et *Fleurieu*.

Le quatrième, celui de MM. *Gaule* et de *Bressole*, en 1782.

Le cinquième, celui de M. *Dubois*, inspecteur-général des ponts et chaussées, en 1782.

Le sixième, celui de M. de *Cessart*, inspecteur-général, en 1782.

Le septième, un deuxième projet de M. Dubois, en 1783.

Et le huitième enfin, de M. Lamandé (aujourd'hui inspecteur général), alors ingénieur en chef de la généralité de Rouen, et dont l'exécution a été commencée par M. Lamblardie, ingénieur, chargé des travaux du port. Ce projet, approuvé le 2 février 1787, est celui qu'on exécute aujourd'hui.

Les travaux pour l'agrandissement et l'amélioration du port du Hâvre, ont été commencés en 1783 (1).

De 1783 à 1786, on a construit la grande digue d'enceinte formant la retenue de la Floride, destinée à alimenter une écluse de chasse projetée dans le chenal. Cette digue a 900 mètres de longueur, et renferme une réserve qui contiendroit, dans les vives eaux ordinaires, 400,000 mètres cubes d'eau (54,000 toises).

En 1788, 89 et 90, on a fait l'écluse et le grand bassin d'Ingouville (dit le bassin du commerce); ce bassin, lorsqu'il sera totalement achevé, aura 600 mètres de longueur sur 100 mètres de largeur, et pourra contenir 250 navires, depuis 200 jusqu'à 500 tonneaux. Dans son état actuel,

---

(1) On sait que, par l'effet du confluent de la Seine, la mer conserve son plein pendant deux heures au port du Havre, et même il arrive souvent qu'après trois heures de pleine mer, elle n'a pas perdu un pied (0 mèt. 32 cent.), ce qui est très-avantageux pour tous les mouvemens du port.

il a 5oo mètres de longueur, sur 100 de largeur, e', en temps de paix, on y a compté jusqu'à 192 bâtimens de différentes grandeurs.

En l'an II, on a commencé les travaux de l'écluse et du bassin de la Barre, qui, par les circonstances, ont été suspendus pendant les années IV, V et VI, et repris en l'an VII (1).

Le bassin de la Barre, particulièrement destiné à la marine militaire, présente la même superficie que le bassin d'Ingouville ; lorsqu'il sera fait, on y pourra placer facilement dix frégates, toutes *bord-à-quai*. L'écluse a 13 mètres 64 centimètres (42 pieds) de largeur de passage, et réunit deux écluses de chasse latérales, chacune de 4 mètres de largeur de débouché. Il monte sur le radier 6 mètres 5o centimètres (19 à 20 pieds) d'eau, dans les vives eaux ordinaires. C'est en l'an IX que les premières frégates sont entrées dans le bassin de la Barre.

Le vieux bassin a 170 mètres de longueur sur 90 mètres de largeur réduite, et peut contenir 45 à 5o bâtimens, depuis 200 jusqu'à 5oo tonneaux ; de manière qu'en temps de paix, lorsque le projet sera achevé, on pourra, dans les trois bassins, maintenir toujours à flot 54o à 55o bâtimens.

Le chenal a 5o mètres de largeur. Il est quelquefois obstrué par un *poulier* de gallet, à la tête de la jetée du N. O., qu'on fait enlever par des voitures ; mais cet inconvénient disparoîtra lorsque l'écluse de chasse projetée sera construite.

Dans l'état actuel des choses, on ne jouit pas même de l'avantage des écluses de chasse latérales de l'écluse de la Barre ; attendu que la portion faite du bassin est trop petite pour les alimenter, et que d'ailleurs le faux radier en avant de l'écluse dans l'avant-port n'est pas encore terminé.

L'écluse de communication entre le bassin d'Ingouville et celui de la Barre, a été commencé en l'an XI, et se trouve à moitié faite environ. Tout le côté sud du bassin de la Barre est également à moitié de sa construction. Cette écluse de communication a les mêmes dimensions générales que l'écluse d'Ingouville ; l'une et l'autre ont 13 mètres 64 centimètres (42 pieds) de largeur de passe, et 55 mètres 13 cent. (102 pieds) d'une tête à l'autre.

---

(1) Le pont à bascule, sur l'écluse du bassin d'Ingouville, a été construit en l'an II, sur les projets de M. Lamblardie.

PORT DE DUNKERQUE.

Extrait du rapport de M. Perronet, adressé au Ministre de la Marine, le 9 octobre 1785.

Perronet présente dans son rapport les travaux qu'il conviendroit de faire pour le rétablissement du port de Dunkerque, démoli en 1763, par suite du traité d'Utrecht. Il considéra comme insuffisans les moyens que l'on proposoit, consistant dans la reconstruction des anciens travaux, et l'enlèvement des vases et des sables qui encombroient le bassin, le port d'échouage et le chenal, à cause de l'éloignement de l'écluse de chasse de Bergues, qui se trouve à 1,400 toises (2,728^m 60^c) de la tête des jetées, la quantité d'eau que l'on pouvoit y rassembler étant d'ailleurs trop foible : il projeta, en conséquence, de placer une nouvelle écluse de chasse à 800 toises (1559^m 23^c) au-dessous de celle de Bergues, et à 600 toises (1,169^m 42^c) de la tête des jetées, en formant au-dessus un bassin ou retenue de 60,000 toises (116,940^m) superficielles, dirigé sur le fort de la batterie de l'est, et de fortifier les jetées opposées à la direction de l'écluse, pour la garantir de l'action de l'eau ; ou bien de partager cette retenue en deux parties de 30,000 toises (58,470^m chacune), appuyées, l'une contre la levée de l'est, et l'autre contre celle de l'ouest, en plaçant les deux écluses de chasse, qu'il faudroit alors construire vis-à-vis l'une de l'autre.

On construiroit, avant la première retenue d'eau, un nouveau bassin de 80 toises (303^m 92^c) en carré, avec une écluse à son entrée, environnée de quais et bâtimens au-delà sur trois de ses côtés, pour l'abriter du vent, et pour y former des établissemens.

Le bassin existant seroit curé et rétabli, pour en faire une prolongation du port d'échouage. L'écluse de Bergues, en y rassemblant les eaux des canaux de Furnes, des Moëres, de Bergues, de Bourbourg et de Mardick, et en formant à leur réunion une retenue considérable, devenoit assez forte pour chasser les vases de l'avant - port et du port d'échouage, jusques à la nouvelle écluse de chasse, laquelle les portoit ensuite avec facilité au-delà de la tête des jetées ; proposition que M. de Cessart examina avec soin après son arrivée à Dunkerque.

Les projets de M. Perronet ayant été examinés sur les lieux par M. le maréchal de Castries, ministre de la marine, de la Millière, de Borda et

Fleurieu , accompagnés de différens ingénieurs , on proposa les change-mens suivans :

1° De placer le bassin sur l'emplacement de l'ancienne citadelle , proche le chenal, pour conserver au commerce le premier terrain qui lui deve-noit précieux ;

2° De rétrécir la largeur de la retenue d'eau de mer , en l'alongeant à proportion le long de l'Estran , afin de remonter d'environ 200 toises (389^m 81^c) l'écluse de chasse, en conservant à cette retenue 60,000 toises (116,940^m) de superficie, et diminuer d'autant la longueur que devoient parcourir les eaux de l'écluse de Bergues. M. Perronet, observant que la longueur que l'on proposoit de donner à la retenue, retarderoit l'arrivée de l'eau à l'écluse , proposa de ne pas changer la première forme qu'il donnoit à cette retenue , et d'établir l'écluse de chasse à 200 toises (389^m 80^c) plus haut, pour obtenir le même avantage (1).

CONSTRUCTION DE LA FORME DE TOULON,

Exécutée sous la direction et la conduite de M. Grognard.

La forme que M. Grognard a faite dans le port de Toulon , a été bâtie à sec dans un grand caisson de 500 pieds (97^m 4^c) de longueur, sur 95 pieds (30^m 88^c) de largeur, et 33 pieds (10^m 72^c) de hauteur.

La construction de cet énorme caisson , les difficultés de le mettre à l'eau sans le désunir , et le bateau-porte qui défend l'entrée des eaux dans la forme , font le mérite essentiel de ce grand ouvrage.

RADEAU ET CAISSON.

On a commencé par faire sur l'eau un très-grand radeau composé de deux rangs de gros mâts se touchant , le premier rang en long , et le deuxième en travers.

Les dimensions de ce radeau excédoient celles du fond du caisson , de 12 pieds (3^m 90^c) au-delà de chacun de ses quatre côtés. Sur ce radeau on a construit le caisson dont on a tenu le fond élevé d'environ quatre

---

(1) Divers événemens et considérations ont obligé de modifier successivement ces projets. De-puis 1785, on a rétabli le bassin avec son écluse et, dans ce moment, on continue de grands tra-vaux pour l'accroissement de la ville et du commerce.

pieds (1 ^{m} 5o^c) au dessus du radeau. Les bords du caisson n'ont été montés que de 10 pieds (3 ^{m} 26^c) de hauteur, avant d'avoir été mis à l'eau.

On a mis sur le radeau, au dessous du caisson, dans des cases distribuées uniformément, et ménagées à cet effet, des boulets d'un poids suffisant pour couler bas le radeau lorsqu'on voudroit mettre le caisson à flot. Mais, pour le soutenir jusqu'alors, on avoit disposé aussi sur le radeau un très-grand nombre de tonneaux vides bien bouchés. Les bondes de ces tonneaux etoient attachées chacune à une grosse ficelle, et pouvoient être enlevées facilement en même temps, pour faire remplir d'eau tous les tonneaux à la fois.

Enfin on avoit disposé autour du radeau un grand nombre de pontons auxquels il étoit attaché avec des cables roulés sur des cabestans, pour le retenir à mesure qu'on le feroit descendre, et pour l'arrêter lorsque le caisson flotteroit librement au dessus.

Tout étant disposé ainsi qu'il vient d'être dit, on a enlevé les bondes toutes à la fois : l'eau est entrée dans les tonneaux ; ce radeau s'est enfoncé uniformément, et le caisson s'est mis à flot. On l'a retiré facilement du dessus du radeau, lequel a été relevé jusqu'à fleur d'eau au moyen des cabestans et des cables disposés à cet effet. On a retiré les boulets ; et les mâts qui formoient ce radeau ayant été désunis, ont pu être employés à leur première destination.

Les bords du caisson qui n'avoient été élevés que de 18 pieds (5 ^{m} 85^c) pendant qu'il étoit sur le radeau, ont été portés ensuite à la hauteur de 33 pieds (10 ^{m} 72^c).

FORME.

L'endroit du port où l'on devoit construire la forme, a été recreusé avec un ponton jusque sur le roc ; et le fond n'étant point de niveau, on a jeté, dans les endroits bas, des pierres et de la glaise, qu'on a nivelées et battues fortement à la dame. La place ainsi préparée, on y a conduit le caisson, et on l'y a maintenu, au moyen de quelques pilots plantés dans son pourtour.

Ensuite on a porté dans le caisson un assez grand nombre de pierres, de bombes, etc., pour former un poids double de celui que pouvoient avoir le bassin et le plus gros vaisseau. On a laissé le caisson ainsi chargé plusieurs mois, afin de donner le temps au sol de la fondation de faire l'affaissement dont il seroit capable ; après quoi, on a construit la forme, partie par partie, conformément au plan, en employant les matériaux qui servoient à charger le caisson.

Malgré les grandes précautions qu'on avoit prises pour construire le radeau, et pour affermir le sol de la fondation, lorsque le caisson fut chargé, il s'ouvrit plusieurs voies d'eau qui augmentèrent ensuite, à cause des affaissemens inégaux du sol. L'eau qu'elles fournissoient pendant la construction de la forme, a été enlevée avec des chapelets verticaux en fer. La maçonnerie intérieure a bouché une partie de ces voies d'eau : mais, comme elle ne les a pas fermées toutes, on a fait, dans tout le pourtour de la forme, des aqueducs qui conduisent les eaux dans des puits où sont placés 32 chapelets. Ces chapelets sont destinés principalement à épuiser la forme lorsqu'on veut y construire ou y radouber un vaisseau. Les filtrations actuelles sont très-peu de chose. Un chapelet enlève en deux heures de travail toutes les eaux qu'elles fournissent pendant la journée.

DESCRIPTION DE LA FORME.

On peut considérer cette forme comme divisée en trois parties. La première en constitue l'entrée. Les murs latéraux ont plusieurs rainures qui servent à placer le bateau-porte en avant ou en arrière, suivant qu'il est jugé convenable.

La deuxième partie, qui est la principale, est le bassin dans lequel on construit et radoube les vaisseaux. Plusieurs escaliers placés autour servent à faciliter les manœuvrages des constructions.

Enfin, la troisième partie est un petit bassin destiné aux épuisemens, et entouré pour cela de chapelets verticaux. Il est séparé du premier bassin par un mur fort épais percé d'une ouverture de 5 pieds ($0^m 97^c$) de large, sur environ 6 pieds ($1^m 95^c$) de hauteur fermée par une vanne. La communication entre les deux bassins étant interceptée, on commence à épuiser le petit bassin ; pour lors un homme seul ouvre la vanne à volonté, suivant la vitesse avec laquelle il faut baisser les eaux du grand bassin pour caler sûrement et à propos le vaisseau qui doit être radoubé, et pour que cette manœuvre importante ne dépende pas de la volonté des forçats qui font mouvoir les chapelets.

BATEAU-PORTE.

Le bateau porte peut être considéré comme une très-grande vanne flottante fort épaisse, dont la forme extérieure ressemble à un ponton; les parties des bajoyers destinées à le recevoir, sont en talus du quart de leur hauteur, en sorte que l'espace à fermer est plus large dans le haut que dans le bas; le profil du bateau-porte sur sa longueur est égal à celui de l'ouverture qu'il doit fermer ; ses deux bouts ont environ 8 pieds 6 pouces ($2^m 76^c$) de largeur, et le milieu 17 pieds ($5^m 52^c$).

Lorsqu'on veut placer le bateau-porte, on le conduit comme un bateau dans l'espace à fermer, et on le dispose d'à-plomb sur les rainures qui doivent le recevoir : ensuite on en remplit l'intérieur de boulets de canon, de pierres, etc., dont le poids le fait descendre jusqu'à ce qu'il touche en même temps le fond et les deux côtés; en sorte que l'entrée du bassin se trouve entièrement fermée.

CHAPELETS.

Les 32 chapelets employés aux épuisemens de la forme sont de deux dimensions différentes. La buse des petits a 6 pouces ($0^m 162^c$) de diamètre ; la lanterne est composée de dix fuseaux de 15 lignes ($0^m 034^{mil}$) de grosseur, il y a deux volans à chaque manivelle, lesquels sont faits de trois gros poids en plomb de 60 ou 80 liv. (29 kil. 37 déc. ou 39 k. 16 déc.). Le diamètre du volant est de 14 pieds 6 pouces ($4^m 71^c$). La buse des grands chapelets a 8 pouces ($0^m 217^{mil}$) de diamètre; la lanterne est composée de douze fuseaux de 18 lignes ($0^m 041^{mil}$) de grosseur. Les volans ont 4 poids de plomb de 60 ou 80 livres (29 k. 37 déc. ou 39 k. 15 déc.).

Ces chapelets sont tous en fer : la buse est en cuivre, leur longueur est égale ; ils sont mis en mouvement par douze ou quatorze forçats.

FONDERIE DE CANONS,

A L'ISLE D'INDRET, AU DESSOUS DE NANTES;

Commencée en 1776, et finie en 1782, sur les projets et la conduite de M. Tourfaire.

PERRONET fut consulté par le Gouvernement, dans le mois de décembre 1777, sur le projet et l'exécution déjà commencée de la fonderie d'Indret. Il envoya à ce sujet plusieurs observations et rapports très-détaillés au ministre de la marine (M. Sartine). Enfin, il reçut l'ordre de se rendre à Nantes le 15 juin 1778, pour examiner sur les lieux l'ensemble et l'exécution de ce magnifique établissement, projeté et dirigé par M. Tourfaire, ingénieur de la marine, homme d'un vrai mérite, mort ingénieur en chef a Rochefort, en 1795. Le rapport de Perronet au ministre de la marine, est du 12 juillet 1778; il conclut, en disant que l'ensemble du projet est parfaitement conçu, et que l'exécution commencée est dirigée avec tout l'art et le soin que demande un semblable établissement. Il invite le Gouvernement à faire les fonds nécessaires pour le conduire à sa perfection.

MANUFACTURE

DE PORCELAINES DE SÈVRES,

Projetée par M. Lindet, architecte; commencée en 1792, finie en 1760.

M. Le garde des sceaux (Machaux), par sa lettre à M. Perronet, datée de Versailles, le 12 octobre 1752, le charge de donner ses soins pour la construction des batimens nécessaires au nouvel établissement de la manufacture des porcelaines, à Sèvres, d'en examiner tous les projets faits par le sieur Lindet, architecte, et de viser, conjointement avec la compagnie, les toisés et arrêtés de l'architecte, sans lesquels il ne seroit payé aucun à-compte, et de l'instruire, à la fin de chaque mois, de la situation des travaux, etc.

Cette commission a duré jusqu'au 31 janvier 1760, date du procès-verbal de la réception qu'il fit de tous les ouvrages.

VILLE DE NANTES.

ISLE DE LA MADELEINE.

Extrait du rapport de M. Perronet, fait en octobre 1778, d'après les renseignemens donnés par M. Magin, ingénieur de la marine.

La commune de la ville de Nantes desirant savoir si les arches qui traversent la chaussée de l'île de la Madeleine peuvent être bouchées, sans avoir rien à craindre pour les ponts existans, Perronet fit les réflexions suivantes :

PRINCIPE.

Voulant reconnoître si un pont a assez d'ouverture pour laisser passer librement le plus grand volume d'eau d'une rivière, il faut observer, dans les temps des plus grandes crues, si l'eau est plus haute à l'amont qu'à l'aval.

Le plus ou le moins que l'eau est plus haute à l'amont qu'à l'aval, fait connoître si les arches du pont sont assez grandes pour laisser librement passer les plus grandes eaux.

Résultat des observations qui ont été faites à Nantes, depuis 1755 jusqu'en 1770.

Ire OBSERVATION.

Quand les eaux de la rivière de Loire sont élevées de 8 pieds ($2^m 60^c$) au dessus des basses eaux, elles passent librement, sans que la partie d'amont soit plus élevée que la partie d'aval. On doit conclure de cette observation, que les ponts ne souffrent aucune poussée, quand les eaux de la rivière de Loire sont élevées de 8 pieds ($2^m 60^c$) au dessus du niveau des basses eaux.

2e OBSERVATION.

Quand les eaux sont élevées de 12 pieds ($3^m 90^c$) au dessus du niveau des basses eaux, elles passent encore très-librement, mais elles ont un peu plus de hauteur à l'amont qu'à l'aval, environ 1 pied 8 pouces ($0^m 49^c$) ; ce qui prouve que, quand les eaux de la rivière de Loire sont élevées de 12 pieds (3 ^{m} 90 ^{c}) au dessus du niveau des basses eaux , elles commencent à charger les ponts , mais d'une quantité si peu considérable , qu'elle doit être regardée comme nulle , eu égard à leur pesanteur et à leur liaison.

3e OBSERVATION.

Les eaux étant au plus haut qu'on les ait vues depuis 1775 , et qu'on estime avoir été à 18 pieds (5 ^{m} 85 ^{c}) au dessus des basses eaux , on a remarqué qu'elles étoient plus élevées de 2 à 3 pieds (0 ^{m} 65 ^{c} , à 0 ^{m} 97 ^{c}) à l'amont qu'à l'aval ; cette charge n'est pas assez considérable pour en avoir rien à craindre.

Les eaux , dans cette situation , n'ont souvent rien changé à la hauteur des sables au dessous et très-près des ponts.

4e OBSERVATION.

On a remarqué que , dans le plus grand exhaussement des eaux , il y avoit peu de différence de niveau entre celles de la prairie de la Madeleine et celles de la prairie de l'Hôpital, qui ne sont séparées que par la chaussée de la Madeleine , dont on propose de boucher les arches.

Cette observation prouve qu'on peut intercepter les arches de la prairie de la Madeleine , sans avoir rien à craindre pour les ponts.

5e OBSERVATION.

Avant l'année 1775 , le pont de la Poissonnerie , qu'on nomme pont d'Aiguillon , n'avoit que 16 pieds (5 ^{m} 20 ^{c}) de largeur , et il en a actuellement 54 (16 ^{m} 89 ^{c}). Si on considère qu'avant l'année 1775 , les eaux ont toujours passé sous les ponts sans y faire aucun mal , on s'apercevra aisément que l'augmentation de largeur du pont d'Aiguillon peut dépenser , à peu près , autant d'eau que les arches de la chaussée de la Madeleine , qui ne commencent à soulager les ponts que quand les eaux sont à environ 12 pieds (3 ^{m} 90 ^{c}) au dessus du niveau des basses eaux.

Nous pensons qu'on peut intercepter les arches de la chaussée de la Madeleine , sans avoir rien à craindre pour les ponts.

Le projet de Perronet consiste en un seul alignement d'environ 1400 toises (2728 ^{m} 60 ^{c}) qui traverse la ville de Nantes et la rivière de Loire, à partir du pont d'Aiguillon sur l'Erdre, jusqu'au village de Pirmil. La rivière, dans cette partie, est divisée en trois bras ; sur le premier, du côté de la ville, Perronet propose un pont de trois arches, et, sur les deux autres bras, un pont de chacun sept arches, toutes en pierres ; le quatrième bras de la rivière se trouveroit supprimé, au moyen d'une levée en terre.

Tous ces projets ont été adressés, le 14 octobre 1778, à **M. de la Bove**, intendant de la ci-devant province de Bretagne.

EXTRAIT

D'un mémoire fait par M. Perronet, en 1748, ayant pour titre : Moyen proposé pour fonder, sur pilotis, les ponts et les autres ouvrages, à construire dans l'eau, sans batardeaux ni épuisemens.

M. Perronet, considérant que la construction des batardeaux présente de grandes difficultés et beaucoup d'inconvéniens, donne la méthode suivante, pour fonder dans l'eau, et en fait l'application à une pile de 18 pieds ($5^m 85^c$) d'épaisseur, et de 39 pieds ($12^m 67^c$) de longueur, avec avant et arrière becs ; le fond de la rivière étant supposé à 7 ou 8 pieds ($2^m 27^c$, ou $2^m 60^c$) sous les plus basses eaux.

On forme d'abord une enceinte rectangulaire par des pieux battus à 10 ou 12 pieds ($3^m 25^c$, ou $3^m 90^c$) de distance sur leur longueur, et à 9 pieds ($2^m 92^c$) de l'alignement qui doit désigner le parement de la pile : on se garantit du choc du courant de l'eau par un vannage.

On fait ensuite descendre dans cette enceinte un grillage de charpente, que l'on assujétit de niveau à la profondeur que l'on a déterminée. Il est fixé encore plus solidement à sa place par quelques pieux battus dans les cases du grillage, et par des palplanches à onglets, placées dans la double coulisse pratiquée au pourtour.

Ce grillage, sur lequel on pose verticalement un bâtis de charpente tout au pourtour, et verticalement en quatre endroits sur la largeur, forme la principale pièce du projet.

On remplit l'espace qui se trouve sous le grillage par de la glaise bien corroyée, mêlée de cailloux ou de petits moëllons (on pourroit substituer du mortier de chaux vive , et de gros gravier mêlé de petits cailloux de vigne) que l'on introduit au moyen d'un entonnoir , ce qui assujétit encore mieux le grillage ; on achève ensuite de placer un pilot dans chaque case , après quoi on enlève les pièces qui servoient à entretenir le grillage de niveau , ainsi que les traverses du bâtis , destinées au même usage.

On récèpe les pilots , les palplanches et les poteaux du bâtis , exacte-ment de niveau à l'affleurement du dessus du grillage , au moyen d'une scie imaginée , pour cet usage , par Perronet , et dont il a donné la des-cription dans un autre mémoire.

Cela fait , on peut construire la maçonnerie jusqu'au dessus des basses eaux d'été , avec de grands caissons construits à peu près comme ceux du pont de Westminster , et le surplus est achevé en suivant l'usage ordi-naire. On donne aussi le moyen d'élever la maçonnerie au dessus des eaux moyennes , en substituant aux cailloux une autre construction fort solide , très-détaillée dans le mémoire.

S'il arrive que le terrain s'élève en certains endroits au dessus des basses eaux , ou qu'il en soit trop proche , après avoir enlevé ce qui se trouvera au dessus de l'eau , on draguera le reste jusqu'à 2 ou 3 pieds ($0^m\,65^c$, ou $0^m\,97^c$) sous les plus basses eaux , sans qu'il soit nécessaire de le dresser absolument de niveau , comme on a été obligé de le faire au pont de Westminster.

EXTRAIT

D'un Mémoire sur les avant et arrière-becs des ponts.

Perronet s'est proposé plusieurs questions avant de déterminer la forme la plus avantageuse à donner aux avant-becs des ponts.

Les principes conformes aux plus évidentes théories de la mécanique sont confirmés par un grand nombre d'expériences , etc. . . . .

Ce n'est point le choc des glaces qui détruit un pont , c'est l'effort per-pétuel des eaux contre l'obstacle qu'on leur oppose.

On ne sauroit trop diminuer cet effort ; et c'est pour le diminuer qu'on donne aux arches le plus de vide qu'il est possible , et aux piles , la seule épaisseur qui convient pour porter les arches.

L'épaisseur des piles étant déterminée par cette considération , il faut employer. tous les moyens possibles pour qu'elles deviennent un moindre obstacle au cours des eaux qui les détruit , et l'on peut diminuer l'obstacle par la forme des avant-becs.

Il est vrai que le choc des glaçons peut briser les angles des avant-becs à la surface de l'eau , mais il est facile de les armer de bronze ou de fer; peut-être seroit-il mieux de les construire de forme curviligne ou demi-circulaire.

La force de l'eau, que l'on regarde comme morte et de nul effet, vu l'impulsion et la prodigieuse inertie de la masse qui la reçoit, est cependant une force vive que l'on doit apprécier.

Ni Bernouilly , ni Camus, ni personne, jusqu'à présent, n'a regardé comme une force morte, l'effort continu d'une rivière contre une digue en maçonnerie ; c'est cet effort qui dégrade les joints de la maçonnerie, qui fait pénétrer les eaux dans les fondations, qui désunit les palplanches, s'insinue entre les pieux et le massif qui les embrasse, affouille et dégrade le fond où les pieux sont plantés , et détruit toute la contexture de l'édifice ; effets d'autant plus prompts et d'autant plus à craindre, que la digue présente plus de résistance au courant des eaux.

Quelle que soit la masse d'un pont, quelque petite que soit la vitesse du courant qui le frappe, il faut encore considérer que cette percussion est continuelle et répétée à chaque seconde pendant l'espace de plusieurs siècles , toujours exercée pour la destruction de cet obstacle. Les forces qui agissent continuellement sont celles qui détruisent tout dans la nature, celles dont il faut principalement se garantir.

Quelque petite que soit une force finie , si elle agit continuellement contre une masse énorme en repos, il faut qu'à la longue elle parvienne à lui donner du mouvement, soit en lui communiquant de la vitesse, si l'inertie de la masse totale est plus foible que la cohésion de ses parties, soit en détruisant la contexture de ses parties, si la force de leur cohésion est plus foible que l'inertie de la masse totale.

Ces principes, ainsi qu'il a déjà été dit, sont conformes à la théorie et à l'expérience.

Des ingénieurs de mérite ont dit qu'il faut donner aux avant-becs la figure qui éprouve de la part des eaux courantes la moindre pression, parce que le choc est constant , tandis que celle des glaçons n'a lieu que de temps à autre.

lls concluent qu'il faut donner aux avant-becs la forme triangulaire que M. Bouguer a trouvée être la plus avantageuse pour les proues des navires; ils rejettent particulièrement la forme des deux arcs de 60 degrés chacun, proposée par Perronet : mais celui-ci répond à cette objection, par plusieurs exemples, que la pression totale de l'eau contre les *avant - becs* est généralement si petite, relativement à leur pression sur la pile et la plate-forme, que l'on doit plutôt les garantir contre le choc violent des glaçons, qui détruiroit, à coup sûr, un corps saillant trop aigu, et qui ne leur présenteroit pas un front capable de leur résister.

Tel est le sommaire des principaux ouvrages de Perronet : j'ai cru qu'il appartenoit à l'ingénieur qu'il a long-temps honoré de sa confiance et de ses bontés de le publier. En offrant aux jeunes ingénieurs et élèves des ponts et chaussées cet exposé fidèle et rapide de ses longs travaux, je leur en rends la connoissance plus facile et plus générale ; j'ajoute à leur émulation, à leur desir de s'instruire plus profondément ; je leur indique les sources où ils doivent puiser les principes, et trouver les grandes applications d'un art que Perronet illustra, en couvrant la France de monumens durables, et en éclairant, par ses écrits, le corps célèbre et utile dont il fut le fondateur.

OBSERVATIONS

SUR LES RUES, ÉGOUTS, PONTS, PLACES PUBLIQUES DE LONDRES,
ROUTES, CHEMINS, ET DIVERS PORTS DE L'ANGLETERRE;

Par M. LESAGE, Ingénieur en chef, Inspecteur de l'École impériale des
Ponts et Chaussées,

EXTRAITES

DE SES DEUX VOYAGES EN ANGLETERRE, EN 1784 ET 1785.

CHAPITRE PREMIER.
IDÉES GÉNÉRALES SUR L'ANGLETERRE.

L'ANGLETERRE est bornée au nord par l'Ecosse, dont les rivières de
Solvay et de Tuwed la séparent, et de tous les autres côtés par la mer;
elle a environ 110 lieues de longueur sur 100 de largeur. Ses rivières principales sont la Tamise, le Humber, la Trente, l'Ouse, le Medwai et la
Severne. Le vent d'ouest y souffle fréquemment; les brouillards y sont
habituels; les pâturages y sont excellens. Il y a des mines de différentes
espèces; celles de fer et de charbon de terre sont très communes; on y
trouve des eaux minérales. Londres est à 12° 19' de longitude, et 50° 56'
de latitude.

Peu de gens savent, ou pensent même, qu'il y a un seizième du terrain
d'Angleterre en friche. Ce qui est cultivé, l'est bien. Le pays produit tout
ce que peut produire la France, excepté le vin, l'huile, le ver à soie.

L'Angleterre seule, dans l'état présent de culture, est évaluée 100
millions de livres sterl.; il reste à savoir ce qu'elle doit.

Le gouvernement est monarchique et aristocratique, et toujours soumis à la loi qui règle les intérêts entre la nation et le souverain.

Aucun Anglais n'est exclu de la qualité de citoyen de l'Etat: de là viennent la sûreté des Anglais, leur patriotisme, leur fierté.

Les députés du parlement le sont, ou de la part des villes, ou de celle des provinces. Ceux des villes sont choisis ou par les magistrats , ou par les chefs des maîtrises, ou par un certain ordre de citoyens; ceux des provinces sont élus par les possesseurs des terres. Il suffit d'avoir 40 schelings de rente en fonds de terre pour être électeur. Avec 600 livres sterl. , on devient éligible de la part d'une ville : aussi tous les ordres de citoyens se ménagent et craignent de s'offenser mutuellement ; le paysan peut paroître riche avec sûreté , et le bourgeois peut étaler son opulence et son industrie.

La sûreté des possesseurs est égale pour tous les individus à celle de leur personne. Dans les causes criminelles, tous sont jugés par leurs pairs , selon les mêmes lois , suivant des formes invariables. Dans les causes civiles, chacun est jugé par le tribunal qui lui est assigné, selon les mêmes principes et les mêmes lois.

Il est peu de pays où l'on fasse autant d'établissemens généreux en faveur de l'humanité souffrante , et où il y ait autant de bustes , de statues et de monumens élevés à la gloire des hommes qui ont honoré la patrie par leurs talens et leur amour pour l'humanité.

On lève les matelots par toutes les voies possibles ; cette espèce de conscription y prend le nom de *presse* ou *levée forcée*. Les marins y sont formés par l'éducation , par les transports du charbon de terre , par les récompenses assurées , et par les différentes pêches.

On y favorise le commerce passif des nations qui ont avec l'Angleterre un commerce actif. On surcharge de droits les marchandises de France , tandis que les productions du Portugal en paient de très-légers ; les impôts nouveaux portent sur les consommateurs , pour ne retomber sur les terres que par le plus grand cercle possible.

On encourage l'agriculture comme la source des richesses réelles. Les manufactures qui, les premières, mettent en œuvre les matières du pays, obtiennent la première faveur : tous les droits de sortie sont calculés sur ce principe ; on donne des primes à la fabrication de certaines marchandises.

L'influence des seigneurs dans la chambre des communes , et celle du roi , par leur moyen , n'est pas un vice si grand qu'il le paroît d'abord. Les seigneurs propriétaires des plus grands fonds tiennent à la patrie par des liens plus forts ; ils en connoissent mieux les avantages réels ; ils peuvent se former un système suivi dans l'administration, et chaque citoyen riche, en achetant des terres, peut acquérir pour sa postérité cette influence si utile au bien général.

De la Nature du Terrain et des grands Chemins en général.

Presque toute la surface de l'Angleterre n'est, en général, qu'une couche plus ou moins épaisse de cailloux roulés et de gravier ; les montagnes sont en grande partie formées d'une pierre blanchâtre, tendre, mêlée de silex, le tout couvert d'une terre végétale, d'environ un pied d'épaisseur. On y trouve beaucoup de prairies et d'excellens pâturages ; les châteaux et les maisons de campagne y offrent des jardins et des parcs tenus avec le plus grand soin ; les gens riches y tiennent un grand état de maison.

Les grands chemins ruinés sous les guerres civiles, et abandonnés jusqu'au règne de Georges II, ont été pris en considération par le parlement. Ferrés de silex concassés, ils sont bons et bien entretenus : l'entretien n'en est pas aussi considérable qu'ailleurs. L'Angleterre n'a point, ou que très-peu de rouliers ; les canaux de navigation intérieure fournissent suffisamment aux transports de toute espèce.

L'entretien des chemins est aux frais de ceux qui les fréquentent. Des barrières très-nombreuses se ferment devant chaque voiture, et l'on y paie le prix réglé par un tarif affiché, suivant le nombre de chevaux qui compose l'attelage.

Il n'est ni rang ni dignité à l'abri de ces péages ; le roi lui-même y est soumis. Les chemins ont, dans toute leur longueur, une banquette élevée, sur deux et trois pieds de large, et jalonnée de piquets dont le sommet est blanchi, pour qu'il soit aperçu la nuit par les conducteurs de voitures. Ce trottoir est pour les gens de pied, parce qu'en Angleterre, le piéton est respecté ; et, dans les routes les plus éloignées, comme dans les chemins les plus étroits, ces banquettes sont toujours à sec et bien entretenues.

Les chemins de Portsmouth et de Douvres à Londres sont d'une largeur convenable et bien entretenus ; les villages sont tous très-beaux, ils annoncent l'opulence ; les campagnes y sont très-bien cultivées.

Les roues à larges jantes des chariots ou guimbardes, dont la plupart ont trois cercles ou bandes de fer, ont depuis 9, 12 et 18 pouces de largeur de jantes. Ces roues ont l'avantage d'applanir le gravier sans y former d'ornières. Ces chariots sont tirés par huit et dix chevaux.

A Londres, on paie aux barrières double taxe les dimanches ; c'est-
à-dire, un carosse paie 16 sous de France, et les autres jours 8 seulement.

LONDRES.

La ville de Londres, traversée par la Tamise, est divisée en deux
parties, qui se communiquent par trois ponts. Londres, compris les fau-
bourgs, a cinq milles dans sa plus grande longueur, trois dans sa plus
grande largeur, et seize milles de contour ; le mille étant de 825 toises
de France. Sa population est d'environ 800,000 ames, y compris les gens
de mer. Elle est divisée en deux villes distinctes : Londres et Westminster,
chacune ayant ses limites et son gouvernement municipal particulier. Le
maire de Londres administre la justice civile et criminelle, aidé par un
conseil de gens de loi dont il est le président. Westminster est moins une
ville qu'un bourg, quoique ce soit le côté le mieux bâti et le mieux
peuplé : on peut le comparer au faubourg Saint-Germain, à Paris.

Le commerce de Londres est généralement répandu dans tous les pays
et dans toutes les mers.

C'est à Londres principalement qu'arrivent tous les produits des co-
lonies, excepté les sucres qui vont plus à Bristol en Somerset-Shire, ville
la plus marchande et la plus riche après Londres, avec un beau port.
C'est dans cette dernière ville qu'arrivent tous les vaisseaux de la compagnie des Indes. Ainsi, le port seul de Londres fait plus de commerce
que tous les ports des trois royaumes réunis.

MAISONS.
Planche Iere.

Presque toutes les maisons faites dans le quartier Saint-James, appartiennent à des entrepreneurs qui bâtissent sur un terrain pris à bail
de 40, 60 et 99 ans. Elles sont toutes en briques ; et la solidité que l'on
met à la construction, dépend du terme du bail.

La brique est en général très-mauvaise et mal cuite ; elle se fait quelquefois sur le lieu même, et souvent avec la terre provenant des fouilles,

Toute la charpente, ainsi que la menuiserie, est en sapin de Hollande et
de Suède. Tous les appartemens sont lambrissés à hauteur d'appui. Les
dormans des croisées sont ceux renfermant dans leur intérieur des contrepoids, au moyen desquels la moitié de la croisée, qui est à recouvre-

ment, se lève ou se baisse à volonté et verticalement sur l'autre partie, par la plus légère impulsion.

Il y a peu de maisons qui ne soient assurées contre les incendies. Le prix de l'assurance se règle sur celui du loyer ; et les pertes occasionnées par le feu, sont au compte des assureurs. Les locataires ont le même avantage pour les meubles, que des compagnies leur assurent au moyen d'un inventaire fait entre eux.

Les loyers sont très-chers à Londres; les locataires sont de plus chargés de payer une guinée pour l'eau fournie dans leurs maisons; deux guinées pour la taxe des pauvres, et quatre pour l'impôt sur les fenêtres, balayeurs et watchmen. (Watchmen est un homme qui parcourt les rues la nuit, armé seulement d'un bâton.)

PAVÉ DES RUES DE LONDRES.

Planche IIe.

Le pavé des rues de Londres est tiré des carrières d'Écosse : ce pavé est, en général, d'un petit échantillon comparé à celui des rues de Paris ; il n'a guère que 7 à 8 pouces de long, 4 pouces de large, et environ 8 pouces de queue. Les anciennes rues sont encore pavées avec un caillou roulé ou galet; mais, à mesure qu'il est renouvelé, les paroisses ordonnent, chacune dans son district, le convertissemeut en pavé d'échantillon.

Ce pavé est tiré de l'île de Portland et des montagnes d'Edimbourg, à 300 milles ($50,0^{myr}$) de Londres, et arrive par eau.

Les dalles qui forment les trottoirs des rues, sont de différentes grandeurs ; il y en a qui ont 3 et 4 pieds carrés sur 3 pouces d'épaisseur; on les tire de Purbeck, à 200 milles ($26,12^{myr}$) de Londres ; et les bordures en Écosse, près Aberdeen.

Chaque paroisse se charge de l'entretien de ce pavé, et fait payer les propriétaires de la maison, suivant le terme de l'édit, tant par an, à tant la toise, en proportion de la valeur et du produit de cette maison.

Les trottoirs des rues pour les gens de pied ont depuis 5 jusqu'à 10 et 11 pieds de largeur ($1^m 124$, $3^m 348$, $3^m 573$); ils sont bien faits et toujours très-proprement entretenus.

Pour communiquer d'un trottoir à un autre en traversant une rue, le pavé est, dans cette partie, d'un échantillon plus grand, un peu bombé et balayé tous les jours.

Toutes les rues sont, en général, très-larges, celle d'Oxfort a 68 pieds (22^m), compris 10 pieds réduits de largeur de trottoirs de chaque côté.

A presque tous les coins des rues et à des distances de 30 et 40 toises, il y a des tuyaux de secours pour les incendies, ils affleurent le pavé et servent en même temps pour laver et arroser les rues dans l'été : les maisons qui sont assurées, en cas d'incendie, sont toutes numérotées ou désignées par un chiffre ou lettre en cuivre, doré et cloué en un lieu apparent, au dessus de la plinthe du premier étage.

Dans le temps des grandes chaleurs, les rues sont arrosées par des tombereaux fermés par dessus, et à l'arrière desquels on adapte un tuyau avec un robinet qui verse l'eau de cette manière en arrosoir. On en a vu pendant quelques années de semblables à Paris ; on ne sait pourquoi cet usage n'en est pas plus général.

Les promenades et les chemins aux environs de Londres, sont tous arrosés de la même manière.

J'ai vu, dans la belle rue d'Oxford, une manière fort simple d'arroser. Un homme, payé par la police du quartier, met, en travers du ruisseau, une pièce de bois d'environ quatre pieds de long et trois pouces carrés, sur laquelle est cloué en dessus un morceau de toile cirée, qui, étant rabattu et étendu sur la surface du pavé du ruisseau, forme sur-le-champ un batardeau. Ensuite cet homme va, à quelques pas au dessus, ouvrir un tuyau de secours pour les incendies ; l'eau arrêtée au dessous par le petit batardeau, forme une retenue assez grande pour arroser, avec une pèle faite exprès, tout le milieu de la chaussée où il ne passe que des chevaux et des voitures.

Les rues principales du quartier Saint-James, et toutes celles habitées par les grands seigneurs, n'ont point de portes-cochères : ce sont toutes de petites portes d'environ quatre pieds de large, uniformément décorées de deux et quatre colonnes doriques, couronnées d'un fronton formant péristile ; de petites rues détournées servent comme un quartier particulier pour les écuries et les remises.

Les nouveaux quartiers sont formés par des rues alignées et assez uniformément bâties en briques. Les maisons n'ont, ainsi que dans le vieux Londres, que deux et trois étages, non compris les cuisines et les offices qui sont au dessous du rez-de-chaussée, et qui tirent leur jour sur un fossé ou petite cour large de 4 à 5 pieds, sur toute

(85)

la face du bâtiment. Le trottoir qui borde les rues, porte sur des
voûtes, au milieu desquelles est pratiquée une petite ouverture de 7
à 8 pouces de diamètre, fermée par une trappe en fer et servant à in-
troduire le charbon de terre : commodité très-importante pour la propreté de l'intérieur de la maison.

Ce trottoir est séparé par une grille de fer plus ou moins ornée, avec
deux supports aux deux côtés de la porte d'entrée, à l'extrémité desquels
est suspendu un globe de verre à deux mèches.

AQUEDUCS

Sous le milieu des rues pour l'égoút des eaux de la ville, et
distribution de l'eau dans les maisons.

Les aqueducs, pour l'égoût des eaux de la ville de Londres, sont tous
construits en briques et passent au milieu des rues principales. De chaque
coté sont de gros tuyaux en bois qui fournissent l'eau dans chaque
maison, au moyen d'un petit tuyau en plomb de 10, 12 et 15 lignes de
diamètre qui y est adapté.

La largeur des différens égoûts n'est pas la même, elle dépend du
volume d'eau qui doit y passer ; la plus ordinaire est de 4 pieds, et la
hauteur réduite 5 pieds 6 pouces.

Il coule ordinairement, en temps de pluie, très-peu d'eau dans les rues ;
celle provenant des toits des maisons est conduite par un tuyau particulier dans l'égoût.

Aucune gouttière n'est apparente, et n'a son jet dans la rue. Il y a un
bureau particulier, autorisé par le parlement, qui veille à l'entretien
des égoûts, par entreprise au rabais (1).

L'eau clarifiée, provenant du réservoir de la rivière Neuve par la machine hydraulique, établie près le pont de Londres, par la pompe à feu
de Chelsea, et de celle d'York-Buildings, se distribue régulièrement trois
fois la semaine, au prorata de la consommation de chaque maison : elle
y vient, comme je l'ai dit ci-dessus, par des tuyaux souterrains d'un diamètre proportionné à la quotité de la distribution ; on la reçoit, et on
la conserve dans de grandes pierres ou pipes cerclées en fer.

____

(1) *Voyez* l'édit pour l'entretien des égoûts de la ville qui en donne le détail, du règne de
Georges III , années 1765 et 1778 : London, chez Charles Eyre. 1783.

LUMINAIRE

Des Rues et des Places publiques de Londres.

Ce sont encore les paroisses des différens quartiers qui se chargent de l'entretien des lanternes, et des moyens d'éclairer les rues et les places publiques. Les propriétaires des maisons paient une taxe à proportion de leur étendue (1).

Les lanternes ou lampes publiques doivent être à une certaine distance (selon l'édit); mais, outre cela, la plupart des maisons ont une ou deux lanternes à leur porte, et c'est une autre taxe extraordinaire (quoique *ad libitum*), parce qu'on peut n'en point avoir à sa porte, et l'on paie à la paroisse une guinée par chaque lampe extraordinaire, en outre de la taxe du pavé et du luminaire public.

PONT DE WESTMINSTER.

Monsieur Dangeau-de-la-Belye, architecte suisse, a commencé ce pont en 1739, et l'a fini en 1751.

Sa longueur totale est de 1090 pieds (354 ^{m} 76), sur 48 pieds 4 pouces (15 ^{m} 70) de largeur d'une tête à l'autre. Il est construit en pierre de Portland, et divisé en quinze arches; celle du milieu a 72 pieds (23 ^{m} 388) d'ouverture en plein cintre, et les deux piles collatérales ont 15 pieds d'épaisseur (4 ^{m} 873).

La hauteur totale des parapets est de 5 pieds 11 pouces. Les trottoirs à droite et à gauche du pont, ont 6 pieds 6 pouces de largeur, également en pierre de Portland, et les bordures ont été prises dans les carrières d'Écosse, près d'Aberdeen. Les dalles qui couvrent les deux trottoirs, portent depuis deux jusqu'à trois pieds 6 pouces de long, sur 20 à 24 pouces de large et 3 pouces d'épaisseur.

La longueur du pont entre les culées est d'environ 174 toises (339 ^{m}), et sa largeur d'une tête à l'autre est de 53 pieds 4 pouces (17 ^{m} 335).

Le milieu du pont n'est point pavé, c'est une chaussée bombée et recouverte d'un gravier très-fin, réparée toutes les semaines et chaque

---

(1) *Voyez* les réglemens 1765 et 1778, imprimés à Londres en 1782.

(87)

jour dans les temps de pluie. Le fond de la forme est une couche de
glaise pour empêcher les filtrations.

Ce pont a 2 pouces 9 lignes de pente par toise; mais aux deux extrémités, et à 10 toises avant d'arriver aux deux escaliers à droite et à
gauche pour descendre à la rivière, cette pente augmente d'environ
1 pouce ½ par toise, ce qui donne à l'extrémité de la rampe 8 pieds
2 pouces de hauteur aux parapets.

Les piles du pont ont été fondées par caissons. Les marées ordinaires
montent de 11 pieds. Depuis la ligne des hautes eaux jusqu'au lit de la
rivière, la profondeur moyenne est de 23 pieds (1).

Le temps employé à la construction du pont de Westminster, depuis
la pose de la première pierre jusqu'au moment où il fut ouvert aux voitures, a été de onze ans et neuf mois, et la dépense nette de 218,200 liv.
sterlings, ou 5,108,980 livres, monnoie de France.

Nota. Le pont de Westminster est, sans contredit, le plus beau pont de ce genre actuellement
en Angleterre; mais il est trop étroit pour sa hauteur et sa longueur.

PONT DE BLAC-FRYERS.

Ce pont, nouvellement construit par M. Mylne, en 1760, partage
la Tamise et la ville entre les ponts de Westminster et de Londres. Il
est composé de neuf arches elliptiques, surbaissées au cinquième; celle
du milieu a 92 pieds ($29^m 86$) d'ouverture et 38 pieds ($12^m 34$), à partir
de la naissance des voûtes jusque sous la clef. Les piles collatérales ont
18 pieds 6 pouces d'épaisseur.

La hauteur des voussoirs des têtes est de 6 pieds 4 pouces, et les demi-
voussoirs 3 pieds 2 pouces; la hauteur de l'appareil, 2 pieds 6 pouces.

Chaque avant-bec des piles au dessus des retraites, forme un socle an-
gulaire de 15 pieds de hauteur, qui porte deux colonnes ioniques ac-
couplées avec une corniche, comme au Pont-Neuf. Les piles ont été fondées par encaissement, et les pilotis sont en sapin.

La hauteur des parapets est de 4 pieds 8 pouces, les trottoirs ont
6 pieds 2 pouces de large, et les dalles sont d'un seul morceau jusqu'à
la rencontre des bordures.

____

(1) Voyez la Description sur la méthode employée à la fondation du pont de Westminster
par M. Ch. Labelye, imprimée à Londres en 1751.

La chaussée du pont, entre les trottoirs, est de 25 pieds en pavé de pierre dure des carrières d'Écosse, dont l'échantillon réduit est de 8 pouces de long sur 5 pouces de large, et 18 à 20 pouces de queue.

Sa largeur d'une tête à l'autre est de 46 pieds (14^m 942).

PONT DE LONDRES,

Réparé en 1751.

Ce pont est fort ancien ; il est composé de neuf grandes arches de 65 pieds d'ouverture (15^m 197), et deux petites en ogive de 16 pieds (5^m 97), faisant partie des culées. Il étoit, il y a vingt-cinq ans, chargé de maisons comme celui du pont Notre-Dame à Paris ; mais le parlement a fait abattre ces maisons, et le pont a été restauré et rétabli. D'abord, on devoit mettre une grille de 7 pieds de hauteur entre les niches qui sont établies au dessus des piles ; mais on a préféré des balustres. Sa largeur d'une tête à l'autre est de 50 pieds.

L'arche du milieu a 64 pieds d'ouverture (20^m 90) ; la courbe est un arc d'ogive à quatre centres, au moyen de deux parties arrondies dans le bas. La hauteur sous la clef est de 18 pieds (5^m 47), à partir de la naissance de la voûte, et 10 pieds de hauteur de pied-droit, à partir de la ligne des basses eaux.

Il y a deux machines hydrauliques établies en amont du pont. La première a quatre roues, et la seconde en a trois ; elles font mouvoir ensemble 52 corps de pompes foulantes et aspirantes, qui élèvent l'eau à 120 pieds anglais : elles se distribuent dans les différens quartiers des environs, sans réservoirs, par le moyen de gros tuyaux en bois, de 7 et 8 pouces de diamètre intérieur (1).

---

(1) Les roues à aubes des deux machines sont en action journalière et continue, sans jamais éprouver d'interruption, hors le cas de réparations indispensables.

Les pistons des corps des pompes ont 18 pouces de diamètre et 4 pieds 6 pouces de remontée.

Nota. Gros cilindre, construit en 1782, dans la pompe du côté de la ville d'où partent les tuyaux de distribution. Ils sont en fonte jusqu'à une certaine hauteur.

Dix-huit galons par coup de piston ; un galon fait environ quatre pintes, sept coups par minute.

Neuf tuyaux de distribution pour les différens quartiers de la ville et de la cité. Le diamètre de ces différens tuyaux est de 8 à 9 pouces.

Chaque propriétaire paie, comme nous l'avons dit, à la direction de cet établissement, une guinée par an pour la fourniture d'eau qu'il en reçoit.

La Tamise descend huit heures; le flux la fait refluer ou monter pendant quatre. Cet effet tient à l'action de la mer qui se fait sentir jusqu'au-delà de Londres.

Le flux de la rivière, par la marée, est de 11 à 12 pieds, et quelquefois, lors des hautes mers de vive eau, il monte jusqu'à 16 pieds anglais.

Le reflux de la rivière, lors de la marée montante, se trouve très-resserré sous le pont, donnant une cataracte de 4 pieds ($1^m 30^c$) environ, en amont et aval; les grandes marées la rendent beaucoup plus forte.

Ce pont est, en général, fort mauvais. Les piles sont presque toutes affouillées, surtout celles du côté du faubourg.

L'appareil sur le prolongement des voussoirs, est d'un très-petit échantillon.

PLACES PUBLIQUES.

Les places publiques sont toutes carrées; plusieurs sont d'une fort grande étendue, et la plupart sont fermées par de très-belles grilles, comme l'est la place Royale à Paris.

Elles ont, au milieu, une statue entourée de bosquets, un réservoir ou pièce d'eau. Les maisons qui bordent ces places ne sont point assujéties à une exacte uniformité.

La place de Lincoln's-Inn-fields est une des plus grandes de l'Angleterre; elle a 100 toises ($194^m 90^c$) de long sur 90 toises ($175^m 41^c$) de large, entourée d'une balustrade en fer.

Au milieu sont deux bosquets avec un grand réservoir; les hôtels des ducs de Newcastle, de Lindsey, et autres seigneurs, sont bien bâtis. Un des côtés de la place se nomme Holborn-Row (ou côté d'Holborn); l'autre Portugal-Row (ou côté de Portugal).

Gros-Venor-Squarre est une des plus belles places de Londres, tant par sa situation que par les belles maisons occupées par la noblesse. Le milieu de la place est un bosquet de forme octogonale, entouré d'une grille en fer, avec quatre portes d'entrée; au centre est la statue équestre, en bronze doré, de Georges Ier.

Charing-Cross est la place la plus élevée de Westminster; on y voit la statue équestre de l'infortuné Charles Ier, qui fut décapité. Le cheval de bronze est un chef-d'œuvre.

La place de Covent-Garden est grande et belle; l'église, qui est dans le goût de l'architecture ancienne, est aussi un chef-d'œuvre d'Inigo-Jones.

Les portiques qui règnent autour de la place, sont beaux; l'un d'eux conduit au théâtre de Covent-Garden, qui est grand et élégant. Près de là et au bout de la rue de Russel-Stret, est le théâtre de Drury-Lane, moins grand que le premier.

Red-Lyon-Squarre est une des plus petites places de la ville, mais agréable, et les bâtimens en sont réguliers.

Queen-Squarre est une place bien située, à l'extrémité de la ville, avec une sortie sur la campagne. Du même côté, est une figure pédestre en marbre blanc, représentant la reine. On y voit aussi l'hôtel de l'ancien duc d'Ardwich.

Bloomsbury-Squarre est un carré long. L'hôtel du duc de Bedfort, bâti par Inigo-Jones, en fait une des principales beautés. L'intérieur n'est pas moins beau; il est orné d'excellentes copies des meilleurs tableaux d'Amtoncourt, de la main du chevalier Jean Thornhill.

La place nommée Soho-Squarre est décorée d'un beau jardin entouré d'une grille en fer; au milieu, on y voit la statue de Charles II.

Golden-Squarre est une petite place, mais agréable par sa verdure et ses promenades.

La première des places neuves que l'on a bâties, est celle d'Hanover-Squarre; les maisons en sont très-belles et occupées par des gens riches.

Cavendish-Squarre a été bâtie par le feu comte d'Oxford; cette place est un carré long de 100 toises sur 80. Il y a au milieu un réservoir d'eau entouré d'une belle grille.

La place de Leicester-Field, environnée de balustrades en fer, et au milieu de laquelle est la statue équestre, en bronze doré, de Georges Ier, et un ancien hôtel habité autrefois par la princesse douairière de Galles, mère du roi actuel.

Saint-James Squarre est une place très-régulière, entourée de belles maisons. Au milieu est un grand bassin circulaire, orné de gazon. Elle est fermée par une balustrade en fer ; le duc de Norfolk et plusieurs autres seigneurs y ont leurs hôtels.

En face de l'hôtel de milord Foley, est une place bâtie depuis deux ans, percée dans son axe par la rue de Portland ; cette place, avec terrasse grillée, ayant vue sur la campagne, a environ 5o toises de longueur sur 45 de large.

Manchester-Squarre est une place carrée, construite depuis peu d'années, dont le milieu répond à la belle rue Duke-Street. En face est l'hôtel de Manchester.

A peu de distance de cette place, est celle de Portman-Squarre, qui n'est pas encore terminée.

Il y a encore une autre place dans la cité, appelée *Smith-Field ;* elle est très-spacieuse, mais irrégulière : elle sert de marché aux chevaux et pour le bétail ; tout le pourtour est fermé par des barrières en bois, à la hauteur de quatre pieds ; il reste environ huit pieds de largeur de trottoirs entre les maisons, pour les gens de pied.

Un peu au dessus et hors de la cité, est Charterhouse-Squarre, vis-à-vis le bel hôpital de Sulon ; cette place n'est pas régulière.

GRANDES ROUTES.

Les routes ne sont point alignées. Elles suivent toutes la direction des anciens chemins. Leur construction est partout la même, et leur largeur fixée à 24 ou 3o pieds (7^m 8o ^{c} , 9^m 75 ^{c}), compris les trottoirs pour les gens de pied, dont la largeur est depuis 2 jusques à 5 pieds.

Les rampes, dans les montagnes, ont depuis 2, 3 et 4 pouces de pente par toise, toutes pratiquées dans un sol graveleux.

Les encaissemens sont presque tous faits dans un bon terrain ; mais, lorsqu'il se trouve des bancs de glaise, on couvre le fond de petites fascines de 3 pieds de long sur toute la largeur de la route, traversant même les fossés, pour que les eaux ne forment pas ravines. Ces fascines sont ensuite recouvertes de grosses pierres sur lesquelles on répand du caillou et du gravier.

Les fossés, soit dans les montagnes, soit dans les ravins, n'ont environ que 18 pouces de largeur sur 6 pouces de profondeur, et sont arrondis dans le fond.

Les chaussées sont bombées au dixième de leur demi-largeur.

Les trottoirs ou petits chemins pour les gens de pied sont élevés, dans la plaine, d'environ 8 pouces au-dessus du talus intérieur de la chaussée, couverts d'un gravier fin, et sont bien entretenus. Ils n'existent que d'un seul côté de la route, excepté aux abords de Londres, où il s'en trouve des deux côtés.

Ils sont garantis des voitures par de petits poteaux placés de distance en distance, et tous peints en blanc, cette couleur étant plus apparente la nuit.

Les eaux des fossés, dans les montagnes ainsi que dans les plaines à des distances très-rapprochées, traversent les petits chemins ou trottoirs par des ouvertures pratiquées avec des dalles en pierre, ou avec le corps d'un vieux saule.

Planche IV , fig. 1ère.

Dans les montagnes, lorsque le chemin est à mi-côte, le trottoir est du côté du ravin ou de la plaine ; le voyageur est toujours garanti par une lisse d'appui ou par une haie vive ou sèche, et il y a un seul ruisseau du côté de la montagne. Lorsque le chemin est encaissé, le trottoir est établi à droite ou à gauche, en suivant le rampant de la route.

Tous les petits ponts et ponceaux qui traversent les routes sur toute leur largeur, sont en briques et bâtis avec assez de solidité.

A la rencontre d'un ou plusieurs chemins qui se croisent, il y a toujours un poteau peint en blanc, servant à l'indication du chemin, de la ville la plus prochaine, et de sa distance en mille : il en est de même pour les bornes milliaires, également toutes peintes en blanc et écrites sur trois faces; sur celle du milieu est écrite la distance à la capitale, et sur celles des côtés, la distance à la ville la plus proche, de part et d'autre de la route.

De la route de Londres à Dublin , par Conventri , Birminggham, Shrewsbury et Chester.

La route de Londres à Chester , pour communiquer avec l'Irlande par Dublin , est une des plus fréquentées de toute l'Angleterre , par les chariots à quatre roues. Sa largeur, en partant de Londres, est de 36 à 40 pieds ; elle est bien entretenue jusqu'au village de Padington, à un mille (0 ^{myr} 20 ^{m}) de Londres ; il y a des trottoirs des deux côtés ; éclairés par des réverbères espacés de 10 en 10 toises.

De là au village de Saint-Albans, à 19 milles (3 ^{myr} 20 ^{m}) de Londres, est la deuxième barrière. Le chemin, dans cette partie, n'a que 30 pieds. A 7 milles (1 ^{myr} 20 ^{m}) plus loin, est une barrière.

Du village de Saint-Albans à Dunstable, à 33 milles (5 ^{myr} 50 ^{m}) de Londres, la route est fort belle.

A Stonay-Stralfort, à 51 milles (2 ^{myr} 50 ^{m}) de Londres, on a déjà passé cinq barrières, où sont perçus des péages pour l'entretien de la route ; il y en a une sixième établie en cet endroit avec pont à bascule, mais construit différemment que celui dont j'ai donné le dessin.

Planche IV. fig. 8 et 9.

De Stonay-Stralfort jusqu'à Daventry, la route est toujours belle ; les rampes, dans les montagnes, sont fort douces et bien entretenues.

A Coventry, distant de Londres de 96 milles (16 ^{myr} 00), sont établies deux barrières à l'entrée et à la sortie de la ville.

De Conventry à Birminggham, la route est rude ; c'est un sable très-fin, mêlé de gros cailloux roulans, ce qui empêche les chevaux d'aller vîte. Il y a des parties qui n'ont que 18 à 20 pieds de large.

Il en est de même de Birminggham à Wolwrhampton, sur une longueur de 14 milles (2 ^{myr} 40 ^{m}).

Birminggham est une ville assez considérable par son commerce en fer, ses manufactures de clincailleries, et la belle imprimerie de Baskerville. Il y a plusieurs barrières avec ponts à bascules, sur les différentes routes, à leur sortie de la capitale.

A Wolwrhampton passe un canal de navigation qui communique de la rivière de Swern à Liverpool par un autre canal.

De Wolwrhampton à Shesnel, qui en est éloigné de 12 milles (2 ^{myr} 00), le chemin est bon ; c'est à ce dernier bourg que l'on quitte la grande route pour aller à Coalbroockdal, qui en est éloigné de 7 milles (1 $^{my^r}$ 20 ^{m}), et de 148 milles (24 ^{myr} 87 ^{m}) de Londres. Cette traverse n'est pas bien entretenue, quoiqu'il y ait deux barrières ; c'est une communication qui va rejoindre la route de Shrewsbury, qui n'en est éloigné que de 17 milles (2 ^{myr} 9 ^{m}).

ROUTE DE SHREWSBURY A LONDRES,

Par Birminggham, Oxford et Windsor.

La route de Shrewsbury à Bridgnorth sur 20 milles (3^{myr} 4^m) de longueur, est fort belle et bien entretenue.

De Bridgnorth à Birminggham, 26 milles (4^{myr} 4^m), le chemin n'est pas bon, à cause des sables, et est étroit dans plusieurs parties.

De Birminggham à Stralfort, le chemin est un peu meilleur, le terrain étant propre à l'entretien de la route.

Il y a sept barrières de Birminggham à Oxford, dans une distance de 66 milles (11^{myr} 0^m).

Trois milles (0,5^{myr}) avant d'arriver à Oxford, la route est mal entretenue ; le caillou est d'ailleurs trop gros, et le sable trop fin ; mais les chemins, aux environs de la ville, sont beaux et bien roulans.

VILLE D'OXFORD.

Cette ville est très-jolie, bien habitée, bâtie au milieu d'une prairie charmante ; mais il n'y a pas de commerce. Elle a un évêché (suffragant de celui de Cantorbery), avec une très-belle université, vingt colléges rentés, et cinq qui ne le sont pas ; une bibliothèque, une imprimerie, un muséum et un jardin des plantes.

Le pont de Maiden-Head, construit, en 1772, en deux parties et sur le même alignement, au confluent des rivières de l'Isis et du Cherweld, est séparé par une prairie basse qu'il traverse au moyen d'une levée, avec murs de soutènement, et qui se raccordent aux deux ponts qui sont symmétriques et de niveau. La longueur totale, comprise la levée, est d'environ 70 toises. Chaque pont est de trois arches en plein cintre, chacune de 20 pieds d'ouverture, et de deux petites arches de 5 pieds, appuyées aux culées, servant de passage aux gens de pied. La largeur du pont est de 30 pieds, avec parapet et balustres à hauteur d'appui. La levée entre les deux ponts est percée par une arche plein-cintre de 15 pieds. Les deux faces du pont sont appareillées avec soin en pierres de taille, avec refends et bossages. Les abords en sont commodes, charmans pour la promenade des habitans de la ville, et bien entretenus.

Il y a, au collége Saint-Jean, un grand escalier qui conduit au dortoir, dont la charpente est admirée par sa légéreté et la beauté de son exécution. La cage de cet escalier a 40 pieds 4 pouces en carré , sur environ 5o pieds de hauteur, et voûtée en arc de cloître très-surbaissé. Le milieu est soutenu par un pilier cannelé, qui n'a que 16 pouces 6 lignes en carré.

Les rues principales sont belles, sans être alignées ; elles ont 40 et 5o pieds de large avec des trottoirs de 6 pieds. Le pavé du milieu des rues est un petit caillou plat et roulé de 2 et 3 pouces cubes ; le milieu de la chaussée est bombé ; sa forme est faite avec un gros gravier battu , passé au râteau : le petit caillou est posé de champ, et affermi avec un marteau ; ensuite on jette dessus une couche générale de gravier fin , passé dans un crible , et battue ensuite à la dame : ce pavé, ainsi posé, dure près de quinze ans sans être relevé.

D'Oxford à Nettlebed , 15 milles (2 ^{myr} 5) : il y a dans cet espace deux barrières ; la première , à la distance de 9 milles (1 ^{myr} 5) ; et la seconde, à 17 milles (2 ^{myr} 9). Les chemins sont toujours très-beaux et bien entretenus. Ils n'ont que 25 et 28 pieds de largeur.

Planche IV, fig. 10.

A 19 milles (3 ^{myr} 2) d'Oxford, est un chemin neuf dans la montagne. Les courbes en sont très-développées , et les pentes bien adoucies. La plus forte peut avoir 3 pouces par toise ; la chaussée est peu bombée, elle n'a que 22 à 24 pieds de largeur (7 ^{m} 80 ^{c}).

Avant d'arriver à la petite ville de Henley , à la descente de la montagne , est un très-beau chemin traversant une petite plaine dominée par deux côteaux , sur un alignement d'environ 2,5oo toises ; planté d'arbres bien entretenus , ce chemin sert de promenade et de course pour les chevaux.

La petite ville d'Henley est traversée par la Tamise , sur laquelle on construit un pont en pierre de cinq arches ; celle du milieu a 40 pieds, et les quatre autres 36 et 3o pieds.

Planche IV , fig. 11 et 12.

De l'autre côté de la ville, est un nouveau chemin que l'on a ouvert dans les montagnes ; la tranchée peut avoir, dans la partie la plus élevée 4o pieds sur un angle de 45 degrés de talus. Le terrain est formé de

pierre calcaire et de gravier. Ce chemin est en ligné droite, sur une
pente réglée d'environ 5 pouces par toise. Il n'a que 20 pieds de large,
et le trottoir 4 pieds, établi à droite en montant, à six pieds au-dessus
du niveau de la chaussée, qui n'est point bombée, et n'a de chaqne côté
qu'un très-petit fossé. Cette partie de la route vient d'être terminée,
et a été conduite par le ministre d'un village près de la route, qui en
avoit pris l'entreprise. Elle fait suite aux projets du nouveau pont.

D'Henley à Coalbroock, la route est belle. Ce dernier village est à
17 milles (2,90 ^{myr}) de Londres ; à la borne milliaire, n° 18, dans le
village de Slow, est un chemin qui conduit à Windsor, château du
roi, où il fait sa résidence la plus habituelle, distant de la capitale
de 22 milles (3 ^{myr} 70).

Entre les 16 et 17 milles (2,7 ^{myr} et 2,9 ^{myr}) après Coalbrook, est
une barrière. Une autre est à 8 milles (1,4 ^{myr}) plus loin, avant d'arriver au village d'Albrend-Fort; il y en à encore une à 3 milles(0,5 ^{myr})
plus loin, à la sortie du beau village d'Hamersmith; et la dernière,
dite de l'Ambassadeur, est à l'entrée de la rue de Picadily, au coin
du mur du parc Saint-James.

En général, la route depuis Shrewsbury jusqu'à Londres, est rou-
lante et bien entretenue, surtout depuis Slow où l'on quitte le chemin
pour aller à Windsor, qui n'en est éloigné que de 2 milles(0,4 ^{myr}).

ROUTE DE LONDRES A DOUVRES.

La largeur de la route, à partir de la pyramide qui est à l'extrémité
du faubourg de Westminster, est de 36 pieds (11 ^{m} 69 ^{c}), bien entretenue et peu bombée. On y trouve cinq barrières jusqu'à Deptford, dans
l'intervalle de 15 milles (2,5 ^{myr}). Toute cette partie de route est belle.

Il y a, près de Nortefield, des carrières de pierre calcaire, fouillées
à 60 pieds de profondeur. On voit, par le lit de la Tamise, à cet endroit, que le sol est composé de gravier recouvert d'une terre végétale
de 6 pieds de hauteur.

De Dartfort à Rochester, 15 milles (2,5 ^{myr}), et trois barrières.

Les rampes, dans les montagnes, ont 3 et 4 pouces de pente par
toise.

Il y a à Rochester un pont de onze arches en ogives, fort ancien et en mauvais état. Celle du milieu est une travée en bois.

En sortant de la ville, est une barrière.

A droite et à gauche de la route sont des carrières de gravier, fermées par des barrières.

A 2 milles (0 ^{myr} 4) de la ville de Rochester, on vient de faire une nouvelle partie de route dans la montagne, d'environ 500 toises de longueur sur une pente de 4 pouces par toise. La coupure du terrain indique une espèce de craie dans laquelle se trouvent des couches de cailloux silex à 3 et 4 pieds d'intervalle. Dans la partie supérieure est un lit de gravier, et au dessus 4 à 5 pouces de terre végétale.

Avant d'arriver à Cantorbery, près Ebledone, est la neuvième barrière.

De Cantorbery à Douvres, 16 milles (2 ^{myr} 7), la dernière barrière est à 2 milles (0 ^{myr} 4) avant d'arriver à cette dernière ville.

Je n'ai trouvé depuis Londres jusqu'à Douvres que dix barrières, ou *turnpikes*, et point de pont à bascule pour peser les chariots chargés ; le transport de presque toutes les marchandises se faisant ordinairement par eau.

Toute cette route est en général très-belle et bien entretenue. Le fond de l'encaissement est une couche de pierre et gros cailloux, de 12 et 15 pouces d'épaisseur, recouvert ensuite de gravier et pierre cassée avec un marteau à deux têtes, l'une plate, et l'autre pointue.

Un homme s'est chargé de l'entretien de six mille toises de longueur de ce chemin, moyennant 30 schelings par mois, qui font 36 francs, argent de France, non compris l'approvisionnement des matériaux qui se fait par les paroisses voisines, lesquelles indemnisent aussi les propriétaires du terrain sur lequel on tire la pierre et le gravier.

J'ai vu, près d'Oxford, des gravières de 20 toises carrées et 30 et 40 pieds de profondeur, coupées dans la montagne à 36 pieds de la route. Le petit chemin qui y conduit, est lui-même bien entretenu, et l'entrée est fermée par une barrière.

RÉSUMÉ.

Il n'y a absolument, en Angleterre, que des chemins ferrés ou de gravier. Les chemins, pour communiquer d'un village à un autre,

sont entretenus par les paroisses riveraines. Les sentiers pour les gen
de pied sont aussi entretenus; et tout chemin, qui n'auroit pas d'uti
lité publique, seroit supprimé.

Lorsque, dans une province, on veut établir un chemin, les particu
liers qui y sont intéressés, s'assemblent entre eux, font venir des experts
et ordonnent l'estimation de la dépense. Si c'est une affaire qui regard
toute la province, l'assemblée est nombreuse; on s'adresse ensuite au
parlement, non pour avoir la permission de faire ce chemin, car le
particuliers pourroient l'arrêter entre eux, mais pour obtenir le droi
d'établir un péage; ce droit obtenu, chacun souscrit pour ce qu'il veut
on fait le chemin avec l'argent de la souscription, et l'on se rembourse
par celui que produit le droit de péage qui se continue ensuite pour
l'entretien du chemin, et le reste paie l'intérêt de la souscription.

Il est dit, par l'article 18 du septième édit de Georges III, année
1771 : « Que les juges de paix ordonneront de poser des poteaux de
» direction dans les endroits où plusieurs routes se croisent, et d'écrire
» sur ces poteaux, en grands et lisibles caractères, les noms des pro-
» chaines villes, des marchés ou autres lieux considérables. Ils or-
» donneront aussi de mettre sur les poteaux qui seront dans les che-
» mins les plus profonds, et les ravins sujets aux inondations, une
» échelle qui marque la hauteur des eaux, et d'écrire quels seront les
» endroits où les voyageurs pourront passer avec plus de sûreté; ce
» qui se fera avec les fonds que les *surveyors* auront entre les mains,
» etc., etc. »

PORTSMOUTH.

Portsmouth, le plus beau port de l'Angleterre, est situé à l'embouchure de la petite rivière de Southampton, en face de l'île de Wight,
qui le couvre sur une lieue de profondeur dans les terres; l'île, en y
offrant un bassin vaste et profond, ne laisse qu'une embouchure très-
étroite à la mer du large : des petites dunes et des collines mettent le port
à l'abri des vents.

Son entrée est défendue par un banc de sable, qui ne permet l'abord
aux gros vaisseaux qu'en rasant une batterie de 50 canons. La ville est
entourée de fortifications régulières.

(99)

La baie est fermée par un grand canal que termine l'île de Wigth,
et dont le prolongement, sur une étendue de 7 lieues (5^{myr} 5o), offre
un abri sûr contre les vents et contre l'ennemi qui craindroit de s'y
engager, à cause des courans produits par les marées et par la rivière de
Southampton.

Pour diriger la marche des bâtimens sur l'entrée du port, il y a
plusieurs tours et balises que l'on retire en temps de guerre.

La rade est sûre pour le mouillage, ainsi que le port; il ne s'y dé-
pose jamais de vase; le fond est de gravier : l'eau y est toujours limpide.
Le port peut contenir plus de 100 vaisseaux de ligne; j'en ai compté
54, sans y comprendre les frégates et cutters. Il y en avoit 6 d'armés et
prêts à partir : de ce nombre étoient *la Bretagne* et *l'Hector*.

De l'autre côté de la ville, en face du port, dans Gosport, est un
hôpital considérable pour environ 3,000 malades; sa position est des plus
agréables; de l'intérieur des salles on découvre la rade, l'île de Wigth-
Spitéad, Sainte-Hélène, et tout ce qui entre dans le port.

Dans le faubourg de Gosport, et sur la droite, sont les magasins pour
l'approvisionnement des barils de beurre pour les vaisseaux : plus loin
est le magasin général des poudres.

De l'autre côté sont les magasins pour l'eau douce; ces bâtimens sont
d'une vaste étendue.

Plus près de la ville, et en face de l'hôpital et du port, sont les formes
de construction, bâties en pierre de Portland et en briques; toutes bien
entretenues.

J'y ai vu une forme pour les petits bâtimens, faite avec le corps d'un
vieux vaisseau de premier rang, que l'on avoit fait échouer, et dont
l'arrière étoit coupé verticalement; l'entrée de cette forme est fermée
par deux portes busquées à l'ordinaire.

Vis-à-vis sont les magasins pour les vaisseaux : ces bâtimens considérables sont composés d'un rez-de-chaussée et de deux étages, tous fort
simples, bâtis en briques. On y ajoute, en ce moment, un bâtiment
double en face du port, avec un mur de quai en avant, fondé sur le
gravier, et à 8 toises (15^m 5o) dans la mer. Dans ces travaux, j'ai vu une
manière fort simple de faire un batardeau.

On avoit battu des pieux en sapin de 7 et 8 pouces (0^m 19^c et 0^m 22^c)
de diamètre, espacés de 5 pieds 6 pouces (1^m 79^c) de milieu en milieu,

et enfoncés à environ 7 pieds (2 ^{m} 27 ^{c}) au-dessous du niveau de la haute mer. Sur ces pieux, on avoit cloué des planches aussi de sapin, et recouvertes, du côté de la mer, d'une grosse toile goudronnée à plusieurs couches, et fixée au fond de l'eau sur une pièce de bois chevillée aux pieux, et dont le dessous étoit garni de glaise, pour empêcher les filtrations : deux chapelets suffisoient pour entretenir l'intérieur du batardeau à sec.

Dans cet emplacement sont la corderie, le parc d'artillerie et l'arsenal : tous ces bâtimens sont en brique ; les socles seulement en pierre de Portland, bien entretenus et de la plus grande propreté. Les Anglais tirent parti de leurs matelots, que des blessures ont mis hors de service, en les employant aux balayages des ports, rues et places.

La ville est en général bien bâtie, les principales rues alignées et éclairées comme à Londres : elles sont pavées avec de petits cailloux d'environ 4 à 5 pouces (0,^{m} 43 ^{c} à 0,^{m} 47 ^{c}) carrés. Les trottoirs, de chaque côté des rues, sont en pierre de taille.

De la route de Portsmouth à Londres (10 septembre 1784).

Planche IV, fig. 2.

Les chemins, aux environs de Portsmouth, sont superbes, bien roulans et bordés par des barrières peintes en blanc jusqu'à la distance de 2 et 3 milles (0 ^{myr} 3 et 0 ^{myr} 5) dans la plaine ; ils ont depuis 24 jusqu'à 30 pieds (7 ^{m} 80 ^{c} à 9 ^{m} 75) de largeur, sans alignemens suivis ; ensuite le terrain devient très-montueux jusqu'à Guilfort, distant de Portsmouth de 34 milles (5 ^{myr} 6).

Planche IV, fig. 3.

Entre Portersfield et Quilfort, on fait un nouveau chemin que l'on a contourné dans la montagne, auquel on donne, sans pente réglée, environ 3 pouces (0 ^{m} 08 ^{c}) par toise. Le talus de la route, appuyé sur la montagne, est fait d'une couche générale de gros gravier, posé sur une forme de 4 pouces (0 ^{m} 11 ^{c}) de profondeur.

La largeur de cette route n'est point égale, elle est relative au local. Il y a des endroits où elle a 36 et 40 pieds (11 ^{m} 69 ^{c} et 12 ^{m} 90 ^{c}), et dans d'autres 18 pieds (5 ^{m} 85 ^{c}) seulement, surtout dans les places où l'on a déblayé pour diminuer les pentes et porter en remblai dans les parties basses.

Planche IV , fig. 4.

La coupure de la montagne , à 36 milles (6 ^{myr} o) de Portsmouth , près le village de Godalmen , est faite sur un angle d'environ 20 degrés , avec la verticale.

A 31 milles (5 ^{myr} 2) de Londres , avant d'arriver au village de Guild-fort , est une barrière où sont établis les péages appelés *turnpikes*.

Guildfort est un très-beau village , situé dans un vallon où coule la petite rivière de Wey.

A la distance de 10 milles (1 ^{myr} 7) , on passe devant le château de Cobham, appartenant à milord Hamilton, distant de Londres de 21 milles (3 ^{myr} 5) ; les jardins en sont superbes.

Ensuite on arrive à Kingston , beau village , sur le bord de la Tamise et en face des jardins de Hamptoncourt, à 13 milles (2 ^{myr} 2) de Londres , appartenant à milord..... Ce palais a été bâti par le cardinal Woolsey , premier ministre et favori de Henri VIII. Guillaume II l'augmenta beaucoup, et en embellit les jardins.

Les fameux tableaux de Raphaël , qui étoient dans ce château , sont à présent au Palais de la reine , à Londres. Le grand escalier est remarquable par ses belles peintures.

Le pont de Kingston a sept arches en bois et en portion d'arc , et deux petites arches en pierre de chaque côté des culées. Il a été construit en 1750 : il est fort beau, et la vue de dessus le pont est très-agréable.

Il est dû à la générosité de Samuël Deckers , qui a , dans le même lieu , une très-belle maison de campagne, et de beaux jardins terminés par une terrasse sur le bord de la Tamise.

Planche IV , fig. 5.

Depuis le village d'Esher , avant d'arriver à Hamptoncourt jusqu'à Londres , le chemin , qui est presque toujours dans une plaine superbe , est très-bien entretenu , caillouté , et recouvert de gravier dans toute sa longueur.

Planche IV , fig. 6.

A 2 milles (o ^{myr} 4) de Londres est la sixième barrière , et à 1 mille (o ^{myr} 2) , après avoir passé le village de Neuvington , est la septième ;

la dernière est à la pyramide de Saint-Georges-Fields, faisant la première borne milliaire à l'extrémité du faubourg de Westminster, et sur le prolongement des ponts de Blakfriars et de Londres.

La route de Portsmouth est très-fréquentée, surtout par les officiers de la marine royale ; les transports pour les armemens, ainsi que ceux des grosses marchandises venant de Londres, se font par mer.

Il y a sur cette route beaucoup de diligences et de chaises de postes, établies dans les différentes villes et villages qui se communiquent ; aussi est-elle bien entretenue, la perception des péages aux barrières étant considérables. Les rampes dans les montagnes n'ont que 15 et 20 pieds ($4^m 87^c$ et $6^m 50^c$) de largeur, sur 3 et 4 pouces ($0^m 08^c$ et $0^m 011^c$) de pente par toise ($1^m 95$).

L'encaissement du chemin est un silex, et le sable est mêlé de gros gravier roulé ; toutes ces matières se trouvent en abondance à droite et à gauche de la route.

Dans la plaine, le chemin a 24 et 30 pieds ($7^m 80^c$ et $9^m 75^c$) ; et le petit chemin, ou trottoir, pour les gens de pied, 30 pouces ($0^m 66^c$) environ de largeur.

PONTS A BASCULES.

Notes sur les Ponts à bascules.

On sait qu'en Angleterre il n'y a pas, comme en France, un corps d'Ingénieurs des Ponts et Chaussées, chargés des travaux hydrauliques et civils ; chaque commune, ou paroisse, ont leurs architectes, et font faire à leurs frais tous les ouvrages d'art qui intéressent le commerce et l'industrie ; ils sont surveillés et inspectés par des commissaires qu'ils nomment *surveyors*. La confection et l'entretien de leurs chemins se fait sur le produit de la taxe des barrières ; mais ces communes ou paroisses ne peuvent établir aucun péage, sans y avoir été autorisées par un acte du parlement, etc.

Description succincte du pont à bascule, pour peser les voitures toutes chargées, exécuté à Londres, barrière de Picadily, grande route d'Irlande, par Oxford.

Planche V.

La plate-forme A , qui reçoit la voiture pour être pesée, repose sur quatre supports verticaux en fer C, scellés par leur base à l'extrémité des quatre leviers F G , qui ont pour appui deux poutres transversales E D, dont les abouts, armés de tourillons I , se meuvent par oscillations dans des blocs de métal I , incrustés dans les trumeaux de maçonnerie H.

Les bras de quatre leviers F G se dirigent des quatre angles de la plate-forme vers un centre commun DE , où est adapté un poids B , qui maintient le tout en équilibre.

Au-dessus de ce poids s'élève verticalement une verge de fer O , au sommet de laquelle est adapté un balancier M, qui a pour objet d'alléger, par un plateau N , plus ou moins chargé, le poids qui compense la pesanteur absolue à la plate-forme sur l'extrémité opposée des leviers.

Un tableau Q , adapté à la hauteur d'appui à la verge de fer O , qui repose sur l'extrémité des bras de levier, reçoit les poids qui servent à constater la pesanteur absolue de la voiture, et une branche de fer T , qui communique obliquement au poids d'équilibre B , sert à élever et à abaisser à volonté tout le système, pour constater l'exactitude de la pesée.

Description succincte d'un autre pont à bascule pour peser les voitures chargées, exécuté en Angleterre.

Planches VI et VII.

La plate-forme A de ce pont est fixée à deux poutres verticales M , maintenues par des liens en charpente N. Ce système s'appuie par deux points sur le levier à double branche O , dont l'axe fixe passe par les deux points E ; enfin l'extrémité P de ce levier est surmontée par un petit plateau B , sur lequel on met un poids tel que l'index R prenne une position déterminée sur le tableau S ; le rapport du poids B , au poids placé sur la plate-forme, est de 1 à 50.

Pour que la plate-forme A ne puisse tourner autour des deux points par lesquels elle s'appuie sur le levier O, on a retenu un point inférieur du système A M N, à un point fixe, au moyen de la barre horizontale C; les extrémités de cette barre sont ajustées à charnière, en sorte qu'ils permettent un petit mouvement vertical à la plate-forme.

Afin que la barre verticale qui porte le plateau B, ne puisse tourner autour de son axe de rotation, et se renverser, on a suspendu à sa partie inférieure un poids Q plus grand que le poids placé en B, qui feroit équilibre à la charge de la plus forte voiture : il résulte de là que le centre de gravité du système B Q est au-dessus du centre de mouvement de ce système, dont l'équilibre est par conséquent stable.

Enfin, on a suspendu à l'autre extrémité du levier O un poids tel que le système soit par lui-même en équilibre. Ce poids, en rendant plus stable l'équilibre de la machine, diminue la durée des oscillations que fait le levier O, avant de trouver sa position d'équilibre.

Description d'une des balances, ou ponts à bascule, exécutés en Angleterre et servant à peser les voitures.

Planche VIII.

Cette machine est composée d'un tablier T, auquel sont fixées quatre pièces P, Q, qui portent des cuvettes renversées à leurs parties inférieures ; ces cuvettes s'appuient sur des pointes P Q, R S, fixées aux leviers K I L et M O N, dont les points fixes sont en K, L, M, N, il en résulte que le poids du tablier et de sa charge tend à faire baisser les points I et O ; et, comme ces deux points des leviers K I L et M O N reposent sur un couteau I O, qui traverse le levier F G, dont le point fixe est en F, l'extrémité G de ce levier tend à s'abaisser par l'effort du tablier. Or, on voit, par la coupe, que, lorsque ce point baisse, le plateau E s'élève ; d'où il suit qu'avec un poids convenable placé sur ce plateau, on peut faire équilibre au poids du tablier et de sa charge.

Les parties K L M N sont composées de crapaudines fixées à la maçonnerie, sur lesquelles s'appuient les pointes K et L, qui appartiennent aux leviers K I L et M O N.

Le point fixe F du grand levier est traversé par un couteau qui repose sur deux coussinets en cuivre, supportés par un pied en fer fixé à la maçonnerie.

(105)

Les différens leviers qui composent le système sont courbes et disposés de manière que les lignes qui joignent les points fixes, et ceux
d'application des puissances, sont à-peu-près horizontales pour un même
levier ; en sorte que, dans les oscillations de la machine, ces points
parcourent de petits arcs qui se confondent sensiblement avec des verticales : d'où il résulte que les tranchans et les pointes restent toujours
sur les milieux de leurs conssinets.

Afin que le frottement soit le moindre possible , les parties qui frot-
tent les unes sur les autres, se composent d'un coussinet en cuivre et
d'un couteau à pointe, en acier.

Les différentes parties de la machine sont telles, que leurs poids se
contrebalancent à-peu-près ; en sorte qu'en augmentant ou diminuant
un peu le poids du plateau E, la machine n'a plus besoin, pour être en
état de servir, que d'être tarée ; il faut évidemment refaire cette opération avant chaque pesage, pour toutes ces sortes de balances.

Cette machine a l'avantage que le tablier repose, de la manière la
plus stable possible , sur les quatre points P, Q, E, S, puisque ces
points sont le plus écartés qu'il se peut.

Enfin , les rapports des bras de leviers sont tels, que le poids, placé
sur le plateau , fait équilibre à un poids 140 fois plus grand , placé sur
le tablier , c'est-à-dire, :: 1 : 140.

On pourroit empêcher les oscillations qu'éprouve cette machine , à
l'arrivée ou à la sortie d'une voiture , en chargeant alors le plateau E d'un
poids beaucoup plus fort que celui qui feroit équilibre à la plus grosse
voiture , ou en fixant, pendant ce temps, un point de la barre G C à un
objet immobile.

Si on vouloit exécuter un grand nombre de ces machines et avoir
un rapport constant entre la puissance et la résistance, il faudroit que
le point D, où s'applique la résistance, pût varier sur le levier C D ; et,
lorsque la machine seroit montée, on détermineroit la position que
doit avoir ce point, par le tâtonnement, en ayant soin de mettre le centre
de mouvement du fléau C D au dessus des points C et D, afin que l'équilibre fût stable.

14

Enfin, pour empêcher une prompte dégradation de la machine, il faudroit placer un arrêt en quelque endroit, pour que le balancier ne fît jamais de trop grandes oscillations.

EXTRAIT

Des Réglemens sur les Transports, y compris la voiture et la charge.

Les chariots, dont les roues auront 16 pouces ($0^m 43^c$) de largeur de jantes, pourront porter, en été, 16 milliers ($7,832^{kil} 10$), et, en hiver, 12 milliers ($5,874^{kil} 0,7$).

Un chariot, ayant des jantes de 6 pouces ($0^m 16$) de largeur, et roulant sur une surface de 11 pouces ($0^m 19$), peut porter, en été, 11 mille ($5,384^{kil} 57$), et, en hiver, 10 mille ($4,895^{kil} 0,6$).

Un chariot de 9 pouces ($0^m 24$) de largeur de jantes pourra porter, en été, 12 milliers ($5,874^{kil} 0,7$), et, en hiver, 11 mille ($5,384^{kil} 57$).

Une charette doit porter la moitié du chariot, avec 9 pouces ($0^m 24$) de largeur de jante, 6 mille ($2,937^{kil} 0,4$) en été, et 5 mille ($2,447^{kil} 53$) en hiver.

Un chariot, dont les roues auront 6 pouces ($0^m 16$) de largeur aux jantes, pourra porter, en été, 8,500 ($4,160^{kil} 80$), et, en hiver, 5,000 ($2,447^{kil} 53$).

Une charette de 6 pouces ($0^m 16$) de largeur aux jantes, portera, en été, 5,200 ($2,545^{kil} 43$), et, en hiver, 4,700 ($2,300^{kil} 68$).

Un chariot, dont les roues auront moins de 6 pouces ($0^m 16$) de largeur de jante, pourra porter, en été, 7 milliers ($3,426^{kil} 54$), et, en hiver, 6 milliers ($2,937^{kil} 0,4$).

La charette, en été, 3 milliers ($1,468^{kil} 52$), et, en hiver, 2,700 ($1,521^{kil} 67$).

Nota. L'été est réglé depuis le 1er mai jusqu'au 31 octobre, et le reste de la saison est pour l'hiver.

Le mille d'Angleterre est de 855 toises ($0^{myr} 2$), mesure du châtelet de Paris.

Je n'ai point connoissance que, dans aucune des lois du parlement d'Angleterre sur les chemins publics, il y soit fait mention du droit de passe à imposer pour les différentes espèces de voitures à chaque barrière ; j'ai su seulement que le motif et la faculté qu'ont les paroisses, de s'imposer en raison de l'utilité publique des chemins qu'elles se proposent d'établir, et des distances d'une barrière à l'autre, ce droit est toujours relatif à la première dépense à faire et à l'entretien journalier.

Dimensions des roues le plus en usage, et leur prix.

Le diamètre des roues des grands chariots est, en général, au choix des propriétaires ; mais la largeur des jantes des roues est réglée par un arrêt du parlement, donné en 1771.

Le diamètre des roues des chariots qui fréquentent les grandes routes d'Irlande, est ordinairement de 5 pieds 8 et 10 pouces ($1^m 84^c$ et $1^m 90^c$) pour les grandes roues, et de 4 pieds 5 et 6 pouces ($1^m 43^c$ et $1^m 46^c$) pour les petites.

Les unes et les autres ayant 9 pouces ($0^m 24^c$) de largeur de jante, et roulant sur la même surface, un chariot attelé de 8 et 9 chevaux porte 10 et 12 milliers ($4,895^{kil} 06$ et $5,874^{kil} 07.$)

Les roues qui ont 6 pouces ($0^m 16^c$) de largeur de jante, sont ferrées de deux bandes, et celles de 9 pouces ($0^m 24^c$) en ont trois.

Les chariots à essieu de grandeurs inégales ne sont plus d'usage, parce qu'ayant quatre portions de chemin à aplanir au lieu de deux, les fermiers ont trouvé qu'ils étoient moins avantageux pour le transport des gros fardeaux, malgré l'avantage qu'ils avoient de passer librement les barrières, et la permission d'ateler autant de chevaux, et de porter telle charge que bon leur sembloit.

PREMIÈRE DIMENSION.

	Pieds.			Mètres.		
Deux grandes roues, chacune du diamètre de...	5^p	8°	$\rangle^l$	1^m	84^c	
Deux petites roues, chacune du diamètre de...	4	4	»	1	41	
Largeur des jantes....................................	»	6	»	0	16	
Leur épaisseur.......................................	»	4	»	0	11	16 liv. sterl.,
Diamètre du moyeu.................................	1	6	»	0	49	ou 373 liv. 12 s.
Son épaisseur..	1	4	»	0	43	
Longueur des raies.................................	1	9	»	0	57	
Leur largeur près du moyeu......................	0	3	6	0	10	
Celle près des jantes..............................	0	3	0	0	08	
Leur épaisseur......................................	0	2	3	0	06	

DEUXIÈME DIMENSION.

	Pieds.			Mètres.		
Deux grandes roues, chacune du diamètre de..	5^p	10°	»^{l}	1^m	90^c	20 liv. sterl., ou 465 liv.
Deux petites, chacune du diamètre de........	4	6	10	1	48	
Largeur des jantes......................	o	9	o	o	24	
Épaisseur.............................	o	5	o	o	14	
Diamètre du moyeu....................	1	8	o	o	54	
Épaisseur.............................	1	6	o	o	49	
Longueur des raies....................	1	3	o	o	41	
Leur largeur près du moyeu.............	o	5	o	o	14	
Idem près des jantes..................	o	4	6	o	12	
Leur épaisseur........................	o	3	o	o	o8	

TROISIÈME DIMENSION.

	Pieds.			Mètres.		
Deux grandes roues, chacune du diamètre de..	5^p	10°	»^{l}	1^m	90^c	28 liv. sterl., ou 653 liv. 16 s.
Deux petites roues, chacune du diamètre de...	4	6	»	1	46	
Largeur des jantes......................	1	4	»	o	49	
Épaisseur.............................	o	5	o	o	14	
Diamètre du moyeu....................	1	8	»	o	54	
Épaisseur.............................	1	6	»	o	49	
Longueur des raies....................	1	8	»	o	54	
Leur largeur près du moyeu.............	o	7	o	o	19	
Idem des jantes......................	o	6	o	o	16	
Leur épaisseur........................	o	3	6	o	o9	

Nota. Ces roues de 16 pouces (o^m 43^c) de largeur de jante, ne sont plus en usage à cause du frottement, et de ce qu'elles étoient sujètes à se tordre.

Les anciennes roues du diamètre de 5 pieds 8 et 10 pouces (1^m 84^c) et (1^m 90), dont les jantes étoient généralement de 3 pouces (o^m o8) de large, coûtoient depuis 8 jusqu'a 10 liv. sterlings.

Une grande roue de 5 pieds 8 pouces (1^m 84) de diamètre, et 6 pouces (o^m 16^c) de largeur de jante, a deux bandes de fer de 3 pouces (o^m o8) de large chacune, et 6 lignes (o^m o1) d'épaisseur ; chaque bande formant en quatre parties le cercle entier, avec un demi-pouce (o^m o1) d'intervalle entre elles. Elles sont fixées aux jantes, et les clous sont fraisés sans saillie au dessus des bandes.

Le poids des bandes de fer avec les clous, est de 180 livres (88^{kil} 11) à 4 sous la livre, 3 livres sterl. ou environ 69 liv. tourn.

(109)

Les bandes d'une petite roue de 4 pieds 4 pouces (1^m 41) de diamètre, et 6 pouces (0^m 16) de largeur de jante, ont la même largeur que les autres, et sont fixées de la même manière ; mais leur épaisseur est seulement de $\frac{1}{3}$ de pouce (0^m 02), leur poids avec les clous 160 liv. (78^{kil} 22) à 4 sous la livre, 2 liv. sterl. 3 s. 4 d.

Total d'un assortiment de bandes de fer pour les quatre roues d'un chariot, compris les clous.... 5 liv. sterl. 13 s. 4 d.

Les jantes de 9 pouces (0^m 24^c) ou d'une plus grande largeur, sont recouvertes, en proportion, d'un plus grand nombre de bandes.

Les roues dont on fait le plus grand usage sont celles de 5 pieds 8 et 10 pouces (1^m 84 et 1^m 90) de diamètre, et de 9 et 12 pouces (0^m 24 et 0^m 32) de largeur de jante ; elles sont d'ailleurs nécessitées par la loi, pour les voitures qui portent au-delà d'un certain poids, et qui sont atelées d'un certain nombre de chevaux.

J'ai vu à Londres, chez John Ving, dans sa manufacture du faubourg de Westminster, deux roues dont les jantes sont d'une seule pièce de bois courbé de 5 pieds 2 pouces (1^m 68) de diamètre, 5 pouces 8 lignes (0^m 15) de hauteur de jante, sur 7 pouces (0^m 19) de largeur.

Les quatre roues pour un carosse, composée chacune de deux et quatre jantes de 2 pouces (0^m 05) en carré, ferrées d'une seule bande en fer de Suède, coûtent 9 guinées.

Quatre roues pour une berline ou chaise de poste, 8 guinées. Les bandes ont 2 pouces (0^m 05) de large, et 5 lignes (0^m 01) d'épaisseur.

ESSIEUX.

Sur la grande route d'Irlande, où j'ai rencontré beaucoup de grands chariots, je n'en ai vu aucuns avec des essieux de grandeur inégale.

Les essieux en fer le plus en usage, ont depuis 7 pieds 5 pouces (2^m 41) jusqu'à 7 pieds 11 pouces (2^m 27) d'un bout à l'autre, et depuis 5 pieds 6 pouces (1^m 79) jusqu'à 5 pieds 8 pouces (1^m 84) à compter du milieu des jantes ; ce qui fait environ 5 pieds 2 pouces 6 lignes (1^m 69).

Les essieux en bois sont de différentes dimensions, et ceux dont on fait le plus d'usage pour les fortes charges, sont les suivans. Le corps de l'essieu a 10 et 12 pouces (0^m 27 et 0^m 33) en carré. Le plan in-

férieur est courbé parallèlement au bombement de la chaussée ; les branches de fer qui y sont emboîtées et sur lesquelles tournent les moyeux,
ont un pied 4 pouces (o ^{m} 43) de long ; 3 pouces 6 lignes (o ^{m} 09) de
diamètre à l'emboîture, et 2 pouces 6 lignes (o ^{m} 07) à l'extrémité. Les
deux branches de fer fixées au dessous des deux côtés de l'essieu par
trois boulons avec écrous, ont chacune 3 pouces (o ^{m} 08) de large, et
un pouce (o ^{m} 03) d'épaisseur.

Les essieux des chariots et voitures à deux roues pour le service intérieur de la ville de Londres, sont presque tous en bois avec leurs
extrémités en fer, et dans les proportions relatives, parce qu'ils sont
moins sujets à se rompre que les essieux en fer, qui cassent net, surtout
dans les temps de gelée. Les Anglais ont l'attention de ne point laisser
excéder l'essieu au-delà du moyeu, et les clavettes se trouvent recouvertes
par des boîtes à vis et de forme cylindrique.

CHARIOT.

Un grand chariot à 8 chevaux, avec des roues de 9 et 12 pouces
(o ^{m} 24 et o ^{m} 33) de largeur de jante, et suivant les autres dimensions expliquées ci-dessus, le tout construit en bons matériaux et avec
soin, coûte depuis 90 à 95 liv. sterl., ou 2,218 liv., argent de France.

Un chariot dont les roues auroient 16 pouces (o ^{m} 43) de largeur de
jante, coûte près de 100 liv. sterl., ou 2,335 liv.

Un chariot atelé de huit forts chevaux, fait ordinairement 30 milles
(5 ^{myr} o) par jour en toutes saisons, à l'exception des temps de neige et
de verglas.

FER.

Le fer de Suède est préféré par les Anglais à leur fer même, et l'on
s'en sert généralement à Londres et aux environs, excepté pour les ouvrages de fonte : il est plus ductile et se forge avec plus de facilité. Il
coûte à Londres 21 schelings le quintal, qui fait 24 liv. argent de France.

On a éprouvé à Coalbrook-Dale, qu'en mettant à la refonte de vieux
fers forgés, de vieux canons, plaques, etc., le fer qui en résultoit étoit
aussi bon que celui de Suède, et pouvoit être employé de préférence
aux ouvrages qui demandent de la sujétion.

Description de la planche VIII du pont en fer fondu, construit à Coalbroock-Dale, sur la rivière de Severn en 1773, à 180 milles (5o ᵐʸʳ o) de Londres, et à 44 (7 ᵐʸʳ 5) de Saher, sur la route d'Irlande.

Planche IX.

Cette planche représente le système et l'assemblage du pont de fer fondu, à Coalbroock-Dale, construit sur la rivière de Severn ; le premier de ce genre qui ait été exécuté en fer fondu en Angleterre.

Sur le massif de la première culée en maçonnerie, sont placées des semelles de fer (*a a*) de 4 pouces (o^m 11) d'épaisseur, servant de base, avec des mortaises dans lesquelles sont des montans ou piliers (*b h*), appuyés contre la culée intérieure de la seconde arche. La naissance des arcs (*c c c c*) porte sur la semelle (*a a*), laquelle est composée de deux pièces, et est liée à la partie supérieure par une queue d'aronde rivée dans une clef de fer et à vis : chacun des quarts de cercle a 70 pieds (22^m 74) de longueur développée. Les petits arcs (*e e e e*) passent au travers des montans par des ouvertures pratiquées pour cet effet (*ff*), et vont aboutir par des mortaises au couronnement ou plinthe (*g g*), servant de support à la grille ; dans la plate-forme et aux piliers (*h h*), les traverses (*i i*), le cercle (*i*) et les tasseaux (*mm*) servent à lier ensemble les pièces principales, de manière à entretenir dans le pont une solidité parfaite. Le contrevent en diagonale (*n n*), la moise horizontale (*o o o*) et la corniche (P P) servent à ce même but, en liant ensemble les fermes et les piliers dans la direction contraire. Tout le pont est recouvert par un chapiteau en fer formant plinthe (*p*) saillante, sur les têtes de l'arche. Au dessus est posée la balustrade ou grille en fer fondu ; la chaussée du pont, composée d'argile et de scories de fer, a 24 pieds (7 ^{m} 80) de largeur. Le diamètre de l'arche est de 100 pieds 6 pouces anglais (51 ^{m} 40) ; et la hauteur, depuis les basses eaux jusque dessous la clef, est de 56 pieds (18^m 20) ; le poids de tout le fer employé à l'ouvrage, est de 578 tonneaux, 10 quintaux (570556^k 04^{gr}) ; chaque morceau des grands arcs pèse 5 tonneaux, 15 quintaux (5629^{kil} 52).

Le tout ensemble a été fondu en plein sable ; et, comme on avoit préparé un grand échafaudage, chaque quart de cercle, ou moitié de l'arche, fut élevé à la hauteur suffisante par le moyen de chaînes et gros cables, et abaissé ensuite jusqu'à ce que les extrémités se joignissent à la clef (*d*). Toutes les parties principales ont été élevées en trois mois, sans que la navigation de la rivière ait été interrompue.

La dépense seule de la travée en fer a coûté 180,000 francs.

De petits bateaux appelés *corrade*, en usage sur cette rivière et le pays de Galles, sont d'une forme presque ovale et faits d'osier fendu, ou de branches de saule ; la partie qui est dans l'eau est recouverte d'un cuir de cheval : on se servoit en Angleterre de ces sortes de bateaux dès le temps de l'invasion de Jules-César. (*Voy.* ses Commentaires, ainsi que Cambe et Britanius, *vol.* 1er, *liv.* 1er, *pag.* 657).

Nota. Le pied d'Angleterre est de 11 pouces 6 lignes (0^m 312), ou, selon M. Picard, de 11 pouces 6 lignes 6 points (0^m 313), et, suivant une mesure originale, de 11 pouces 4 lignes 6 points (0^m 308).

NOTES SUR CE PONT ET SES ENVIRONS.

Toute la partie qui est en fer a été traitée avec soin et est de la plus belle exécution. A l'époque du mois de septembre 1784, ce pont n'avoit point éprouvé le moindre effort sensible dans les fers qui étoient très-peu rouillés. Les propriétaires de la fonderie de Coalbroock-Dale se proposent d'y appliquer un vernis pour les conserver.

La fondation des culées a été mal faite, quoique posée sur un rocher de pierre calcaire, dont la nature du banc varie par les fractures larges et profondes occasionnées par les bouleversemens que tout le sol des environs paroît avoir éprouvé, par l'effet des volcans qui paroissent avoir existé dans ces cantons.

La culée de la droite est plus mauvaise ; il y a dans l'intérieur de la petite arche cinq lézardes, qui ont depuis 6 lignes (0^m 014) jusqu'à 2 pouces ½ (0^m 07) d'ouverture. La voûte des petites arches est en briques et en plein cintre sur 11 pieds 2 pouces (3^m 63) de diamètre, et 7 pieds (2^m 27) de hauteur de pied-droit. Les têtes sont en pierre de taille, le milieu de la voûte est rompu, et le niveau de l'appareil intérieur des pierres de tailles a tassé : ce qui fait croire que la culée aura glissé sur la masse du rocher qui est incliné par des affouillemens que le courant de la rivière a produits au pied.

La culée de la gauche a moins travaillé : il y a deux lézardes de 8 et 10 lignes (0^m 01) et (0^m 2), qui commencent aux fondations et montent jusqu'en haut.

Le village de Coalbroock-Dale est dans une vallée profonde où coule la rivière de Severn, qui est très-rapide dans les grandes eaux ; elles ne montent ordinairement qu'à 9 pieds (2^m 92) au dessus de l'étiage, ou des basses eaux ordinaires.

Les deux montagnes à droite et à gauche peuvent avoir 200 pieds (65^m oo) d'élévation perpendiculaire, et renferment des mines de charbon, de fer, de plomb, et de pierres à chaux.

Il y a en face du pont une fort belle auberge, bâtie sur les dessins de M. Darby, propriétaire de la fonderie. On y voit deux escaliers en pierre, d'une belle exécution et d'un très-bel appareil.

On bâtit à côté une place et un marché couvert. Ce village deviendra un jour très-considérable, par la richesse des mines des environs, et par son commerce.

Il y a sur la rivière beaucoup de bateaux à voile, qui ont depuis 36 jusqu'à 5o pieds (11^m 69 à 16^m 24) de longueur, sur 12 à 15 pieds (3^m 90 à 4^m 87) de largeur.

A 100 toises (194^m 90) du pont, du côté de Chester, est une carrière de pierre à chaux : l'extraction s'en fait à mi-côte de la montagne, sur environ 8o toises (155^m 92) de longueur, par un chemin incliné de 11 à 12 pouces (0^m 3o à 0^m 33) par toise. Ce chemin est double, c'est-à-dire, qu'il y a quatre bandes de fer, sur lesquelles roulent deux petits chariots, dont l'un descend et l'autre monte : le poids du premier, qui est chargé, fait monter le second, qui est vide, par le moyen d'une chaine et d'une roue. Les chariots n'ont que deux roues pardevant, et le derrière porte sur une platine en fer : au pied de la descente est le four à chaux ; à 5o toises (97^m 45) plus loin, et toujours sur le bord de la rivière, est une petite fonderie pour le plomb.

Vis-à-vis, et du côté de Shesniel, dans un vallon, à 5oo toises (974^m 51) du village de Coalbroock-Dale, est la fonderie de MM. Darby,

Rosbonne , et Reynold , établissement immense prr ses mines et ses forges , et le plus grand de ce genre en Angleterre (1).

On peut donc dire la même chose de la pompe à feu qui y est établie : le corps du cylindre a près de 3 pieds (2^m 92) de circonférence ; la longueur du bras de levier est de 11 pieds 10 pouces (3^m 84) : la machine donne onze coups par minute.

L'eau est portée à 40 pieds (13^m oo) de hauteur ; et, après avoir fait tourner deux moulins , elle est élevée de nouveau. Il n'y a qu'un très-petit ruisseau pour réparer les pertes provenant des filtrations et évaporations.

La roue à godets, qui fait mouvoir les deux grands soufflets du four-neau et plusieurs martinets pour le service de la forge, a 5o pieds (16^m 24) de largeur d'aube. L'arbre est un cylindre creux , en fer fondu, de 3 pieds (0^m 98) de diamètre , et de 11 pieds 9 pouces (3^m 82) de long. Cette roue fait près de deux tours et demi par minute.

Tous les chemins aux environs de cette fonderie, jusqu'à la distance de 2 à 3 milles (0^{kil} 2 à 0^{kil} 3), sont ferrés avec de l'écume de fer et garnis de bandes en fer de 3 pouces (0^m o8) de large , sur lesquelles roulent de petits chariots qui transportent le fer des mines, et le charbon à la forge.

Il y a une mine de charbon de terre qui a 100 toises (194^m 90) de pro-fondeur horizontale sous la montagne , et se trouve à environ 100 pieds (32^m 5o) au dessous de la superficie du terrain : l'entrée de cette mine est sur le penchant du ravin , et le chemin, dans la galerie, est presque de niveau.

Au dessous du pont, sur le bord de la rivière, est l'entrée d'une mine de fer, d'environ 100 toises (194^m 90) de profondeur horizontale, et 9o pieds (29^m 24) au dessous du niveau de la plaine.

La galerie a 6 et 7 pieds (1^m 9 et 2^m 27) de large, garnie de bandes de fer, comme les chemins dans les montagnes, sur lesquelles roulent les chariots. Si, dans la galerie de la mine , deux chariots se rencontrent, on renverse le chariot vide, et le chariot plein passe : ils sont communé-ment attelés de trois petits chevaux ; ils portent 3 milliers ($1,468^{kil}$ 2^{gr}), et font quinze voyages par jour. Huit hommes , occupés à extraire la

---

(1) On y fondoit autrefois des canons ; mais les propriétaires actuels étant quakers , leur religion défend de faire aucune arme offensive,

pierre, dans laquelle se trouve le fer, et à le charger dans les chariots, suffisent à l'entretien du roulage ; pour le transport, ils ont trois schelings du millier ($489^{kil} 506^{gr}$), qui font 3 liv. 12 s., argent de France.

DESCRIPTION

D'une Machine destinée à décharger les navires qui sont dans les ports.

Planche XV.

Cette machine très-ingénieuse, que j'ai vue à Liverpool, et en usage dans quelques-uns des ports de l'Angleterre, est destinée au dechargement des vaisseaux, ou bateaux, sur les quais ; elle a pour but principal, économie dans le nombre d'hommes employés à ce genre de travail et dans celui du temps.

Cette machine pose sur quatre patins A, dont deux sont placés perpendiculairement à la rive du quai, et les deux autres forment traverses. Sur les patins s'assemblent quatre poteaux montans B, éloignés deux à deux d'un intervalle C déterminé suivant les dimensions générales du système ; ceux du devant sont réunis par deux traverses horizontales : les poteaux du derrière sont creux et s'élèvent plus que les précédens ; ils portent à leurs extrémités une poulie D, sur laquelle passe une corde E (ou chaîne), qui soutient un contrepoids F, qui peut monter et descendre dans son intérieur. Ils sont réunis par deux traverses G, et aux poteaux du devant par deux traverses K, et des potelets L. Une flèche H faisant fonction de potence, s'appuie, à son extrémité inférieure, sur la traverse supérieure G des poteaux creux, et est soutenue par un potelet J placé au milieu de la traverse C du devant. Les traverses supérieures K supportent les tourrillons d'un treuil, ayant une roue dentée N qui engraine avec un pignon O, placé contre un des potelets L ; son axe est mu par une manivelle P, ou une roue à tambour : autour du treuil s'enveloppe un cable Q, qui, passant sur deux poulies R placées dans la flèche H, vient agraffer, par le moyen d'une tenaille S, le fardeau T à élever. Cette tenaille S, au moyen d'un ressort U, reste continuellement ouverte, et ne se ferme que lorsqu'elle supporte un fardeau. Sur les traverses inférieures C et G s'appuient, de chaque côté, des flèches V qui font saillie ; elles sont échancrées intérieurement pour laisser glisser un tablier X, garni de roulettes Y, afin de diminuer le frottement. Sur le prolongement des flèches sont placées des pièces de bois Z de même forme, formant plans inclinés, et destinés à conduire jusqu'à terre le tablier X. L'extrémité supérieure des flèches porte une poulie a, sur laquelle passe le cable E, qui s'attache, d'une part, au tablier X, et, de l'autre, passant sur la poulie D placée à l'extrémité du montant creux B, soutient le contrepoids F ; par ce moyen, le tablier X est sans cesse attiré à l'extrémité des flèches V. Le cable Q, qui supporte la tenaille S, passe dans un anneau b placé à l'extrémité d'un levier d de fer, dont le point d'appui est fixé à la flèche H, formant potence ; l'autre extrémité communique, au moyen d'une tige n, aux extrémités des deux autres leviers f placés horizontalement ; ceux-ci, au moyen des tiges verticales n, font lever et baisser deux verroux g, logés dans des rainures pratiquées dans les flèches V. Ces verroux étant baissés, ce qui est leur position ordinaire par l'effet du poids h, contiennent le tablier X, afin de donner le temps au ballot T d'avoir dépassé, en montant, le dessus du tablier S. Le cable Q porte, immédiatement au-dessus de la tenaille S, une boule m d'un diamètre supérieur à celui de l'anneau b du levier d.

Cela posé, qu'il s'agisse d'élever un fardeau T placé à la surface de l'eau, je suppose le tablier X retiré entre les quatre poteaux montans B, et les verroux S fermés, la tenaille S descendue jusqu'au fardeau T, on agraffera celui-ci ; puis, tournant la manivelle P, ou la roue, on forcera le cable Q à s'envelopper autour du treuil M, et à élever le fardeau jusqu'à ce que la boule m rencontre l'anneau b du levier d ; celui-ci alors basculera, communiquera le mouvement aux leviers horizontaux f, puis aux verroux g, qui s'élèveront au moyen des tiges c ; le tablier X libre cédera alors à l'action du contrepoids F, et, s'élevant jusqu'à l'extrémité supérieure des flèches, se placera au-dessous du fardeau T. Si donc on tourne le treuil M en sens inverse, le fardeau T viendra se placer sur le tablier X, qui le soutiendra ; il se trouvera alors abandonné par la tenaille S, et livré à l'action de sa pesanteur, qui, l'emportant sur celle des contrepoids F, forcera le tablier à descendre et parcourir toute la longueur des flèches et des plans inclinés Z ; le fardeau T déchargé, le tablier X remontera de lui-même ; mais les verroux g s'étant refermés, toujours par la seule action du poids P, il sera forcé de rester entre les poteaux montans B. Le même effet se répétera autant de fois que l'on manœuvrera la machine.

MÉMOIRE

SUR LA CONSTRUCTION ET L'ENTRETIEN DES CHEMINS EN PLAINE ET EN MONTAGNE.

Par M. TRÉSAGUET , Inspecteur-général des Ponts et Chaussées , mort à Paris en 1794.

CONSTRUCTIONS.

CHEMINS A MI-COTE.

Planche X, fig. 1, 2, 3.

$\mathbf{O}$N s'est attaché particulièrement à tourner les montagnes pour réduire les plus fortes pentes à 5 pouces par toise (0^m 14), et l'on ne s'est déterminé à cette pente que lorsqu'il auroit été impossible de la faire moindre sans tomber dans des remblais ou déblais trop considérables , ou de trop.grands développemens dont le plus de longueur n'auroit pas été dédommagé par la pente plus douce qu'il auroit procurée. Les pentes les plus ordinaires sont donc de 2, 3 et 4 pouces (0^m 05, 0^m 08; 0^m 11); on s'est assujéti, dans les montagnes dont le développement alonge nécessairement le chemin, de diviser la hauteur totale en un certain nombre de pentes disposées de façon que le commencement de la montée soit par les pentes les plus fortes, et diminuées à mesure que l'on approche du sommet ; par exemple, une côte de 600 toises (1200 ^{m}) de développement, et de 150 pieds (50 ^{m}) de hauteur totale , peut être montée sur une pente uniforme de 3 pouces (0^m 08); mais, quoique cette pente soit facile et commode sur une petite longueur , elle devient fatigante à mesure qu'elle s'alonge , et on a préféré de diviser cette montée en cinq pentes, savoir : la première de 100 toises (200 ^{m}) sur 4 pouces (0^m 11) de pente; la seconde, de 100 toises (200 ^{m}) sur 5 pouces 6 lignes (0^m 10); la troisième, de 110 toises (220 ^{m}) de lougueur , sur 3 pouces 3 lignes (0^m 09) ; la quatrième , de 140 toises (280^m) de longueur, sur 2 pouces 8 lignes (0^m 07) ; la cinquième et dernière , de 150 toises (300^m) sur 2 pouces (0^m 05) , pour que la résistance diminue en raison des forces du cheval affoibli par un long tirage : au lieu que si la pente eût été de 3 pouces (0^m 08) uniformément sur toute la longueur, la résistance auroit été égale à la fin comme au commencement , et les forces du cheval beaucoup moindres. On observe de faire des repos de 20 toises (40^m) de longueur, ou environ , à tous les changemens de pente que l'on a placés , autant qu'il a été possible , dans les tournans des angles saillans ou rentrans dans la montagne ; ce qui fait que leur longueur ne peut être assujétie à aucune proportion entre elles et les hauteurs. Les chemins à mi-côte sont coupés sur le penchant de la montagne , sur 42 pieds de largeur (19^m) avec banquettes de 3 pieds (0^m 08) au sommet, et plantés d'arbres seulement du côté du vallon.

On a préféré , d'après l'expérience , les chaussées creuses comme celles du profil , *figure* 1ere , aux chaussées bombées, *fig.* 2 , et aux chemins inclinés sur toute leur largeur, *fig.* 3 , pour éviter les fossés pratiqués au pied du talus des déblais servant à l'écoulement des eaux : lesquelles rassemblées et resserrées dans ces rigoles ou fossés , s'écouloient avec la plus grande vitesse sur des pentes de 3 et 4 pouces (0^m 08 et 0^m 11) ; entraînoient nécessairement les terres , et formoient des ravins qui rendoient bientôt le chemin impraticable. Quelque soin que l'on pût avoir de l'entretien, les réparations étoient détruites par le premier orage. Le seul moyen d'arrêter ces désastres étoit de revêtir les fossés ou rigoles de perrées sur les côtés , et de paver le fond ; mais cet excédant de dépense qui enchérit beaucoup , ne remédie pas assez à l'écoulement des eaux au côté opposé , qui entraîne les empattemens du remblai ; de façon qu'en très - peu de temps il ne reste , pour ainsi dire, que la chaussée isolée , les accotemens étant ravinés et impraticables aux voitures.

La chaussée creuse, *fig.* 1ere , remédie à tous ces inconvéniens, en réunissant les eaux dans son milieu : elle est plus économique en ce qu'elle supprime la dépense de la fouille et du revêtement du fossé , ainsi que du déblai de sa largeur sur toute la hauteur des talus : elle est, en outre, la plus sûre pour les voyageurs par sa forme, et surtout par la

banquette du côté du précipice, que l'on ne peut employer aux chaussées bombées, parce qu'alors il faudroit un second fossé, au pied du
talus de la banquette, revêtu comme l'autre ; sans quoi, les eaux cou-
lant sur la longueur de l'accotement, l'auroient bientôt détruit. La *fig.* 3
a le même inconvénient du fossé ; outre la forme désagréable à la vue,
elle est on ne peut plus incommode aux voitures toujours penchées sur
un plan incliné de 5 à 6 pouces (0^m14 à 0^m16) par toise, parce qu'il
faut que la pente, sur la largeur, soit toujours plus forte que sur la longueur, pour déterminer les eaux à s'écouler dans les fossés ; sans quoi,
elles suivroient la pente la plus rapide de la longueur, les fossés devien-
droient inutiles, et les chemins ravinés et emportés.

Ces chaussées creuses ne sont cependant pas exemptes d'inconvéniens ;
elles seroient sujètes à être ravinées par le fréquent écoulement des
eaux, si l'on n'y remédioit dans leur construction. On donnera, à l'article des *Chaussées*, les moyens que l'on a employés avec succès, confirmés par huit à neuf ans de roulage, et conservés dans l'état de la
première construction.

CHEMINS EN PLAINE.

Planche X, fig. 4, 5.

Les chemins de niveau, ou à peu près, sont très-rares en Limousin,
ainsi que dans tous les pays de montagnes : il s'en trouve cependant
quelques parties sur les sommets ou dans les vallons dont le fond a
quelque largeur. Ces chemins, suivant les réglemens et l'usage, sont accompagnés de fossés, comme dans la *fig.* 4, pour l'égoût des eaux ; mais
leur suppression, démontrée nécessaire dans les côtes et les alignemens des
arbres rapprochés de l'arrête des empattemens, *fig.* 1ere, formoit des difformités très-désagréables à chaque raccordement des parties en plaine,
avec celles à mi-côte, en remblais ou en déblais, par la largeur des fossés
de 6 pieds (1^m95), prise en dehors, et la ligne des arbres 6 pieds au-delà ;
ce qui les éloigne de 12 pieds (3^m90) de l'arrête de l'accotement, tandis
qu'ils ne peuvent être que de 2 pieds (0^m65) sur les côtes, à cause
du plan incliné des empattemens, qui mettroit leur cime au niveau de
la chaussée, s'ils en étoient à 12 pieds (3^m90) de distance ; mais, en

réfléchissant sur l'usage de ces fossés en pays de plaine, on voit qu'ils n'ont été imaginés que pour l'égoût des eaux, et qu'il est possible de les supprimer, en mettant le chemin au-dessus du sol de la plaine de 18 ou 20 pouces (0^m 49, ou 0^m 54) de hauteur, formant une levée de la largeur prescrite et uniforme. Dans tous les cas de remblais et de déblais, les eaux ne séjourneront pas plus sur le chemin, puisqu'elles auront également une partie plus basse pour s'écouler .(*Voy*. le profil *fig*. 5.) Les raccordemens alors n'auront plus de difformités : les chemins seront de même largeur, et les arbres s'aligneront toujours, restant à même distance de l'arrête de l'accotement, et à même hauteur au-dessous du niveau du dessus du chemin.

Cette méthode a paru non seulement plus convenable, en ce qu'elle sauve toute difformité des différentes largeurs répétées à chaque déblai ou remblai, mais encore plus économique dans la première construction, ainsi que dans l'entretien.

Plus économique dans la première construction, non dans le remuement des terres, que l'on peut considérer le même pour les retrousser et former les accotemens en remblai, ménageant le vide de l'encaissement, suivant la *fig*. 5, ou de fouiller l'encaissement de la chaussée et les fossés, suivant la *fig*. 4 ; mais dans la conservation aux propriétaires riverains de 4 toises superficielles (15^m carrés) par toise courante (1^m 95) de chemin ; ce qui produit par lieue, de 2,400 toises (4,676^m), 9,600 toises carrées (36,377^m carrés), et au roi l'indemnité de ce fonds, qui se paie exactement, depuis l'administration de M. Turgot dans cette province ; enfin, plus économique dans l'entretien par le curement des fossés, qui se comblent d'autant plus vîte que, n'ayant pas de pente, les eaux y sont stagnantes jusqu'à ce qu'elles soient imbibées dans les terres, et y déposent toutes celles qu'elles y ont entraînées.

Les fossés ont encore un inconvénient non moins défavorable à la solidité des routes dans les terres argileuses qui conservent l'eau, et entretiennent une humidité dans les accotemens, qui les rend bourbeuses, et qui, de proche en proche, pénètre jusques à la chaussée ; ce qui ne peut arriver à la petite levée au-dessus du sol qui a son égoût des deux côtés qui l'a délivré de toute humidité.

Ces avantages, reconnus dans les petites parties de niveau qui se rencontrent dans les pays de montagnes, ne mériteroient-ils pas d'être ob-

(121)

servés, dans les pays de plaines, pour la conservation du terrain, l'épargne
sur les indemnités, ainsi que pour l'entretien des fossés ? On laisse cette
proposition à décider aux ingénieurs des pays plainiers, qui ont peut-
être des sujétions inconnues dans les montagnes.

Chaussée d'Empierrement ou de Gravelage.

Planche X, fig. 6, 7, 8, 9, et 10.

Les dimensions des chaussées sont assez généralement, sur les grandes
routes du royaume, de 18 pieds de largeur ($5^m 85$), 18 pouces d'épaisseur ($0^m 49$) au milieu, compris le bombement, et de 12 pouces ($0^m 32$)
aux bordures ; ce qui produit 21 pouces ($0^m 57$) d'épaisseur réduite.

Les pierres sont arrangées à la main dans le fond de l'encaissement,
posées de plat, ensuite chargées de pierrailles jusques à la naissance du
bombement, battues à la masse, et celles-ci recouvertes de pierrailles,
qui doivent être cassées plus menues que la couche inférieure pour former
le bombement.

Cette épaisseur peut être nécessaire pour des chaussées à l'entretien
des corvées, dont les réparations ne peuvent être faites que dans les
saisons du printemps et de l'automne : les ornières profondes, qui se forment dans l'intervalle de six mois, auroient pu les couper et les détruire
totalement, si elles eussent eu moins d'épaisseur ; mais la suppression
des corvées dans cette province, depuis 1764, a donné occasion de ré-
former ces constructions, et réduire les épaisseurs au seul nécessaire
pour résister au poids des plus fortes voitures, et, par conséquent, d'en
diminuer la dépense de plus moitié, en faisant ces chaussées de même
épaisseur d'une bordure à l'autre, et ne leur donner que 9 à 10 pouces
($0^m 24$ à $0^m 27$), au lieu de 21 pouces ($0^m 57$), réduit qu'elles avoient.

Ces chaussées ont résisté depuis dix ans, avec un entretien suivi, aussi
belles et aussi rondes qu'elles l'ont été dans leur première formation,
sur les routes les plus pratiquées de cette province ; telles que celle de
Paris à Toulouse, et celle de Paris en Espagne, quoique composées,
dans la plus grande partie, de pierres calcaires et tendres. Pour parvenir,
en diminuant si considérablement l'épaisseur des chaussées, et leur conserver la force nécessaire au poids qu'elles doivent porter, il a fallu en
changer la construction et les dimensions. Le fond de l'encaissement a

16

été bombé parallèlement à celui que doit avoir (*voyez* le profil 7) la profondeur réduite à 10 pouces (0^m 27), et les côtés coupés en talus sur un angle d'environ 20 degrés. L'encaissement préparé de la sorte, les bordures sont posées par des paveurs, de façon que leur surface soit recouverte par la pierraille, et qu'il n'y ait que leur arrête extérieure d'apparente ; la première couche dans le fond de l'encaissement est posée de champ et non de plat, en forme de pavé de blocage, affermie et battue à la masse, sans cependant s'assujétir à ce que les unes ne surpassent pas les autres : le surplus de la pierre, également arrangée à la main, couche par couche, battue et cassée grossièrement à la masse pour qu'elles s'encastrent les unes dans les autres, et qu'il ne reste aucun vide. Enfin, la dernière couche, de 3 pouces (0^m 08), est cassée au petit marteau à part et sur une espèce d'enclume, de la grosseur d'une noix environ, pour être ensuite jetée à la pelle sur la chaussée et former le bombement. On observe, avec le plus d'attention, de choisir la pierre la plus dure pour cette dernière couche, fût-on même obligé d'aller dans des carrières plus éloignées que celles qui ont fourni la pierre du corps de la chaussée; leur solidité dépendant de cette dernière couche, on ne peut être trop scrupuleux sur la qualité de la pierre, ou du caillou, qui doit y être employé. Les chaussées creuses, *fig.* 8, sont construites sur le même principe ; on observe seulement qu'elles ne sont employées que sur les pentes au dessus de 2 pouces, et les bombées sur les pentes au dessous.

Les bombemens, ainsi que les cerches des chaussées, sont fixés proportionnellement aux pentes ; les chaussées bombées ont 6 pouces dans la plaine, et les pentes au dessous de 2 pouces (0^m 05), et les cerches des chaussées creuses de 4, 5, et 6 pouces (0^m 11, 0^m 14 et 0^m 16), suivant les pentes, depuis 2 pouces (0^m 05) jusqu'à 5 pouces (0^m 14).

Pour prévenir les dégradations que pourroit faire l'écoulement des eaux dans les chaussées creuses et les ravines, sur les accotemens tant desdites chaussées que sur celles bombées, on forme des écharpes de distance en distance, déterminées aussi par la roideur des pentes, savoir : de 10 en 10 toises (20^m en 20^m) sur les pentes de 4 à 5 pouces (0^m 11 à 0^m 14); de 15 toises (30^m) sur celles de 3 à 4 pouces (0^m 08 à 0^m 11), et de 20 toises (40^m) sur celles au-dessous de 3 pouces (0^m 08). Les écharpes, disposées suivant les *fig.* 9 et 10, forment un angle de 45 degrés avec la ligne du chemin, et sont composées de libages ou grosses bordures posées en carreaux et boutisses, et de champ, de façon qu'elles soient au moins de 12 pouces (o^m 3o), encastrées dans une tranchée faite pour les recevoir ; en sorte que leur surface n'excède pas celle de la chaussée et des accotemens, et ne cause aucun choc aux voitures. On pose aussi de 12 en 12 pieds (4^m en 4^m) des bordures saillantes pour empêcher les rouliers de conduire l'une des roues le long de la chaussée ; ce qu'ils feroient, sans cette précaution, dans les descentes, pour retenir les voitures. Cette pratique, usitée par tous les voituriers, dégrade les chaussées, par l'ornière qui se forme, et met les bordures en l'air, et sans soutien.

Ces écharpes, *fig.* 9, suffisent, dans les chaussées creuses, pour arrêter les dégradations que pourroit faire l'écoulement des eaux, lorsque la pierre cassée est très-dure ; mais, lorsqu'au contraire elle est tendre et se réduit en sable, les eaux les entraînent facilement et déchaînent la chaussée : dans ce cas, on y remédie par un pavé de 6 pouces (2^m) de largeur dans le milieu de la chaussée, suivant la même courbure du surplus de l'empierrement, observant de faire déborder alternativement une bordure de ce pavé, comme des pierres d'attente, pour former liaison avec l'empierrement ou le cailloutis. Des chaussées ont été exécutées, il y a six ans, sur la route de Paris à Toulouse, entre le Berry et le Limosin, où la pierre est de la plus mauvaise qualité ; elles se soutiennent très-bien au moyen de cette partie pavée servant de ruisseau : celles de la même route, entre Limoges et le Quercy, où la pierre est également de mauvaise qualité, se soutiennent de même sans le secours des écharpes ni de pavé dans le milieu. On observe que, lorsque les pentes sont longues, et qu'il se rassemble une trop grande quantité d'eau dans ces fossés, on les en dégage, suivant les besoins et les circonstances, par des cassis qui traversent l'accotement et conduisent les eaux hors le chemin.

Ces cassis, *fig.* 10, sont construits, comme les chaussées creuses, sur une cerche de 4 à 5 pouces (o^m 11 à o^m 14) de flèche ; ils ont 6 à 9 pieds (1^m 95 à 2^m 90) de largeur, proportionnée à la quantité d'eau qu'ils doivent recevoir, et aussi pour que les voitures ne souffrent point de choc en les traversant ; et, lorsque ces cassis se déchargent sur l'empattement des remblais, ils sont prolongés sur ces empattemens jusques à la rencontre du terrain ferme ; sans quoi, les eaux ravineroient et entraîneroient les terres rapportées. On a , d'ailleurs , le plus grand soin de détourner les eaux étrangères , qui pourroient y aboutir , par des fossés de décharge , petites digues , etc. , de façon qu'il ne doit y couler d'eau que celle de la pluie qui tombe sur la surface , non celles qui pourroient provenir des sources de l'égoût des terres , ou autres chemins de traverse.

Signé TRÉSAGUET.

V.

MÉMOIRE

SUR LES DIVERSES ESPECES DE VERS A TUYAUX QUI PERCENT LES VAISSEAUX ET LES PIEUX DES DIGUES DANS LES PORTS, ET OUVRAGES A LA MER ;

AVEC LES MOYENS DE GARANTIR LES VAISSEAUX DE LEURS ATTEINTES;

Extrait du Mémoire de M. Massuet, Docteur en Médecine,

Publié en 1773 à Amsterdam.

Planche X.

Les embarcations qui naviguent dans les mers des Grandes-Indes sont souvent attaquées par des vers qui en percent le fond , s'établissent dans les bordages , et mettent en peu de temps les vaisseaux hors de service.

Les navigateurs nous ont fait un mal très-funeste, en introduisant dans nos climats cet insecte destructeur, le fléau du commerce de l'Orient : par malheur , les vers apportés des Indes se sont propagés , depuis un siècle, d'une manière effrayante ; surtout dans la Hollande , où ils se sont établis dans les pieux des grandes digues. Dans les ports de France , sur l'Océan , ils sont très-rares ; mais il n'en est pas de même dans ceux de la Méditerranée (1) : la baie de Cadix et les havres d'Espagne en sont infestés.

C'est au ravage de ces animaux qu'on doit l'invention du doublage eu cuivre : ces vers redoutent singulièrement les dissolutions métalliques.

La compagnie des Indes hollandaise est, depuis long-temps, dans l'habitude de doubler ses vaisseaux en bois (2), et de piquer , dans le

---

(1) Bélidor. *Architecture Hydraulique*, tome 2, Liv. III , Chap. IV , pag 81.

(2) Cette méthode de doubler est très-vicieuse , en ce qu'elle retarde la marche des bâtimens, qui ramassent des herbes et des coquillages ; le doublage en cuivre garantit les navires de la piqûre les vers , et lui procure une marche avantageuse.

doublage, des clous de fer à tête plate ; l'oxide qui se détache de ces clous imprègne le bois dans les intervalles entre les têtes, et garantit complétement le fond de la piqûre des vers. C'est une observation importante. Nous indiquerons par la suite les moyens de préserver les navires de ces insectes : malheureusement nous ne connoissons encore aucun moyen de les détruire dans les charpentes des travaux maritimes, où ils font de grands dégâts. On sera en état de juger, par la note suivante, des progrès qu'ils avoient faits dans les pieux des digues de la Hollande, en 1731 environ (1).

Pendant que MM. les intendans et conseillers des digues étoient occupés à faire leur troisième visite des pilotis et des épaulemens d'algue, ou *warecks* (sorte d'herbe, ou plante marine, et dont les habitans de la Nord-Hollande se servent pour garantir leurs digues), on vit plusieurs débris, ou troncs supérieurs de pilots qui, poussés par un vent du nord, vinrent flotter vers les digues de l'inspection d'Enckuysen et Wessende, Grootebrock et Bovenaer-Spel. Les habitans recueillirent ces débris, qu'ils déposèrent sur la digue, suivant les ordonnances. Comme il est arrivé plus d'une fois que de pareils troncs de pilots, endommagés par les glaces et détachés ensuite par la tempête, sont venus flotter vers les digues, MM. les intendans et conseillers n'y firent aucune attention ; ils crurent que le cas étoit le même, ne s'imaginant pas que ce dégât provenoit de vers qui avoient rongé ces pilots : *c'étoit une chose jusqu'alors inouie.*

Mais, après qu'on eut reçu avis que des vers extraordinaires rongeoient les bois des pilotis qui règnent au *Texel*, au *Helder*, et le long des côtes de *Frise*, et que cet avis eut été confirmé par les conseillers députés, qui, en qualité de surintendans, assistèrent à la visite principale, on jugea à propos d'aller visiter les débris qui étoient encore sur les digues, et on trouva qu'en effet ils avoient été rongés et percés de toutes parts par des vers un peu au-dessus du fond. Cependant on se flattoit encore que ces débris avoient été détachés des pilotis du *Texel* et du *Helder*, et qu'ils avoient jusque là été poussés par un vent du nord.

Quelques personnes, demeurant près de la digue septentrionale, découvrirent peu après que la plus grande partie des pilotis des anciennes têtes

---

(1) Voyez le *Nederlandsche-Maandelike Postriden* de l'année suivante, page 465.

extérieures étoit rongée par de pareils vers, et que le dégât commençoit un peu au dessus du fond, et continuoit jusqu'à la hauteur où la marée monte chaque jour ; ils virent que le plus grand mal étoit vers le fond. Cette découverte fut confirmée à la suite d'une petite tempête, pendant laquelle plusieurs pilots des têtes furent rompus par la force de l'eau ; et leurs troncs supérieurs ayant été portés vers les côtes, on y trouva quantité de vers encore en vie.

Ce mal, survenu si promptement, augmentant de jour en jour, fut également trouvé dans les têtes extérieures qui sont en état, et qu'on rafraîchit tous les ans de nouvelles liernes, afin de conserver les rivages qu'on a gagnés, et tâcher encore d'en gagner d'autres.

Certains du danger que couroient les digues de la Hollande, Messieurs les intendans observèrent de plus près la cause de ce mal, et convinrent de prendre, en cas de progrès, toutes les précautions convenables, en y apportant tous les secours possibles pour conserver le quartier du nord, si fort recommandé par le Gouvernement. En conséquence, la commission et le secrétaire *Lackeman* se rendirent à l'endroit où l'on avoit résolu de faire arracher plusieurs pieux à différens intervalles. Le premier qu'on arracha étoit un de ceux qu'on y avoit enfoncés trois années auparavant ; il étoit entier, et paroissoit fort bon ; mais, après qu'on l'eut fendu avec une hache, on y trouva des vers d'une grandeur prodigieuse, qui, encore en vie, avoient quatorze pouces ($0^m 38$) de longueur, mesure d'Amsterdam. Chaque ver de la plus grande sorte formoit, dans les pilotis, le long du fil du bois, une cavité dans laquelle on pouvoit presque mettre le doigt ; les cavités alloient de bas en haut, et il y en avoit jusqu'à la hauteur du pieu, où la marée monte chaque jour. A en juger par le cours de ces espèces de tuyaux, les vers se détournoient ensuite de biais, et descendoient vers le bas ; les tuyaux devenant, à ce qu'il paroît, plus larges à mesure que le ver croît, et par conséquent plus long aussi à mesure qu'il ronge le bois ; mais, ce qui rendoit la découverte de ce mal plus difficile, c'est qu'on n'en voyoit d'abord aucune trace sur la superficie des pilotis, où il n'existe en effet que quelques trous très-petits et presque imperceptibles.

Peu de temps après, on fit une visite générale sur toutes les digues qui bordent la côte ; d'abord, depuis *Broeckerhaven* jusqu'au *Wierdik*, on trouva que la tête extérieure, en cet endroit, étoit entièrement endommagée, et que les ouvrages nommés *krebbingen* (digue ou barrage), construits en bois de sapin, étoient tout-à-fait ruinés ; plusieurs des pilots étoient déjà renversés ; les autres étoient si fort endommagés, qu'on pouvoit les faire tomber en les tirant avec de simples crochets. Les autres ouvrages en bois de chêne étoient aussi rongés , mais pas autant que ceux de sapin.

On découvrit aussi que plusieurs des ouvrages *sterkettings* faits deux et trois années auparavant , étoient pareillement infestés ; que la tête étoit entièrement ruinée, la plus grande partie en étant renversée ; que les ouvrages, appelés *krebbingen* , nouvellement construits , de même que les pieux qui sont devant la digue de Kathonck, étoient dans un état plus fâcheux que lorsqu'on en fit la visite déjà citée ; que l'ancienne tête étoit déjà presque ruinée , et que même la nouvelle , construite un an auparavant, d'un bois neuf du nord , étoit tellement attaquée de ces vers, que ses appuis en étoient presque entièrement rongés, etc. Tel est le précis du dommage arrivé aux digues, sur presque toute la côte du nord.

Une pareille découverte , qu'on n'avoit pu soupçonner auparavant, éveilla l'attention du Gouvernement , qui recueillit tous les renseignemens sur les dommages occasionnés par les vers à tuyaux. En voici le résultat : Les ouvrages extérieurs, construits dans la mer à l'endroit de la digue septentrionale où est le plus grand danger , ne servent pas tant à soutenir la digue , qu'à conserver et augmenter les rivages en détournant la marée, comme aussi à rompre l'action des flots. C'est la manière usitée dans le Dechzerland pour construire quantité d'ouvrages extérieurs , afin de gagner et de conserver les rivages. Telles sont , par exemple, les terres qui sont au-delà des digues , et qu'on nomme les *wiervarechs,* à l'exception d'un petit nombre de ces dernières, qui n'ont que 6 pieds (1^m 95^c), 8 pieds (2^m 60), 10 pieds (3^m 25), 12 pieds (3^m 90) de longueur, et de quelques ouvrages nommés *krebbingen* , dont le bois n'a que 28 ou 32 pieds (9^m 10) ou (10^m 39) de longueur ; lesquels, en cas de haute marée, et lorsque les rivages et les terres au-delà de la digue sont sous l'eau , ne servent qu'à couvrir la terre qui , en quelques endroits, est plus haute de 18 pieds (5^m 85) (de Rhinland) que les prairies, et de 13 à 14 pieds (4^m 22) que la marée ordinaire. Ainsi, ceux qui ont tant soit peu fréquenté les digues à la mer, ju-

(129)

geront facilement que, dès que l'on néglige l'entretien des ouvrages extérieurs, la profondeur de la mer doit infailliblement augmenter devant
la digue d'enceinte, et par conséquent les pieux qui la forment, ne
tenant que peu dans le fond, ne sont pas en état de pouvoir soutenir
tout le poids des digues de varechs qui, dans le Drechzerland, sont une
fois plus hautes que larges, en sorte que ces varechs tombent, ou sont
emportés par la mer ; la digue de terre ne peut plus faire la moindre
résistance, et par conséquent il est impossible de conserver les digues
du Drechzerland, quand même les vers ne feroient d'autre dégât que
celui qu'ils font aux ouvrages extérieurs.

Si, cependant, on étoit obligé d'abandonner les ouvrages extérieurs
et de laisser périr les rivages, et que néanmoins on voulût conserver
la digue du nord, autant qu'il scroit possible, on ne pourroit le faire
qu'au moyen d'un large wier (digue ou barrage), et de quelques esta-
cades ou krebbingen (épis), construits en bois de chêne.

On estimoit, à cette époque, que la dépense de cette réparation re-
viendroit à 3,200,000 florins, ou 6,400,000 livres argent de France ;
par conséquent, au double de ce que coûteroient les réparations des
ouvrages extérieurs de toute la digue méridionale. D'ailleurs, si l'on
considère qu'une digue devant laquelle il y a une grande profondeur,
est plus exposée au danger que celle devant laquelle il y a un rivage,
on comprendra facilement que cette dernière entreprise, si on l'exé-
cutoit, outre qu'elle coûteroit beaucoup plus que la réparation proposée, rendroit le danger de l'inondation beaucoup plus grand, inondation irréparable qui commenceroit par le Drechzerland, et s'étendroit
par toute la West-Frise et le quartier du nord. La mer venant ensuite
à rompre les digues de Sparendam et de Muiden, pénétreroit par la
mer de Harlem sur les terres adjacentes, jusqu'au cœur du quartier du
sud, ce qu'on ne sauroit empêcher ; en sorte que la plus grande partie
de la Hollande méridionale seroit entièrement submergée.

On ne peut pas concevoir comment, d'après ce récit effrayant, on
a pu s'endormir sur les dangers qui menacent à chaque instant cette
partie de la Hollande. Les Etats ont offert des prix considérables à celui
qui trouveroit le moyen d'arrêter les ravages de ces vers ; mais il ne paroit
pas qu'on en ait trouvé les moyens efficaces, puisqu'on ne parle plus aujourd'hui de cet objet si important ; puisse la publication de ce mémoire

17

ranimer le zèle des savans dans des recherches dont le but utile est d'extirper un fléau vraiment destructeur.

M. *Massuet* a publié à Amsterdam un mémoire sur l'origine, la formation, le développement et la structure des diverses espèces de vers à tuyaux ; ce mémoire est tombé dans l'oubli : quoique cet objet tienne à l'histoire naturelle, il est trop intimement lié avec le sujet que nous traitons, pour que nous ne nous croyions pas obligés d'en donner un extrait :

Ces vers sont de diverses grandeurs ; ils ont, en général, environ 2 pouces ($0^m\,05$) de long. Nous avons vu ailleurs qu'il y en a de 14 pouces ($0^m\,38$) : la tête est beaucoup plus grosse que le reste du corps ; ils sont de couleur blanchâtre ; leur chair est visqueuse, et n'a presque point de consistance : le corps diminue insensiblement vers la queue, où il finit d'ordinaire par trois fibres qui n'ont aucune adhérence les unes aux autres, quoiqu'elles se touchent et semblent ne former qu'une seule partie.

Ce qu'il y a de très-remarquable dans ces insectes, c'est qu'ils ont deux petits corps blanchâtres et fort durs, placés aux deux côtés des trois fibres charnues ; ils sont à peu près de la longueur de ces fibres, qu'ils compriment et qu'ils tiennent comme assujéties au milieu d'eux. Ils sont attachés à un pédoncule fort délié et assez court, qui part, comme les fibres, de l'extrémité de la queue ; ils sont un peu plus applatis et de figure oblongue. On voit à leur extrémité une échancrure qui représente assez bien à un V renversé. Chacun de ces petits corps ou appendices est composé de deux lames, entre lesquelles on aperçoit dans le fond de l'échancrure un trou qui pénètre jusques aux pédoncules ; ce conduit forme entre ces deux lames une espèce de concavité qui fait qu'elles paroissent un peu plus relevées en dehors. On conçoit aisément, par la manière dont ces corps sont taillés, qu'ils doivent être fourchus : aussi le sont-ils par leur extrémité ; ils sont même fort durs, fermes et d'une substance pareille à celle des yeux d'écrevisse ; telle est, du moins, leur apparence, lorsqu'on les a réduits en poussière. Ils ne perdent rien de leur volume, après la mort du ver, quoique le reste du corps se réduise presque à rien lorsqu'on le fait sécher.

On ignore l'usage de ces appendices. Elles en ont un pourtant ; mais à peine oseroit-on faire la moindre conjecture à cet égard. Voici l'opinion de M. Massuet : 1°. Les vers à tuyaux, tels que ceux de la planche XII, *fig.* 1ᵉʳᵉ, n'ont rien qui leur serve d'appui et de soutien ; leur corps est uni, et on ne leur remarque aucune patte. 2°. La surface interne des tuyaux dans lesquels ils sont renfermés, est aussi très-polie, et ce n'est que par le moyen d'un microscope qu'on aperçoit de petites éminences. 3°. On apprend, de ceux qui ont eu occasion de voir travailler ces vers, qu'ils attaquent ordinairement les pieux par le bas, et montent ensuite jusqu'à l'endroit où ils sont baignés par les eaux de la mer. 4°. Le travail de ces vers doit être fort rude et fort pénible ; et la tête, qui fait à elle seule tout le travail, semble exiger quelque secours et quelque appui du reste du corps. Ce savant a donc cru que ces petits corps blanchâtres et fourchus leur tiennent lieu de pattes, et qu'ils s'en servent pour se cramponner et se soutenir le long de leurs tuyaux, surtout lorsqu'ils sont obligés de monter et de percer le bois. Il semble que c'est là le principal usage de ces deux appendices.

Il faut néanmoins convenir qu'ils peuvent aussi, sans ce secours, avancer, se traîner et même ramper le long des tuyaux, par le seul mouvement de contraction, tel qu'est celui de la plupart des vers de terre, surtout de ceux à tuyau, dont la queue finit en pointe, et de plusieurs autres insectes. Ils sont d'ailleurs toujours enduits d'une matière visqueuse et gluante, qui est capable de les tenir un peu en arrêt, lorsqu'elle se colle et s'attache aux parois des tuyaux.

Ayant reçu une pièce de bois d'une grosseur considérable, criblée et rongée de toutes parts, M. Massuet l'ouvrit, espérant y surprendre encore quelques-uns de ces vers, mais il n'y a trouvé que des casques et des appendices de la queue, et environ cent cinquante petits corps, que l'on auroit pris pour des excrémens de souris ; ils étoient répandus çà et là dans la plupart des tuyaux.

C'étoient des nymphes toutes noires de figure oblongue, pointues par les deux bouts, et qui avoient chacune neuf anneaux. En ayant ouvert quelques-unes, il trouva des mouches qui commençoient à se développer. On leur voyoit déjà une grosse tête et de gros yeux ; leurs ailes étoient couchées sur les côtés, et leurs pattes repliées sous le ventre ; à l'aide d'un excellent microscope, on découvrit une de ces mouches qui étoit entièrement formée et sur le point de se dégager des enveloppes qui la couvroient. C'est un insecte affreux à voir, et qui renferme dans sa petitesse un nombre presque infini de parties.

Il n'y a point de doute que tous ces vers ne soient de la même espèce ; la différence qu'on y remarque consiste surtout dans la grandeur, qui n'est pas toujours la même, et qui ne doit point l'être en effet, puisqu'un ver qui vient de naître doit être naturellement plus petit qn'un autre ver de même espèce, qui auroit eu le temps de croître et de grossir.

Il est assez étonnant que les trous qu'on voit sur la surface des piliers soient tous extrêmement petits, tandis qu'on trouve dans le cœur du bois des vers d'une grosseur si considérable, de 12 à 14 pouces de longueur ; cela prouve qu'il n'y a que les petits vers qui s'insinuent dans ces piliers, qu'ils s'y nourrissent, qu'ils y croissent, et y meurent enfin sans jamais en sortir ; il y a de ces petits trous qui ne sont que de la profondeur de quelques lignes, et dans lesquels on ne trouve aucune depouille du ver, marque certaine ou qu'il est mort en chemin, ou qu'il a été emporté par les vagues qui viennent se rompre contre les piliers des digues. Quand ces trous sont un peu plus profonds, on y aperçoit des casques infiniment plus petits que ceux qui sont dans l'intérieur du bois. D'ordinaire, ces trous sont placés obliquement, parce que le ver affecte de suivre toujours le fil du bois ; il y a cependant des morceaux de bois qui sont percés en tout sens ; on a même vu des nœuds d'une dureté extraordinaire, qui étoient entièrement criblés d'une infinité de petits trous que l'on aperçoit à la surface du pieu ; il n'y en a pas dix qui aient un pouce de profondenr. Un corps aussi mou et aussi foible que l'est celui du ver en question, avoit besoin de quelque enveloppe particulière qui le mît à l'abri de toutes les injures des corps étrangers.

Tous les vers qu'on avoit examinés étoient renfermés dans des tuyaux de figure cylindrique blanchâtres, quelquefois assez minces, et d'autres fois fort durs et fort épais ; la superficie intérieure de ces tuyaux est beaucoup plus lisse que l'extérieur, qui paroît raboteux en certains endroits : on diroit qu'ils sont faits de la même matière qui forme les premières lames de la surface interne des écailles d'huîtres, mais ils sont ordinairement moins durs, et se brisent plus aisément ; ceux des gros vers sont toujours beaucoup plus épais et plus fermes que ceux des petits. La formation de ces tuyaux s'explique à peu près de la même manière que celle des coquilles qui sont la demeure des limaçons. Tous les animaux, de quelque espèce qu'ils soient, transpirent ; c'est-à-dire , qu'il sort de leur corps , par une infinité de petits vaisseaux excrétoires, une humeur plus ou moins subtile, selon la nature de chaque espèce d'animal. Cette excrétion se fait à chaque instant. Celle des limaçons et des vers à tuyau est épaisse , visqueuse et tenace ; au lieu de s'évaporer en l'air, elle s'arrête autour du ver, et forme insensiblement une enveloppe dont il est lui-même le moule. On doit remarquer que ce tuyau est toujours collé à toute la surface intérieure du trou fait par le ver à mesure qu'il avance.

Il s'agit maintenant de découvrir le lieu de la naissance de ces vers. S'engendrent-ils dans le bois ou dans l'eau ? sont-ils originaires de ce pays, ou nous viennent-ils des Indes ou de l'Amérique ? Ces questions ne paroissent pas extrêmement faciles à résoudre.

On peut affirmer qu'ils s'engendrent dans la mer par les raisons suivantes : 1° tous les petits trous qui paroissent à la surface des pilotis s'élargissent à mesure qu'ils pénètrent plus avant , comme nous l'avons déjà remarqué ; il suffit d'examiner quelques pièces de bois pour s'en assurer. 2° Chaque pièce est d'abord piquée par le bas ; mais, dans la suite, elle est toute criblée jusqu'à la hauteur de l'eau , c'est-à-dire jusques à l'endroit où elle peut atteindre , lorsque les vagues viennent à se briser contre les digues. Tout ce qui est mouillé et humecté dans un pieu se trouve rongé ; tout ce qui est au dessus de l'eau n'est point endommagé. La première observation démontre que tous ces petits trous ont été faits par des vers qui n'étoient point renfermés dans le pieu ; la seconde fait voir aussi que ces vers, ou les œufs d'où ils naissent , sont répandus dans la mer ; qu'ils sont portés par les eaux et jetés contre la surface des pieux auxquels ils s'attachent et qu'ils percent ensuite. On sait qu'avant la découverte des Antilles et l'établissement du commerce des Indes , les navires de l'Europe étoient exempts de ces insectes ; tandis que, de tout temps , les bâtimens de l'Orient en ont été infestés.

Voilà tout ce que l'on peut avancer de plus probable : ces vers peuvent donc vivre et dans l'eau et dans le bois ; mais il paroît certain que

ceux qui y sont une fois entrés n'en sortent jamais. En effet, on trouve
leur casque dans chaque tuyau, preuve qu'ils y sont morts : d'ailleurs
ils ne peuvent sortir par l'ouverture qu'ils ont faite en entrant, à moins
qu'ils ne diminuent en grosseur ; ce qui leur est impossible, à cause de
leurs tuyaux : enfin, dans cette supposition, on apercevroit une quantité
de grands trous par dehors, lesquels auroient donné sortie à de gros
vers, et l'on n'en voit aucun.

Quoique ces vers soient de véritables vers à tuyaux, on ne peut néanmoins les rapporter à aucune des classes que M. Réaumur en a faites,
puisqu'ils ne vivent ni dans le sable, ni sur les pierres, ni sur les coquillages d'autres animaux : ils se logent dans le bois, y vivent, et y
meurent.

EXPLICATION DE LA PLANCHE XII.

Figure 1ere. — Vers à tuyaux dont la queue se termine par trois corps
fourchus placés à la même hauteur et à l'opposite l'un de l'autre ; ils
tiennent à un pédoncule fort délié, assez court, et que l'on voit à peine.

Figure 2e. — Vers à tuyaux d'une structure différente de celle qui
précède ; il est très-rare, et en général a une couleur grisâtre ; quelques-
uns sont plus longs que le doigt du milieu, et ont environ la grosseur
d'une plume d'oie. Leur corps, qui est un peu applati, va toujours en
diminuant du côté de la queue qui finit en pointe ; on aperçoit, de
chaque côté du corps, une espèce de scie qui s'étend depuis le cou jusqu'au bas de la queue. Les dents de cette scie sont autant de petites pattes
fort courtes et un peu fourchues. Lorsqu'on les considére de près, et à
l'aide d'un microscope, on remarque, à l'extrémité de chacune d'elles,
deux petits aiguillons assez fermes et fort pointus ; le long du corps il règne
un petit filon, qui est également distant des deux scies, et qui ne se
trouve que sur un seul côté. Il est difficile de savoir s'il est creusé sur
le dos ou sur le ventre : la tête de ces insectes est toute d'une seule pièce,
telle qu'elle est représentée dans la figure. On aperçoit au sommet de
la tête un creux qui, apparemment, est l'ouverture de la bouche. Il n'est
point armé d'un casque, et on ne lui voit ni dents ni vrilles, ni aucun
autre instrument capable de faire le moindre trou. Cet insecte peut être

regardé comme une espèce nouvelle , inconnue jusqu'à présent aux natu-
ralistes. Le seul qui ait quelque ressemblance avec celui-ci, est une espèce
de scolopendre de mer, décrite par Johnston (1).

Les *figures* 3 et 4 sont deux dessins d'un ver à tuyau de demi-gran-
deur naturelle , d'après celui qui existe dans le cabinet des modèles et
machines de l'Ecole des Ponts et Chaussées , et que l'on a conservé dans
l'esprit - de - vin. Il fut envoyé à M. Perronet, en 1778, du port de Saint-
Jean-de-Luz , avec une portion de bois de chêne venant d'une digue
située à l'entrée du port. Toute la partie de ce pieu baignée par les eaux
de la mer, se trouva entièrement rongée par ces sortes de vers. Celui
dont il est ici question a 6 pouces (0^m 16) de long ; mais il y en a qui ont
jusqu'à 8 et 10 pouces (0^m 22 et 0^m 27) : la tête est beaucoup plus grosse
que le reste du corps, et peut avoir environ 6 lignes (0^m 0,14) de diamètre;
l'on n'y distingue aucune partie, elle est renfermée entre deux coquilles,
qui forment un ensemble comme un bourrelet ; une membrane les joint
l'une à l'autre par derrière et les attache en même temps à la tête : pardevant elles sont séparées et un peu recourbées en dedans. Lorsqu'on
les examine de près , on voit qu'elles ont à l'extrémité inférieure une
espèce de bouton extrêmement petit , qui est de même substance que le
reste de la coquille ; elles ont encore à toutes les dents une entaille qui
ne semble être faite que pour permettre à la tête de pouvoir s'étendre et
s'élargir sur les côtés : en effet , le sommet de la tête est tout à découvert
et de figure oblongue, de manière que les deux bouts qui ont le plus
d'étendue répondent directement aux deux entaillures. On voit au bas,
de chaque côté, au défaut de bracelet, une partie alongée, mais un
peu raccourcie et tournée vers le dos : telle est la forme du casque dans
les plus gros vers ; il y en a qui couvrent presque toute la tête , et n'ont
qu'une petite ouverture. A l'égard de l'usage de ces deux coquilles , il est
à croire que le ver s'en sert comme de deux vrilles ; en sorte que chacune d'elles peut agir séparément et en même temps. Du reste , cet instrument est osseux , fort dur , et tranchant pardevant.

Leur corps est d'un gris cendré , et on leur remarque quelques raies

---

(1) Johnston , *de Insectis*, Lib. III Tab. 7 , fig. première.

noires qui s'étendent vers la queue ; leur peau est toute ridée en certains endroits ; leur chair est mollasse, visqueuse, et a si peu de consistance qu'il est difficile de les dégager des tuyaux où ils sont renfermés sans les rompre. Ils ont le cou mince et délié ; le corps est plus gros, mais il se rétrécit insensiblement vers la queue, qui finit en pointe.

La *figure* 5 représente une portion de pieu du quart de grandeur naturelle, provenant de la digue du port de St.-Jean-de-Luz, également déposée dans le cabinet des modèles. Cette portion de pieu est en bois de chêne ; elle a 10 pouces ($0^m 27$) de hauteur, sur 3 pouces ($0^m 08$) de largeur, et 2 pouces ($0^m 054$) d'épaisseur. Le bois est sain et très-dur. On remarque que les vers ont commencé à le ronger par le bas, les trous y étant plus petits ; ils ont suivi à peu près les fils du bois en montant jusqu'à l'endroit où la mer baigne la digue : quelquefois ils se sont croisés pour redescendre et remonter ensuite. Les parois de chaque trou sont lisses, et ordinairement enduites d'une espèce de matière blanchâtre très-dure et presque de l'épaisseur d'une coquille d'œuf. Sur la longueur de chaque trou, on aperçoit très-distinctement l'effet du travail qu'a fait le ver en rongeant le bois par de petites tranches circulaires en spirales, qui ont depuis une jusqu'à trois et quatre lignes de profondeur, et qui produisent l'effet d'une tarrière lorsqu'on fait un trou pour y placer une cheville.

Bélidor indique les seuls moyens connus jusqu'à ce jour pour garantir les vaisseaux de ce fléau destructeur : en Europe, on garnit le dessous des navires, suivant cet auteur, d'un enduit composé de poix et de poussière de verre, qu'on recouvre d'un gros papier gris, ensuite d'un bordage bien calfaté et brayé, sur lequel on attache des clous à courte pointe et à large tête, serrés très-près les uns des autres. Les Espagnols sont dans l'usage d'étendre, entre le doublage de bois et le franc-bord, un mastic fait de chaux vive, éteinte dans l'huile : ils en mettent une couche de 3 lignes ($0,^m 007$) d'épaisseur, par dessus laquelle ils clouent ce doublage avec de petits clous très-serrés, comme nous venons de le dire plus haut : ce mastic sèche et se durcit ; il se lie aussi avec les clous, et forme un corps si compact et si solide, qu'on a vu des vaisseaux dont le doublage étoit totalement mangé, et dont le calfatage étoit absolument pourri, naviguer encore long-temps et sans faire eau. M. Forfait, d'après lequel nous consignons ce fait, conseille cependant de ne pas abuser d'un pareil moyen , quoiqu'il soit avantageux d'adopter ce mastic pour doubler les bâtimens destinés aux campagnes de long cours, et dans les ports infestés de vers.

Dans les Indes, on garantit les vaisseaux de ces insectes, en mettant de la gargale entre le franc-bord et le doublage : cette gargale est composée de chaux vive , mêlée avec de l'étoupe hachée ; le tout broyé avec de l'huile de coco, semblable à celle de noix ; ce qui est à peu près le même procédé que celui des Espagnols. Alors les vers peuvent bien piquer le doublage , mais ne passent pas outre : avec cet expédient on conserve les vaisseaux de Surate plus de cent ans.

En examinant ces divers moyens , les seuls connus jusqu'à ce jour, on doit voir que c'est la rouille, ou l'oxide de fer, provenant de la corrosion des clous , qui fait la terreur de ces animaux. Les dissolutions métalliques, de quelque nature qu'elles soient, les éloignent toujours. Pourquoi n'emploieroit-on pas de pareils moyens pour préserver les bois destinés à des travaux maritimes ? Une solution de sulfate de fer ou de cuivre n'est pas dispendieuse ; on pourroit faire sécher les pieux avant de les battre , les tremper dans cette dissolution , les sécher ensuite, puis les espalmer d'un amalgame de poix, de chaux vive , de suif, et d'huile , mêlés ensemble , avant d'enfoncer ces pilots dans les endroits destinés à les recevoir : nous ne faisons que hasarder ces idées ; trop heureux si quelques expériences utiles pouvoient justifier l'espérance que nous en concevons !

NAVIGATION
MARITIMO-FLUVIALE.

DESCRIPTION

D'une Machine (1) *propre à faire connoître la profondeur des sous-courans dans une rivière qui a son embouchure à la mer, au moment des différentes hauteurs des marées.*

Planche XIII.

Cette machine a pour objet de déterminer si le courant d'un fleuve ou d'une rivière qui a son embouchure à la mer, est changé dans toute sa profondeur, ou seulement dans une tranche supérieure, lorsque la marée venant, refoule les eaux de la mer dans le sens opposé à sa pente naturelle, et à des distances plus ou moins considérables.

On croit que cette machine joint à l'avantage d'une construction facile celui d'une exactitude plus que suffisante pour répondre à la question.

EXPLICATION DE LA PLANCHE XIII.

Cette machine, qui ne consiste que dans une verge de fer graduée, *fig.* 2 *et* 3, se place sur deux barques ou chaloupes, A et B, distantes entre elles d'environ deux pieds (0^m 65), et fixées l'une à l'autre au moyen de quelques planches, *a, a', a''*, et *b, b', b''*; les premières, placées à la partie supérieure des barques, et les secondes à celle inférieure, en les retenant toutes deux dans un sens perpendiculaire à leurs axes. Les planches inférieures sont attachées à celles supérieures par huit

---

(1) Le modèle de cette machine, due à l'Éditeur de ce Recueil, est déposé dans la galerie des modèles de l'École des Ponts et Chaussées.

boulons en fer c, c', c'', et longeant deux à deux les bords extérieurs de chaque barque.

C'est entre ces deux barques, et au milieu du plancher, que l'on établit la verge de fer faisant les fonctions d'une sonde $r\,m$, traversant les deux planchers, et maintenue dans sa partie inférieure par un plateau en bois D, percé dans son milieu, et lié aux planches par quatre autres petits montans en fer d, d', d'', (*fig.* 2 *et* 3), en observant que la verge ou sonde doit avoir un mouvement de rotation très-facile sur son axe. La sonde graduée traverse un chapeau circulaire en bois M (*fig.* 4 *et* 5), qui sert à la fixer à telle ou telle hauteur, en facilitant son mouvement de rotation au moyen d'un collet.

Ce chapeau est garni de trois petites roulettes coniques en cuivre, dont les sommets sont en un même point de l'axe de rotation. Ces roulettes portent sur une plaque circulaire en fer, percée au centre, et fixée sur le plancher supérieur.

Les extrémités de la sonde sont garnies de deux indicateurs Z et X; l'un, inférieur X, est destiné à être plongé dans l'eau, afin d'en indiquer le courant; l'autre, supérieur Z, qui est semblablement placé, fait connoître les variations de position qu'il éprouve.

On voit, d'après ce qui précède, que, pour se servir de cette machine, il suffira de placer les deux barques dans l'endroit du fleuve dont on veut connoître les variations des courans, au moyen de deux petits ancres ; de faire monter ensuite ou descendre la sonde qui, en prenant telle position déterminée par le courant de la marée, la gardera jusqu'à ce que, continuant de l'enfoncer, on parvienne au sous-courant inférieur du fleuve, s'il en existe ; ce qu'il sera facile d'observer au moyen de l'indicateur supérieur : on connoîtra, par conséquent, l'épaisseur du courant supérieur, occasionné par la marée montante, et la profondeur d'eau qui pourra rester au courant naturel du fleuve : la verge ou sonde étant percée par des trous, et divisée en parties égales de six pouces en six pouces ($0^m\,16$), servira d'échelle de graduation pour connoître les différentes hauteurs d'eau.

V I I.

T A B L E

DES PRODUITS DE LA VIS D'ARCHIMÈDE,

*Et des hauteurs auxquelles ces Machines peuvent élever l'eau,
suivant leurs différentes longueurs, leurs diamètres, et inclinaison de position;*

Dressée sur les Expériences du sieur TOUROUDE, Mécanicien; et vérifiée
par M. GARIPUY, Ingénieur en chef, et Directeur du canal de Languedoc.

Degré auquel le produit est zéro.	Nombre des tours par heure.	Long. en pieds.	Longu. en mesure métrique.	Diamètre en pouc.	Diamèt. en mesure métriqu.	Degrés de l'inclinaison avec l'horis.	Produit par heure en toises et pieds cubes.		Produit par heure en mesure métrique.	Élévation en pieds et pouces.		Élévation en mesure métriqu.
		Pieds	Mètres.	Pouces.	Mètres.		Tois.	Pied.	Mètres cub.	Pieds.	Po.	Mètres cu.
55	7200	12	3,90	6	0,16	45	0	40	1,371	7	9	0,2401
						40	0	90	3,085	7	»	0,2399
						35	0	150	5,142	6	2	0,2057
						30	0	180	6,170	5	3	0,1714
57	6600	14	4,55	8	0,22	50	0	55	1,885	10	»	0,3428
						45	0	128	4,387	9	2	0,3085
						40	1	22	8,158	8	3	0,2743
						35	1	32	8,501	7	3	0,2400
						30	2	189	21,286	6	3	0,2057
58 ½	6000	16	5,20	10	0,27	50	0	150	5,142	11	3	0,3771
						45	1	84	10,283	10	5	0,3429
						40	2	68	17,139	9	4	0,3086
						35	3	2	22,280	8	5	0,2743
						30	3	85	25,125	7	»	0,2399
61	5400	18	5,85	12	0,33	55	0	75	2,571	13	8	0,4458
						50	1	39	8,741	12	9	0,4115
						45	2	18	15,425	11	10	0,3772
						40	3	72	24,680	10	6	0,3429
						35	4	156	34,963	9	2	0,3085
						30	5	90	40,104	8	»	0,2743
62	4800	20	6,50	14	0,38	55	0	60	2,057	15	3	0,5112
						50	0	180	6,170	14	2	0,4799
						45	2	128	19,195	13	»	0,4456
						40	5	40	38,391	11	9	0,3772
						35	7	48	53,473	10	3	0,3428
						30	8	193	65,847	9	»	0,3085

Suite de la TABLE des Expériences faites par le sieur Touroude ; et vérifiée par M. Garipuy, Ingénieur en chef.

Degré auquel le produit est zéro.	Nombre des tours par heure.	Long. en pieds.	Longu. en mesure métrique.	Diamètre en pouc.	Diamèt. en mesure métriqu.	Degrés de l'inclinaison avec l'horis.	Produit par heure en toises et pieds cubes.		Produit par heure en mesure métrique.	Élévation en pieds et pouces.		Élévation en mesure métriqu.
			Mètres.		Mètres		oises.	Pic.	Mètres cub	Pied.	Po	Mètres cu
62	4200	23	7,47	16	0,43	55	0	70	2,399	17	9	0,5829
						50	1	64	9,598	16	6	0,5486
						45	3	87	25,194	15	2	0,5142
						40	6	174	50,388	13	6	0,4457
						35	9	160	72,119	12	»	0,4113
						30	11	144	86,379	10	3	0,3428
62	3600	26	8,45	18	0,49	55	0	150	5,142	19	10	0,6515
						50	1	204	14,396	18	6	0,6171
						45	5	»	37,019	17	»	0,5827
						40	9	56	67,869	15	3	0,5142
						35	13	192	102,832	13	4	0,4457
						30	17	108	129,568	11	9	0,3772
63	3000	30	9,75	20	0,54	55	0	200	6,855	23	»	0,7884
						50	3	2	22,280	21	6	0,7199
						45	6	104	47,988	19	6	0,6514
						40	11	113	85,316	17	6	0,5828
						35	15	210	118,257	15	6	0,5143
						30	18	62	135,395	13	3	0,4457

Nota. M. Daniel Bernouilly, dans la section neuvième de son Hydrodinamique ; a donné une théorie assez étendue de la *vis d'Archimède*, et des effets qu'elle peut produire.

VIII.

TABLE
DES PESANTEURS SPÉCIFIQUES DES CORPS.

Nota. La transformation des anciennes mesures de cette Table en nouvelles a été rédigée d'après les comptes faits à la manière de Barême ; par M. Haros.

MÉTAUX.
OR.

ESPÈCES ET VARIÉTÉS.	Pesanteur spécifiq.	POIDS du pouce cub.			POIDS du PIED CUBE.				Poids métr. du pouce cub.		Poids métri. du pied cube.		
	Onces,	Onc.	gr	gr.	Liv.	onc.	gr.	gr.	Kil. gram. déc.		Kil. gr. déc.		
Or à 24 karats, fondu et non forgé. . . . . , ...	192,581	12	3	62	1,348	1	0	41	381	90	659	886	82
Le même, fondu et forgé. . .	193,617	12	4	28	1,355	5	0	60	383	92	663	436	69
Or au titre de Paris, ou à 22 karats, fondu et non forgé. .	174,863	11	2	48	1,224	0	5	18	346	74	599	175	10
Or au titre de la monnoie de France, ou à 21 $\frac{11}{12}$ karats, fondu et non forgé.	174,022	11	2	17	1,218	2	3	51	345	09	596	293	47
Le même, monnoyé.	176,474	11	3	36	1,235	5	0	51	349	93	604	695	21

ARGENT.

ESPÈCES ET VARIÉTÉS.	Pesanteur spécifiq.	POIDS du pouce cub.			POIDS du PIED CUBE.				Poids métr. du pouce cub.		Poids métri. du pied cube.		
Argent à 12 deniers, fondu et non forgé.	104,743	6	6	22	733	3	1	52	207	69	358	905	89
Le même, fondu et forgé. . . .	105,107	6	6	36	735	11	7	43	208	43	360	152	11
Argent au titre de Paris, ou à 11 deniers 10 grains, fondu et non forgé.	101,752	6	4	55	712	4	1	57	201	79	348	657	30
Argent au titre de la monnoie de France, ou à 10 deniers 21 grains, fondu et non forgé.	100,476	6	4	7	703	5	2	36	199	24	344	285	05
Le même, monnoyé.	104,087	6	5	70	728	8	4	71	206	41	356	623	87

PLATINE.

ESPÈCES ET VARIÉTÉS.	Pesanteur spécifiq.	POIDS du pouce cub.			POIDS du PIED CUBE.				Poids métr. du pouce cub.		Poids métri. du pied cube.		
Platine brut en grenaille. . . .	156,017	10	0	65	1,092	1	7	17	0 309	39	534	599	27
Platine brut, fondu.	146,263	9	3	60	1,023	13	3	47	290	01	501	176	21
Platine purifié, fondu.	195,000	12	5	8	1,365	0	0	0					
Platine purifié et forgé.	203,366	13	1	32	1,423	8	7	67	403	24	696	841	60
Platine purifié, passé par la filière.	210,417	13	5	8	1,472	14	5	46	417	27	721	001	89

SUITE DES MÉTAUX.

CUIVRE.

ESPÈCES ET VARIÉTÉS.	Pesanteur spécifiq.	POIDS du pouce cub.	POIDS du PIED CUBE.	Poids métr. du ponce cub.	Poids métri. du pied cube.
	Onces.	Onc. gr. gr	Liv. onc. gr. gr	Kil. gr déc	Kil. gr. déc.
Cuivre rouge , fondu et non forgé.	77,880	5 0 28	545 2 4 35	154 46	266 858 88
Le même, fondu et passé à la filière.	88,785	5 6 3	621 7 7 26	176 08	304 225 82
Cuivre jaune , fondu et non forgé.	83,958	5 3 38	587 11 2 26	166 46	287 685 11
Le même , fondu et passé à la filière.	85,441	5 4 22	598 1 3 10	169 44	292 767 64
Mine de cuivre jaune.	43,154	2 6 27	302 1 1 71	085 57	147 869 21

FER.

ESPÈCES ET VARIÉTÉS.	Pesanteur spécifiq.	POIDS du pouce cub.	POIDS du PIED CUBE.	Poids métr. du ponce cub.	Poids métri. du pied cube.
Fer fondu.	72,070	4 5 27	504 7 6 52	142 94	246 950 89
Fer forgé en barre , écroui et non écroui.	77,880	5 0 28	545 2 4 35	154 46	266 858 88
Acier ni trempé ni écroui.	78,331	5 0 44	548 5 0 41	155 31	268 404 20
Le même, écroui et non trempé.	78,404	5 0 47	548 13 1 71	155 47	268 654 37
Le même , écroui et ensuite trempé.	78,180	5 0 39	547 4 1 20	155 04	267 886 81
Le même, trempé et non écroui.	78,163	5 0 38	547 2 2 3	154 99	267 828 54
Aimant des Indes.	42,437	2 6 0	297 0 7 40	084 14	145 412 44

ÉTAIM.

ESPÈCES ET VARIÉTÉS.	Pesanteur spécifiq.	POIDS du pouce cub.	POIDS du PIED CUBE.	Poids métr. du ponce cub.	Poids métri. du pied cube.
Etaim pur de Cornouailles, fondu et non écroui.	72,914	4 5 58	510 6 2 68	0 144 58	249 842 88
Le même, fondu et écroui.	72,994	4 5 61	510 15 2 45	144 74	250 117 00
Étaim fin, fondu et non écroui.	74,789	4 6 56	523 8 2 68	148 30	256 267 53
Le même, fondu et écroui.	75,194	4 6 71	526 5 5 59	149 10	256 655 27
Étaim commun, fondu.	79,200	5 1 5	554 6 3 14	157 06	271 381 81
Mine d'étaim noire.	69,009	4 3 56	483 1 0 5	136 83	236 461 38
Mine d'étaim blanche.	600,76	3 7 11	420 8 4 7	119 13	205 852 42

PLOMB.

ESPÈCES ET VARIÉTÉS.	Pesanteur spécifiq.	POIDS du pouce cub.	POIDS du PIED CUBE.	Poids métr. du ponce cub.	Poids métri. du pied cube.
Plomb fondu.	113,523	7 2 62	794 10 4 44	225 10	388 991 60
Mine de plomb cubique , ou galène cubique.	75.873	4 7 25	531 1 6 15	150 48	259 958 10
Mine de plomb cornée.	60.717	3 7 35	425 0 2 31	120 41	208 039 53
Mine de plomb verte.	58,600	3 6 28	410 3 1 43	116 21	200 794 95
Mine de plomb noire.	57,445	3 5 57	402 1 6 52	113 93	196 811 61
Mine de plomb blanche.	40,586	2 5 3	284 1 5 4	080 47	139 068 95

MÉTAUX FLUIDES.

MERCURE.

ESPÈCES ET VARIÉTÉS.	Pesanteur spécifiq.	POIDS du pouce cub.	POIDS du PIED CUBE.	Poids métr. du ponce cub.	Poids métri. du pied cube.
Mercure coulant.	135,681	8 6 25	949 12 2 13	269 02	464 916 02
Chaux naturelle de mercure.	92,301	5 7 62	646 1 5 50	183 03	316 273 41

PIERRES.

PIERRES PRÉCIEUSES.

DIAMANS.

ESPÈCES ET VARIÉTÉS.	Pesanteur spécifiq.	POIDS du pouce cub.	POIDS du PIED CUBE.	Poids métr. du pouce cub.	Poids métri. du pied cube.
		onc. gr. gr.	Liv. onc gr. gr	Kil. gr. déc.	Kil gr. déc
Diamant oriental blanc.	35,212	2 2 19	246 7 5 69	0 069 85	120 054 98
Diamant du Brésil.	34,444	2 1 51	241 1 5 59	057 72	118 023 36
Diamant jaune.	35,185	2 2 18	246 4 5 55	069 80	120 562 43

RUBIS.

ESPÈCES ET VARIÉTÉS.	Pesanteur spécifiq.	POIDS du pouce cub.	POIDS du PIED CUBE.	Poids métr. du pouce cub.	Poids métri. du pied cube.
Rubis oriental.	42,833	2 6 15	299 13 2 26	084 93	146 769 31

CRISTAUX DE ROCHE.

ESPÈCES ET VARIÉTÉS.	Pesanteur spécifiq.	POIDS du pouce cub.	POIDS du PIED CUBE.	Poids métr. du pouce cub.	Poids métri. du pied cube.
Cristal de roche limpide, ou de Madagascar.	26,530	1 5 54	185 11 2 64	052 58	90 906 11
Cristal de roche du Brésil. . .	25,526	1 5 54	185 10 7 21	052 58	90 892 36
Cristal de roche gélatineux, ou d'Europe.	26,548	1 5 55	185 13 3 1	052 63	90 967 78
Cristal de roche , couleur de rose.	26,701	1 6 61	186 14 4 7	052 95	91 492 02

QUARTZ.

ESPÈCES ET VARIÉTÉS.	Pesanteur spécifiq.	POIDS du pouce cub.	POIDS du PIED CUBE.	Poids métr. du pouce cub.	Poids métri. du pied cube.
Quartz cristallisé.	26,546	1 5 55	185 13 1 16	052 63	90 960 92
Quartz en masse.	26,471	1 5 52	185 4 6 1	052 47	90 703 91
Quartz cristallisé rouge-brun , dit jargon des Portugais , ou hyacinthe de compostelle. . .	26,468	1 5 52	185 4 3 24	052 47	90 693 66

GRÈS.

ESPÈCES ET VARIÉTÉS.	Pesanteur spécifiq.	POIDS du pouce cub.	POIDS du PIED CUBE.	Poids métr. du pouce cub.	Poids métri. du pied cube.
Grès des paveurs.	24,158	1 4 38	169 1 5 41	047 91	82 778 45
Le même , pénétré d'eau. . . .	24,519	1 4 51	171 10 1 2	048 60	84 015 38
Grès des tailleurs de pierre. . .	20,855	1 2 59	145 15 6 6	041 37	71 460 71
Le même , pénétré d'eau. . . .	22,246	1 3 39	155 11 4 30	044 13	76 226 95
Grès cristallisé de Fontaine-bleau.	26,111	1 5 39	182 12 3 33	031 78	89 470 37
Le même , pénétré d'eau. . . .	26,214	1 5 43	183 7 7 54	052 00	89 823 32
Grès fin des environs d'Étampes.	25,159	1 5 3	176 1 6 33	049 87	86 208 33
Le même , pénétré d'eau. . . .	25,339	1 5 10	177 5 7 54	050 24	86 825 35

PIERRES CHATOYANTES.

PERLE.

ESPÈCES ET VARIÉTÉS.	Pesanteur spécifiq.	POIDS du pouce cub.	POIDS du PIED CUBE.	Poids métr. du pouce cub.	Poids métri. du pied cube.
Perle vierge orientale.	26,836	1 5 66	187 13 5 4	053 22	91 954 59

PIERRES DURES DEMI-TRANSPARENTES.
AGATES.

ESPÈCES ET VARIÉTÉS.	Pesanteur spécifiq.	POIDS du pouce cub.	POIDS du PIED CUBE.	Poids mét. du pouce cub.	Poids métri. du pied cube.
		Onc. gr. gr	Liv. onc. gr. gr.	Kil. gr. déc	Kil gr. déc.
Agate orientale.	25,901	1 5 31	181 4 7 21	051 36	88 750 77
Agate irisée	25,535	1 5 17	178 11 7 26	050 61	87 496 73
Agate nuée	26,253	1 5 44	183 12 2 60	052 05	89 957 49
Agate onix	26,375	1 5 49	184 10 0 0	052 31	90 374 96
Agate des galets du Hàvre. . .	25,881	1 5 30	181 2 5 27	051 30	88 682 25

CORNALINES.

ESPÈCES ET VARIÉTÉS.	Pesanteur spécifiq.	POIDS du pouce cub.	POIDS du PIED CUBE.	Poids mét. du pouce cub.	Poids métri. du pied cube.
Cornaline. . . . . , ...	26,137	1 5 40	182 15 2 54	051 84	89 548 92
Cornaline pâle.	26,301	1 5 46	184 1 5 50	052 15	90 121 43

JADES.

ESPÈCES ET VARIÉTÉS.	Pesanteur spécifiq.	POIDS du pouce cub.	POIDS du PIED CUBE.	Poids mét. du pouce cub.	Poids métri. du pied cube.
Jade blanc.	29,502	1 7 21	206 8 1 57	0 058 48	101 089 64
Jade vert.	29,660	1 7 27	207 9 7 26	058 79	101 631 04
Jade olivâtre.	29,829	1 7 34	208 12 6 56	059 17	102 210 10

PETROSILEX.

ESPÈCES ET VARIÉTÉS.	Pesanteur spécifiq.	POIDS du pouce cub.	POIDS du PIED CUBE.	Poids mét. du pouce cub.	Poids métri. du pied cube.
Pétrosilex blanc.	26,527	1 5 54	185 11 0 14	052 58	90 895 80
Pétrosilex rougeâtre.	26,733	1 5 62	187 2 0 55	053 00	91 601 66

PIERRES DURES OPAQUES.
PIERRE MEULIÈRE.

ESPÈCES ET VARIÉTÉS.	Pesanteur spécifiq.	POIDS du pouce cub.	POIDS du PIED CUBE.	Poids mét. du pouce cub.	Poids métri. du pied cube.
Pierre meulière.	24,835	1 4 63	173 13 4 12	049 23	85 098 18

CAILLOUX.

ESPÈCES ET VARIÉTÉS.	Pesanteur spécifiq.	POIDS du pouce cub.	POIDS du PIED CUBE.	Poids mét. du pouce cub.	Poids métri. du pied cube.
Caillou olivâtre.	26,067	1 5 37	182 7 4 2	051 68	89 319 57
Caillou de Rennes.	26,538	1 5 55	185 12 2 3	052 63	90 933 47
Caillou panaché du Limosin. .	22,431	1 3 45	157 0 2 13	044 45	76 860 88
Caillou d'Angleterre , nommé pouding.	26,087	1 5 38	182 9 5 69	051 73	89 388 15
Caillou herborisé, ou d'Égypte.	25,648	1 5 23	179 8 4 44	050 88	87 883 95

JASPES.

ESPÈCES ET VARIÉTÉS.	Pesanteur spécifiq.	POIDS du pouce cub.	POIDS du PIED CUBE.	Poids mét. du pouce cub.	Poids métri. du pied cube.
Jaspe vert et clair.	23,587	1 4 17	165 1 5 69	046 79	80 821 91
Jaspe vert foncé.	26,258	1 5 44	183 12 7 12	052 05	89 974 06
Jaspe rouge.	26,612	1 5 58	186 4 4 25	052 79	91 187 04
Jaspe jaune.	27,101	1 6 4	189 11 2 36	053 75	92 862 65

SCHORLS.

ESPÈCES ET VARIÉTÉS.	Pesanteur spécifiq.	POIDS du pouce cub. (Onc. gr. gr.)	POIDS du PIED CUBE. (Liv. onc. gr. gr.)	Poids métr. du pouce cub. (Kil. gr. déc.)	Poids métri. du Pied cube. (Kil. gr. déc.)
Schorl noir prismatiqne hexaëdre.	33,636	2 1 32	235 7 1 62	0 066 71	115 254 31
Schorl noir prismatiq. octaèdre.	32,265	2 0 53	225 13 5 32	064 01	110 536 25
SERPENTINS.					
Serpentin vert.	28,960	1 7 1	202 11 4 12	057 41	99 232 49
Serpentin violet du Dauphiné.	27,913	1 6 3¼	195 6 2 3	055 34	95 644 99
Serpentin vert du Dauphiné.	29,883	1 7 36	209 2 7 12	059 27	103 395 15
GRANITELLES.					
Granitelle du Dauphiné.	28,465	1 6 55	199 4 0 46	056 46	97 536 37
GRANITS.					
Granit rouge d'Egypte.	26,541	1 5 55	185 12 4 53	052 63	90 943 77
Granit gris d'Egypte.	27,279	1 6.10	192 15 1 71	054 07	93 472 57
Granit d'un beau rouge.	27,609	1 6 23	193 4 1 48	054 76	94 603 26
Granit de la Nouvelle-Castille.	26,5-8	1 5 56	186 0 5 64	052 69	91 c70 56
Granit des Pyrénées.	26,731	1 5 62	187 1 6 70	053 00	91 594 80
Granit rouge des Vosges.	26,965	1 5 33	181 12 0 46	051 46	88 970 08
Granit rouge du Dauphiné.	26,431	1 5 51	185 0 2 13	052 42	90 566 87
Granit rouge de Sémur en Bourgogne.	26,384	1 5 49	184 11 0 5	052 31	90 4.. 83
Granit jaunâtre de Bretagne.	26,136	1 5 40	182 15 1 62	051 84	89 54. 92
SCHISTES.					
Schiste commun.	26,718	1 5 61	187 0 3 24	052 95	91 550 29
Schiste supérieur aux bancs d'ardoise.	28,276	1 6 48	197 14 7 21	056 09	96 888 75
Ardoise neuve.	28,535	1 6 57	199 11 7 26	056 56	97 776 34
Ardoise qui a servi sur les toits.	28,118	1 6 42	196 13 1 52	055 77	96 347 35
Pierre noire.	21,861	1 3 24	153 0 3 33	043 34	74 907 75
GYPSES.					
Gypse grosseur opaque, ou pierre à plâtre.	21,679	1 3 17	151 12 0 28	042 97	74 284 13
Gypse grossier, demi-transparent.	23,062	1 3 69	161 6 7 40	045 73	79 022 97
Gypse fin, opaque.	22,642	1 3 53	156 7 7 17	044 88	77 583 88
Gypse fin, demi-transparent.	22,741	1 3 57	159 2 7 67	045 09	77 923 07
PIERRES PESANTES.					
Pierre pesante.	60,665	3 3 17	424 10 3 60	120 30	207 672 60

SPATHS PESANS.

ESPÈCES ET VARIÉTÉS.	Pesanteur spécifiq.	POIDS du pouce cub.	POIDS du PIED CUBE.	Poids métr. du pouce cub.	Poids métri. du pied cube.
		Onc. gr. gr.	Liv. onc. gr. gr.	Kil. gr. déc.	Kil. gr. déc.
Spath pesant blanc	44,300	2 6 70	310 1 4 58	087 85	151 796 03

SPATHS-FLUORS.

ESPÈCES ET VARIÉTÉS.	Pesanteur spécifiq.	POIDS du pouce cub.	POIDS du PIED CUBE.	Poids métr. du pouce cub.	Poids métri. du pied cube.
Spath fluor blanc.	31,555	2 0 26	220 14 1 20	062 57	108 124 21
Spath fluor rouge, faux rubis.	31,911	2 0 39	223 6 0 18	063 26	109 644 04

PIERRES

QUI FONT EFFERVESCENCE AVEC LES ACIDES.

STALACTITES.

ESPÈCES ET VARIÉTÉS.	Pesanteur spécifiq.	POIDS du pouce cub.	POIDS du PIED CUBE.	Poids métr. du pouce cub.	Poids métri. du pied cube.
Stalactite transparent	23,239	1 4 4	162 10 6 10	046 10	70 629 43
Stalactite opaque	24,783	1 4 61	173 7 5 41	049 13	84 919 98

ALBATRES.

ESPÈCES ET VARIÉTÉS.	Pesanteur spécifiq.	POIDS du pouce cub.	POIDS du PIED CUBE.	Poids métr. du pouce cub.	Poids métri. du pied cube.
Albâtre oriental blanc antique.	27,302	1 6 11	191 2 6 42	054 12	93 581 87
Albâtre oriental blanc, demi-transparent	27,621	1 6 23	193 5 4 30	054 76	94 633 12
Albâtre oriental rougeâtre. . .	28,332	1 6 50	198 5 1 34	056 19	97 080 65
Albâtre jaune.	26,993	1 6 0	188 15 1 52	053 55	92 492 55
Albâtre veiné.	26,913	1 5 69	188 6 2 3	053 38	92 218 42
Albâtre de Valence.	26,379	1 5 49	184 10 3 42	052 31	90 388 66
Albâtre de Montmartre. . . .	26,838	1 5 66	187 13 6 61	053 22	91 935 26

MARBRES DE FRANCE.

ESPÈCES ET VARIÉTÉS.	Pesanteur spécifiq.	POIDS du pouce cub.	POIDS du PIED CUBE.	Poids métr. du pouce cub.	Poids métri. du pied cube.
Marbre de Bourbon - Lancy. .	26,957	1 5 70	188 11 1 34	053 43	92 369 21
Marbre dit Lumachelle de Chassenay	26,590	1 5 57	186 2 0 46	052 74	91 111 66
Marbre dit Bourbonnais antique	26,805	1 5 65	187 10 1 20	053 16	91 848 37
Marbre dit brèche d'Alep. . .	26,867	1 5 67	188 1 0 60	053 27	92 060 83
Marbre campan vert.	27,417	1 6 16	191 14 5 46	054 39	93 945 38
Marbre campan rouge.	27,242	1 6 9	190 11 0 60	054 01	93 345 73
Marbre dit cervelas.	27,195	1 6 7	190 5 6 52	053 91	93 184 68
Marbre de la vicomté de Turenne	27,122	1 6 5	189 13 5 22	053 80	92 934 57
Marbre de Vieux.	27,509	1 6 19	192 9 0 5	054 55	94 260 36

MARBRES DE FLANDRE ET DES PAYS-BAS.

ESPÈCES ET VARIÉTÉS.	Pesanteur spécifiq.	POIDS du pouce cub.	POIDS du PIED CUBE.	Poids métr. du pouce cub.	Poids métri. du pied cube.
Marbre noir et blanc de Namur.	27,167	1 6 6	190 2 5 46	0 053 86	93 088 44
Marbre dit Griollo de Flandre.	27,080	1 6 3	189 8 7 49	053 70	92 760 68

MARBRE DES PYRÉNÉES.

ESPÈCES ET VARIÉTÉS.	Pesanteur spécifiq.	POIDS du pouce cub. (Onces gr gr)	POIDS du PIED CUBE. (Liv. onc. gr. gr)	Poids métr. du pouce cub. (Kil. gr. dec)	Poids métri. du pied cube. (Kil. gr. déc)
Marbre gris-blanc des Pyrénées.	27,256	1 6 10	190 12 5 27	054 07	93 393 69
Marbre violet des Pyrénées. .	27,162	1 6 6	190 2 1 11	053 86	93 071 60

MARBRE D'ESPAGNE ET DE PORTUGAL.

ESPÈCES ET VARIÉTÉS.	Pesanteur spécifiq.	POIDS du pouce cub.	POIDS du PIED CUBE.	Poids métr. du pouce cub.	Poids métri. du pied cube.
Marbre noir des carrières de Biscaye	27,067	1 6 3	189 7 4 2	053 70	92 746 11
Marbre noir rayé de blanc, des carrières de Biscaye. . . .	27,109	1 6 4	189 12 1 48	053 75	92 890 05

MARBRES D'ITALIE,

OU QUE L'ON EN TIRE.

ESPÈCES ET VARIÉTÉS.	Pesanteur spécifiq.	POIDS du pouce cub.	POIDS du PIED CUBE.	Poids métr. du pouce cub.	Poids métri. du pied cube.
Marbre blanc de Carrare . . .	27,168	1 6 6	190 2 6 38	053 86	93 092 15
Marbre blanc de Paros	28,376	1 6 51	198 10 0 65	056 25	97 231 44
Marbre noir d'Italie	27,120	1 6 4	189 13 3 37	053 75	92 927 71
Marbre noir dit petit antique.	27,329	1 6 12	191 4 6 56	054 18	93 643 80
Marbre panaché de Piémont.	27,296	1 6 11	191 1 1 16	054 12	93 530 77
Marbre bleu turquin de Carrare	27,132	1 6 5	189 14 6 20	053 80	92 968 88
Marbre rouge de Piémont. . .	28,494	1 6 56	199 7 2 45	056 51	97 822 72
Marbre gris de Malte.	27,054	1 6 2	189 6 0 28	053 64	92 701 61

MARBRES COMPOSÉS.

ESPÈCES ET VARIÉTÉS.	Pesanteur spécifiq.	POIDS du pouce cub.	POIDS du PIED CUBE.	Poids métr. du pouce cub.	Poids métri. du pied cube.
Marbre vert antique de Grenoble	28,030	1 6 38	196 3 2 63	0 055 55	96 045 82
Marbre vert d'Egypte.	26,683	1 5 60	186 12 3 70	052 90	91 430 35

PIERRES A BATIR.

ESPÈCES ET VARIÉTÉS.	Pesanteur spécifiq.	POIDS du pouce cub.	POIDS du PIED CUBE.	Poids métr. du pouce cub.	Poids métri. du pied cube.
Pierre de Saint-Leu, de la carrière de Saint-Leu	16,593	1 0 43	116 2 3 24	032 87	56 856 97
La même pénétrée d'eau. . .	19,199	1 1 69	134 6 2 22	038 08	65 786 41
Pierre de Vergelet du plus gros grain.	16,542	1 0 42	115 12 5 46	032 82	56 682 22
La même pénétrée d'eau . . .	19,325	1 2 1	135 4 3 14	038 29	66 218 13
Pierre de Vergelet de grain fin.	17,218	1 0 69	120 15 1 6	034 26	59 204 05
Pierre de Lambourde, du côté de Gentilly, de la carrière de M. Maugin	16,610	1 0 44	116 4 2 5	032 93	56 913 33
Pierre de Lambourde, de la carrière de Chasastel, à côté de Bicêtre.	18,433	1 1 40	129 0 3 70	036 54	63 161 74
Pierre dit banc-franc de Châtillon, de la carrière de Radit.	20,985	1 2 63	146 14 2 40	041 59	71 906 12
La même, pénétrée d'eau. . . .	22,379	1 3 43	156 10 3 42	044 35	76 682 68

SUITE DES PIERRES A BATIR.

ESPÈCES ET VARIÉTÉS.	Pesanteur spécifiq.	POIDS du pouce cub.			POIDS du PIED CUBE.				Poids métr. du pouce cub.			Poids métri. du pied cube.		
		Onc.	gr	gr	Liv.	onc.	gr.	gr.	Kil.	gr.	déc	Kil.	gr.	déc
Pierre grossière du fonds d Bagneux, de la carrière de M. Brunet.	19,779	1	2	18	138	7	1	71	039	20		67	733	81
Pierre de liais du fonds de Bagneux, de la carrière de madame Ricateau.	20,778	2	2	56	145	7	1	6	041	21		71	196	83
Pierre haute du val de Meudon, de la carrière de Gardi. . .	22,983	1	3	66	160	14	0	55	045	57		78	752	24
Pierre fine du val de Meudon, de la carrière de Gardi. . .	24,353	1	4	45	170	7	4	21	048	28		83	446	57
Pierre de Saint-Cloud.	22,011	1	3	30	154	1	1	62	043	66		75	421	74
Pierre de Saint-Nom	20,776	1	2	56	145	6	7	21	041	21		71	189	98
Pierre dite roche de Saint-Nom.	21,058	1	2	66	147	6	3	70	041	75		72	156	30
Pierre de Conflans Sainte-Honorine, qui tient au banc royal.	23,402	1	4	10	163	13	0	14	046	42		80	187	93
Pierre de Saillancourt, troisième banc	21,672	1	3	17	151	11	2	8	042	97		74	260	11
Pierre de Tonnerre.	17,914	1	1	21	125	6	2	68	035	53		61	383	35
La même, pénétrée d'eau. . .	20,511	1	2	46	143	9	1	62	040	68		70	281	98

MATIERES PRODUITES PAR LE FEU NATUREL,

OU PRODUITS DES VOLCANS.

ESPÈCES ET VARIÉTÉS.	Pesanteur spécifiq.	Onc.	gr	gr	Liv.	onc.	gr.	gr.	Kil.	gr.	déc	Kil.	gr.	déc
Pierre ponce.	9,145	0	4	53	64	0	1	66	018	11		31	335	35
Lave pleine de volcans, dite pierre obsidienne	23,480	1	4	13	164	5	6	6	046	58		80	455	26
Basalte dite pierre de touche.	24,153	1	4	38	169	1	1	6	047	91		83	761	29

MATIÈRES

PRODUITES PAR LE FEU DES FOURNEAUX.

VERRES.

ESPÈCES ET VARIÉTÉS.	Pesanteur spécifiq.	Onc.	gr	gr	Liv.	onc.	gr.	gr.	Kil.	gr.	déc	Kil.	gr.	déc
Verre blanc ou cristal de France.	28,922	1	7	0	202	7	2	8	057	36		99	102	24
Cristal de Saint-Cloud, ou de la reine.	32,549	2	0	63	227	13	3	65	064	54		111	530	19
Cristal des glaces de Cherbourg.	25,596	1	5	20	179	2	6	1	050	77		87	705	74
Cristal des glaces de St.-Gobin.	24,882	1	4	65	174	2	6	20	049	34		85	259	22

PORCELAINES.

ESPÈCES ET VARIÉTÉS.	Pesanteur spécifiq.	Onc.	gr	gr	Liv.	onc.	gr.	gr.	Kil.	gr.	déc	Kil.	gr.	déc
Porcelaine tendre du roi, ou de Séves.	21,654	1	3	16	151	9	1	71	042	97		74	198	45
Porcelaine dure du roi, ou de Séves	21,457	1	3	9	150	3	1	34	042	54		73	523	41

SUITE DES PORCELAINES.

ESPÈCES ET VARIÉTÉS.	Pesanteur spécifiq.	POIDS du pouce cub.	POIDS du PIED CUBE.	Poids métr. du pouce cub.	Poids métri. du pied cube.
		Onc. gr. gr.	Liv. onc. gr. gr.	Kil. gr. déc.	Kil. gr. déc.
Porcelaine de Saint-Cloud. . .	22,795	1 3 59	159 9 0 23	045 20	78 108 12
Porcelaine de Limoges.	23,410	1 4 10	163 13 7 26	046 42	80 215 39
Porcelaine de Vienne en Autriche	25,121	1 5 2	175 13 4 30	049 82	86 078 14
Porcelaine ancienne de Saxe. .	24,718	1 4 59	173 0 3 24	049 02	84 697 30
Porcelaine couleur de bois du Japon.	23,667	1 4 20	165 10 5 46	046 95	81 096 03

MATIÈRES INFLAMMABLES.

SOUFRES.

Soufre natif.	20,332	1 2 39	142 5 1 34	040 31	69 668 61
Soufre fondu.	19,907	1 2 23	139 5 3 56	039 46	68 208 97

BITUMES.

Charbon de terre compact. . .	13,392	0 6 64	93 0 5 46	026 35	45 546 08
Jais ou jayet.	12,590	0 6 38	88 2 0 46	024 96	43 139 68

PESANTEURS SPÉCIFIQUES DES FLUIDES.

EAUX SIMPLES.

Eau distillée.	10,000	0 5 13 $\frac{1}{2}$	70 0 0 0	019 83	34 265 00
Eau de pluie.	10,000	0 5 13 $\frac{1}{2}$	70 0 0 0	019 83	34 265 00
Eau de la Seine, filtrée.	100,01 5	0 5 13 4	70 0 1 25	019 82	34 270 15
Eau de puits.	10,017	0 5 14 0	70 1 7 17	019 87	34 323 26
Eau d'Arcueil.	10,004 6	0 5 13 5	70 0 4 9	019 83	34 280 78
Eau de Ville-d'Avray.	10,004 3	0 5 13 5	70 0 3 61	019 83	34 279 71
Eau de mer	10,263	0 5 23 0	71 13 3 47	020 34	35 166 20

LIQUEURS SPIRITUEUSES.

LIQUEURS SPIRITUEUSES NATURELLES, OU VINS.

Vin de Bourgogne.	9,915	0 5 10	69 6 3 60	19 65	33 973 78
Vin de Champagne blanc mousseux.	9,979	0 5 13	69 13 5 13	19 81	34 193 00
Vin de Bordeaux.	9,939	0 5 11	69 9 1 25	19 71	34 056 05
Vin de Malaga.	10,221	0 5 22	71 8 6 1	20 29	35 022 26
Vin de Constance.	10,819	0 5 44	75 11 5 59	21 46	37 071 32
Bière rouge	10,338	0 5 26	72 5 6 61	20 50	35 423 17
Bière blanche	10,231	0 5 22	71 9 6 70	20 29	35 056 51

LIQUEURS SPIRITUEUSES ARTIFICIELLES;
ou ESPRITS-DE-VIN.

ESPÈCES ET VARIÉTÉS.	Pesanteur spécifiq.	POIDS du pouce cub.			POIDS du PIED CUBE.				Poids métr. du pouce cub.	Poids métri. du pied cube.
		Onc.	gr	gr	Liv.	onc.	gr.	gr	Kil. gram. déc.	Kil. gr. déc.
Eau-de-vie de preuve.	9,131	0	4	53	63	14	5	27	18 11	31 287 40
Eau-de-vie double.	8,630	0	4	34	60	6	4	35	17 10	29 570 73
Esprit-de-vin du commerce. .	8,371	0	4	25	58	9	4	30	16 63	28 683 28
Esprit-de-vin très-rectifié. . .	8,293	0	4	22	58	0	6	38	16 47	28 416 01

HUILES GRASSES,

		Onc.	gr	gr	Liv.	onc.	gr.	gr	Kil. gram. déc.	Kil. gr. déc.
Huile d'olive.	9,153	0	4	54	64	1	1	6	018 17	31 362 76
Huile d'amandes douces. . . .	9,170	0	4	54	64	3	0	23	018 17	31 421 03
Huile de noix. . . . . , .	9,227	0	4	56	64	9	3	28	018 27	31 616 33
Huile de lin.	9,403	0	4	63	65	13	1	6	018 64	32 219 39

LIQUEURS ANIMALES.

		Onc.	gr	gr	Liv.	onc.	gr.	gr	Kil. gram. déc.	Kil. gr. déc.
Lait de femme.	10,203	0	5	21	71	6	5	64	20 24	34 960 59
Lait d'ânesse.	10,355	0	5	27	72	7	6	6	20 56	35 481 44
Lait de vache.	10,324	0	5	25	72	4	2	22	20 45	35 375 21
Urine humaine.	10,106	0	5	17	70	1	6	70	20,02	34 322 25

FLUIDES RESPIRABLES.

		Grains.							Kil. gram. déc.	Kil. gr. déc.
Air commun.	123,233	0,4601			0	1	3	3	0 02	0 042 22
Air pur	133,929	0,5000			0	1	4	0	0 02	0 045 89

SUBSTANCES VÉGÉTALES ET ANIMALES.

		Onc.	gr.	gr.	Liv.	onc.	gr.	gr	Kil. gram. déc.	Kil. gr. déc.
Résine commune dite poix résine	10,886	0	5	46	76	3	12	62	21 56	37 300 94
Résine jaune ou blanche du pin.	10,727	0	5	40	75	1	3	28	21 25	36 756 08

GOMMES.

		Onc.	gr.	gr	Liv.	onc.	gr.	gr	Kil. gram. déc.	Kil. gr. déc.
Gomme commune ou de notre pays	14,817	0	7	49	103	11	4	2	29 37	50 771 45
Gomme arabique.	14,523	0	7	38	101	10	4	44	28 79	49 764 29
Gomme adragant.	13,161	0	6	59	92	2	0	18	25 08	45 097 16

SUCS ÉPAISSIS.

ESPÈCES ET VARIÉTÉS.	Pesanteur spécifiq.	POIDS du pouce cub. (Onc. gr. gr)	POIDS du PIED CUBE. (Liv. onc. gr. gr)	Poids métr. du pouce cub. (Kil. gr. déc)	Poids métri. du pied cube. (Kil. gr. déc)
Suc de réglisse	17,228	1 0 67	120 9 4 21	0 034 15	59 032 76
Suc d'acacia	15,153	0 7 62	106 1 1 6	30 96	51 023 77
Suc d'arce	14,573	0 7 40	102 0 1 29	28 90	49 935 37

CIRES ET GRAISSES.

ESPÈCES ET VARIÉTÉS.	Pesanteur spécifiq.	POIDS du pouce cub.	POIDS du PIED CUBE.	Poids métr. du pouce cub.	Poids métri. du pied cube.
Cire jaune	9,648	0 5 0	67 8 4 44	19 12	33 058 93
Cire blanche	9,686	0 5 2	67 12 6 47	19 23	33 189 11
Beurre de cacao	8,916	0 4 45	62 6 4 53	17 69	30 550 69
Blanc de baleine	9,433	0 4 64	66 0 3 70	18 70	32 322 23
Graisse de bœuf	9,232	0 4 57	64 9 7 63	18 33	31 633 49
Graisse de veau	9,341	0 4 61	65 6 1 39	18 54	32 006 99
Graisse de mouton	9,235	0 4 57	64 10 2 40	18 33	31 643 73
Suif	9,419	0 4 64	65 14 7 31	18 70	32 274 27
Beurre	9,433	0 4 64	65 15 3 1	18 70	32 287 97

SELS.

ESPÈCES ET VARIÉTÉS.	Pesanteur spécifiq.	POIDS du pouce cub.	POIDS du PIED CUBE.	Poids métr. du pouce cub.	Poids métri. du pied cube.
Sel marin	21,250	1 3 1	148 12 0 0	42 12	72 814 18
Sel gemme	21,430	1 3 8	150 0 1 20	42 49	73 430 89
Nitre	19,000	1 1 61	133 0 0 0	37 65	65 106 52
Alun	17,140	1 0 64	119 15 5 32	33 99	58 731 20
Sucre blanc	16,060	1 0 24	112 6 5 55	21 87	55 030 62

ACIDES MINÉRAUX.

ESPÈCES ET VARIÉTÉS.	Pesanteur spécifiq.	POIDS du pouce cub.	POIDS du PIED CUBE.	Poids métr. du pouce cub.	Poids métri. du pied cube.
Acide vitriolique	18,409	1 1 39	128 13 6 33	0 036 48	63 069 57
Acide nitreux	12,715	0 6 43	89 0 0 46	0 025 23	43 568 49
Acide marin	11,940	0 6 14	83 9 2 17	0 023 69	40 912 92
Acide arsenical	18,731	1 1 51	131 1 6 70	0 037 12	64 182 96

ACIDES VÉGÉTAUX.

ESPÈCES ET VARIÉTÉS.	Pesanteur spécifiq.	POIDS du pouce cub.	POIDS du PIED CUBE.	Poids métr. du pouce cub.	Poids métri. du pied cube.
Vinaigre rouge	10,251	0 5 28	71 12 0 65	0 020 61	35 125 48
Vinaigre blanc	10,135	0 5 18	70 15 0 69	0 020 08	34 727 97
Vinaigre distillé	10,095	0 5 17	70 10 5 9	0 020 02	34 590 89
Vinaigre radical	10,626	0 5 37	74 6 0 65	0 021 08	36 410 43

ALCALI FIXE.

ESPÈCES ET VARIÉTÉS.	Pesanteur spécifiq.	POIDS du pouce cub.	POIDS du PIED CUBE.	Poids métr. du pouce cub.	Poids métri. du pied cube.
Huile de tartre	14,594	0 7 41	102 2 4 16	0 028 95	50 007 35

HUILES ESSENTIELLES.

ESPÈCES ET VARIÉTÉS.	Pesanteur spécifiq.	POIDS du pouce cub.	POIDS du PIED CUBE.	Poids métr. du pouce cub.	Poids métri. du pied cube.
Huile de térébenthine	8,697	0 4 37	60 14 0 37	0 017 26	29 800 68
Huile de baume de copahu	9,910	0 4 43	62 0 6 10	0 017 58	30 372 89

BOIS.

ESPÈCES ET VARIÉTÉS.	Pesanteur spécifiq.	Poids du pouce cu. (onc. gr. gr.)	POIDS du PIED CUBE. (liv. onc. gr. gr.)	Poids métriques du pouce cube. (Kil. gr. déc.)	Poids métri. du pied cube. (Kil. gr. déc.)	Poids métriq. du mètre cube.
Chêne de soixante ans, le cœur	11,700	0 6 5	81 14 3 14	0 023 31	40 090 04	1,170,000,00
Liège	2,400	0 1 18	16 12 6 29	4 78	8 223 71	240,000,00
Orme, le tronc	6,710	0 3 35	46 15 4 12	13 33	22 991 89	671,000,00
Fresne, le tronc	8,450	0 4 27	59 2 3 14	16 73	28 953 96	845,000,00
Hêtre	8,520	0 4 30	59 10 1 66	16 89	29 193 82	852,000,00
Aune	8,000	0 4 11	56 0 0 0	15 88	27 412 04	800,000,00
Érable	7,550	0 3 66	52 13 4 58	14 08	25 870 12	755,000,00
Noyer de France	6,710	0 3 35	46 15 4 12	13 33	22 991 89	671,000,00
Saule	5,850	0 3 2	40 15 1 43	11 58	20 045 02	585,000,00
Tilleul	6,040	0 3 9	42 4 3 60	11 95	20 696 05	604,000,00
Sapin mâle	5,500	0 2 61	38 8 0 0	10 89	18 875 80	550,000,00
Sapin femelle	4,980	0 2 42	34 13 6 6	9 88	17 064 02	498,000,00
Peuplier	3,830	0 1 71	26 12 7 49	7 60	13 123 53	383,000,00
Peuplier blanc d'Espagne	5,294	0 2 54	37 0 7 31	10 52	18 139 96	529,400,00
Pommier	7,930	0 4 8	55 8 1 20	15 72	27 172 17	793,000'00
Poirier	6,610	0 3 31	46 4 2 40	13 12	22 649 18	661,000,00
Coignassier	7,050	0 3 47	49 5 4 58	13 97	24 156 90	705,000,00
Nefflier	9,440	0 4 64	66 1 2 17	18 70	32 346 18	944,000,00
Prunier	7,850	0 4 5	54 15 1 43	15 56	26 808 05	785,000,00
Olivier	9,270	0 4 58	64 14 1 66	18 38	31 763 67	927,000,00
Cerisier	7,150	0 3 51	50 0 6 29	0 14 18	24 499 49	715,000,00
Buis de France	9,120	0 4 52	63 13 3 37	18 03	31 249 68	912,000,00
Buis de Hollande	13,280	0 6 64	92 15 2 63	26 35	45 504 92	1,328,000,00
Cyprès d'Espagne	6,440	0 3 24	45 1 2 17	12 75	22 066 67	644,000,00
Grenadier	13,540	0 7 1	94 12 3 60	26 82	46 305 81	1,354,000,00
Genévrier	5,560	0 2 64	38 14 5 55	11 05	19 051 41	556,000,00
Gayac	13,330	0 6 66	93 4 7 49	26 45	45 676 26	1,333,000,00
Ébénier d'Amérique	13,310	0 6 65	93 2 5 55	26 40	45 607 75	1,331,000,00
Ébénier des Indes	12,090	0 6 19	84 10 0 46	23 96	41 426 40	1,209,000,00
Bois de Brésil rouge	10,310	0 5 25	72 2 5 55	20 45	35 327 24	1,031,000,00
Bois de Campêche	9,130	0 4 53	63 14 4 35	18 11	31 284 00	913,000,00
Bois de Coco	10,403	0 5 28	72 13 1 6	20 61	35 645 88	1,040.300,00
Oranger	7,050	0 3 47	49 5 4 58	13 97	24 156 90	705,000,00
Citronier	7,263	0 3 55	50 13 3 47	14 39	24 886 69	726,300,00
Limonier	7,033	0 3 47	49 3 5 41	13 97	24 098 64	703,300,00

TABLE

PAR ORDRE DE MATIÈRES

Des Ouvrages historiques, et Mémoires de l'Académie des Sciences de Paris, depuis son établissement en 1666 jusqu'en 1806.

PHYSIQUE GÉNÉRALE.

TOME PREMIER,
Depuis 1666 jusqu'en 1686.

NOMS des AUTEURS.	ANNÉES.	INDICATION DES MATIÈRES.	Histoire. Pages.	Mémoires. Pages.
HUYGHENS . . .	1667	Fragmens de dioptrique sur la lumière.	283	
	1667	Expériences sur le froid.	21	
DUCLOS.	1667	Ex ériences de l'augmentation du poids par la calcination.	21	
PERRAULT . . .	1668	Observations sur la chaux.	47	
HUYGHENS . . .	1669	Sur la pesanteur.	94	
MARIOTTE . . .	1669	Sur l'organe de la vision.	102	
BUOT.	1670	Expériences sur le froid.	115	
MARIOTTE . . .	1679	Sur le chaud et le froid.	268	
MARIOTTE . . .	1683	Expériences sur le recul des armes à feu. . . .	359	
PERRAULT . . .	1684	Sur la congellation	390	
LAGAROUSTE..	1685	Miroir de métal de 5 pieds 2 pouces de diamètre.	428	

TOME II,

Depuis 1686 jusqu'à son renouvellement en 1699.

NOMS des AUTEURS.	ANNÉES.	INDICATION DES MATIÈRES.	Histoire. Pages.	Mémoires. Pages.
LAHIRE	1688	De l'effet du chaud et du froid sur une verge de fer.	61	
SEDILEAU. . . .	1689	Expériences sur la neige et sur la gelée.	59	
VARIGNON . . .	1690	Sur la pesanteur des corps.	75	
VARIGNON . . .	1691	Expériences sur la glace.	113	
Par le même . . .	1691	Sur la dureté des corps	114	

NOMS des AUTEURS.	ANNÉES.	INDICATION DES MATIÈRES.	Histoire. Pages.	Mémoires. Pages.
VARIGNON . . .	1691	Sur une machine dans laquelle il ne peut y avoir d'équilibre. *Mécan.*	123	
LAHIRE.	1692	Sur la quantité d'eau tombée à Paris pendant les quatre dernières années, et sur l'origine des rivières	164	
LAHIRE.	1696	Sur la pesanteur et le ressort de l'air.	267	
SEDILEAU. . . .	1693	De l'origine des rivières.	164	
HOMBERG. . . .	1693	Expériences sur la glace.	170	
LAHIRE.	1694	Origine des fontaines	204	
LAHIRE.	1696	Sur la pesanteur et le ressort de l'air.	267	
HOMBERG. . . .	1697	Sur le changement de volume dans quelques liqueurs dans le vide.	294	
LAHIRE. . . . . . HOMBERG. . . .	1698	Diverses observations de physique générale. . .	332	
MALLEBRANCHE	1699	Réflexions sur la lumière et les couleurs et la génération du feu.	22	
VARIGNON . . .	1700	Du mouvement en général pour toutes sortes de courbes, tant centrifuges que centripètes, nécessaires aux corps qui les décrivent.		83
LAHIRE.	1701	Remarques sur la mesure et la pesanteur de l'eau.		170
TOURNEFORT .	1702	Description du labyrinthe de Candie, avec des observations sur l'accroissement et la génération des pierres.		217
LAHIRE.	1703	Remarques sur l'eau de pluie et sur l'origine des fontaines, avec quelques particularités sur la construction des citernes.		56
AMONTONS. . .	1704	Expériences sur la boule d'un thermomètre. .		
AMONTONS. . . VARIGNON . . .	1705	Sur les différentes hauteurs de la Seine en différens temps, ... Sur un nouvel instrument appelé manomètre, c'est-à-dire, mesure de la raréfaction.	32 26	
	1706	Aucun mémoire spécialement relatif.		
BERNOULLY . . GEOFFROY . . . CHEVALIER. . .	1707	Sur la lumière des corps frottés. . . . . Sur la production artificielle du fer ; la composition des autres métaux. . . . . Effet de la poudre à canon, principalement dans les mines. . . . . , ...	1	176 526
PARENT	1708	Sur la dilatation de l'air.	11	
GEOFFROY . . .	1709	Expériences sur les métaux faites avec un verre ardent.	97	

NOMS des AUTEURS.	ANNÉES.	INDICATION DES MATIÈRES.	Histoire. Pages.	Mémoires. Pages.
CASSINI	1710	Sur le flux et le reflux de la mer.	4	
LAHIRE		Observations sur une espèce de talc des carrières de Paris au-dessus des bancs de pierre de plâtre.		341
LAHIRE	1711	Sur la communication de l'air dans l'eau.	1	
VALLERIUS	1712	Sur la pesanteur de l'atmosphère en Suède.	3	
RÉAUMUR	1713	Sur la ductilité de quelques matières.	9	
		Expériences et réflexions sur la prodigieuse ductilité de diverses matières.		199
RÉAUMUR	1714	Sur le passage de l'air et de l'eau au travers de certains corps.	1	
	1715	Rien de spécialement relatif.		
GEOFFROY	1716	Sur l'origine des pierres.	8	
LAFAYE	1717	Sur la pierre de Florence.	1	
LAHIRE		Sur un phénomène de l'aimant.	5	
RÉAUMUR	1718	Essais de l'histoire des rivières et des ruisseaux de la France qui roulent des paillettes d'or, avec des observations sur la manière dont on ramasse ces paillettes ; sur leur figure ; sur le sable avec lequel elles sont mêlées, et sur leur titre.		68
		Sur une mine de fer singulière.	6	
		Mine de fer du Pays de Foix, avec quelques réflexions sur la manière dont elle a été formée.		139
JUSSIEUX	1719	Sur les gypses.	10	
		Réflexions sur plusieurs observations concernant la nature des gypses.		82
CASSINI	1720	Sur le flux et le reflux de la mer.	1	
DELILLE		Observations sur les différentes hauteurs des eaux de la Seine à Paris.	10	
RÉAUMUR	1721	Sur la formation des cailloux.	12	
		Sur la nature et la formation des cailloux.		225
RÉAUMUR	1722	Réflexions sur les expériences d'une nouvelle manière d'éteindre le feu (en cas d'incendie), qui furent faites à l'hôtel des Invalides le 10 décembre 1722.		143
GEOFFROY	1722	Autres expériences sur le même sujet.		155
RÉAUMUR	1723	Sur la manière dont le fer s'aimante.	1	
		Expériences qui montrent avec quelle facilité le fer et l'acier s'aimantent, même sans toucher l'aimant.		81
	1724	Rien de spécialement relatif.		
	1725	*Idem.*		

NOMS des AUTEURS.	ANNÉES.	INDICATION DES MATIÈRES.	Histoire. Pages.	Mémoires. Pages.
RÉAUMUR....	1726	Sur la propriété singulière du fer.	7	
		Que le fer est de tous les métaux celui qui se moule le plus parfaitement, et quelle en est la cause		273
	1727	Rien de spécialement relatif.		
	1728	*Idem.*		
RÉAUMUR....	1729	Quelle est la principale cause de l'altération de la blancheur des pierres et des plâtres des bâtimens neufs.		185
RÉAUMUR....	1730	Sur la nature de la terre en général , et sur ses caractères.	23	
RÉAUMUR....		De la nature de la terre en général et du caractère des différentes espèces de terre.		243
	1731	Rien de spécialement relatif.		
	1732	*Idem.*		
LEMONNIER...	1733	Sur l'aimant.	13	
GORSLE		Recherches sur le plomb.		313
	1734	Rien de spécialement relatif.		
	1735	*Idem.*		
	1736	*Idem.*		
DUHAMEL....	1737	Recherches sur la cause de l'excentricité des courbes ligneuses qu'on aperçoit quand on coupe horizontalement le tronc d'un arbre ; de l'inégalité d'épaisseur et du différent nombre de ces couches , tant dans le bois formé que dans l'aubier.		121
BUFFON......		Observations des différens effets que produisent sur les végétaux les grandes gelées d'hiver et les petites gelées du printemps.		273
CASSINI	1738	Sur la propagation du son.		128
	1739	Rien de spécialement relatif.		
	1740	*Idem.*		
BAZIN.......	1741	Sur l'évaporation de l'eau.	17	
		Note communiquée à l'académie par M. Réaumur.		
BUACHE.	1742	Plans et coupes du sol de Paris et de ses souterrains, par rapport aux débordemens de la Seine.	7	
L'abbé NOLLET.	1743	Mémoires sur la manière dont se forment les glaçons qui flottent sur les grandes rivières, et sur les différences qu'on y remarque lorsqu'on les compare aux glaces des eaux en repos. . .		51

NOMS des AUTEURS.	ANNÉES.	INDICATION DES MATIÈRES.	Histoire. Pages.	Mémoires Pages.
DUHAMEL....	1744	Sur l'imbibition des bois dans l'eau et leur dessèchement dans l'air.	I	
		Expériences sur l'imbibition de différentes qualités des bois de chêne plongés dans l'eau, et leur dessèchement dans l'air libre.		475
BOUGUER....	1745	Sur la dilatation des métaux.		10
BOUGUER....	1746	Sur la formation artificielle du silex, et observations sur quelques propriétés de la chaux vive.		10
	1747	Rien de spécialement relatif.		
	1748	*Idem.*		
	1749	*Idem.*		
	1750	*Idem.*		
GUÉTARD....	1751	Mémoire sur les granits de France, comparés à ceux d'Egypte.		164
GUÉTARD....	1752	Mémoire sur quelques montagnes de la France qui ont été volcans.		27
GUÉTARD....	1753	Mémoire sur les poudings.		63
		Mémoire sur les poudings, 2e partie.		139
BARON.		Expériences sur l'évaporation de la glace. . . .		250
DAUBENTON...	1754	Mémoires sur l'albâtre.		237
BOUGUER....		Sur la direction qu'affectent les fils à plomb. . .		250
	1755	Rien de spécialement relatif.		
	1756	*Idem.*		
	1757	*Idem.*		
GUÉTARD....	1758	Mémoire sur la pierre meulière.		203
		Mémoire sur plusieurs rivières de Normandie qui entrent en terre et qui reparoissent ensuite, et sur quelques autres de la France.		271
ADANSON....	1759	Description sur une nouvelle espèce de vers qui rongent les bois et les vaisseaux.	15	249
FOUGEROUX..		Mémoire sur les bois pétrifiés	19	430
TILLET......	1760	Sur l'incendie de l'église de Notre-Dame de Royaumont, et sur celui de Notre-Dame de Ham.	63	
MONTEL.....		Mémoire sur un grand nombre de volcans éteints qu'on a trouvés dans le bas Languedoc. . . .		466
LALANDE....	1761	Observations sur la nouvelle méthode d'aimanter, et sur la déclinaison de l'aimant..	211	
	1762	Rien de spécialement relatif.		
GUÉTARD....	1763	Mémoire sur une espèce de pierre appelée *salière*.		65

NOMS des AUTEURS.	ANNÉES.	INDICATION DES MATIÈRES.	Histoire. Pages.	Mémoires. Pages.
TILLET	1763	Mémoire sur les degrés extraordinaires de chaleur auxquels les hommes et les animaux sont capables de résister		186
DE PARCIEUX. .	1764	Mémoire sur les inondations des eaux de la Seine à Paris		457
DE MAIRAN. . .	1765	Nouvelles recherches de la cause générale du chaud en été et du froid en hiver, en tant qu'elle se lie à la chaleur interne et permanente de la terre.		143
FOUGEROUX. .	1765	Observations sur une mine de charbon de terre qui brûle depuis long-temps.		389
FOUGEROUX. .	1766	Mémoire sur le Vésuve.		70
FOUGEROUX. .	1767	Mémoire sur la lumière que donne l'eau de la mer, principalement dans les lagunes de Venise	—	120
DE PARCIEUX. .		Mémoire sur le froid de l'hiver de 1767 à 1768, sur la débâcle des glaces, et sur un moyen propre à en rendre les suites moins fâcheuses. . .		54
JARS	1768	Observations sur la circulation de l'air dans les mines ; moyens qu'il faut employer pour l'y maintenir		218
Idem.		Second mémoire sur le même sujet.		229
DUHAMEL. . . .		Expériences pour connoître la force du bois. . .		534
FOUGEROUX. .	1769	Mémoire sur la pierre appelée *tripoli*.		272
Idem.		*Idem* sur les sulfates des environs de Rome. . .		1
LAVOISIER . . .		Premier mémoire sur la nature de l'eau et sur les expériences par lesquelles on a prétendu prouver la possibilité de son changement en terre.		73
LAVOISIER . . .	1770	Second mémoire sur le même sujet.		90
JARS		Observations sur les mines en général, et principalement sur celles de la province de Cornwal en Angleterre.		540
LEMONNIER. . .		Suite des recherches sur la variation de l'aimant.		93
DESMARETS. . .	1771	Mémoire sur l'origine et la nature du basalte à grandes colonnes polygones, déterminées par l'histoire naturelle de cette pierre, observée en Auvergne.		705
TILLET.		Recherches sur les variations horizontales de l'aimant.		99
LALANDE		Mémoire sur le flux et le reflux de la mer, et spécialement sur les marées d'équinoxe. . . .		297
BRISSON.	1772	Sur la pesanteur spécifique des corps.		1
DUHAMEL. . . .		Description de plusieurs boussoles pour observer les variations de l'aiguille aimantée, tant en déclinaison qu'en inclinaison		44
LEMONNIER. . .		Suite des recherches sur les variations de l'aimant.		457

NOMS des AUTEURS.	ANNÉES.	INDICATION DES MATIÈRES.	Histoire. Pages.	Mémoires Pages.
LEMONNIER. . . *Première Partie.*	1773	Mémoire sur la variation de l'aimant en 1772 et 1773		440
DESMARETS. . . *Deuxième Partie.*		Mémoire sur le basalte, 3e partie. . . . . Rien de spécialement relatif.		599
TRUDAINE. . . . MAQUER. . . . . CADET. . . . . . LAVOISIER. . . . BRISSON	1774	Premier essai d'un grand verre ardent de M. Trudaine, établi au jardin de l'Infante au commencement du mois d'octobre 1774.		62
PERRONET . . .	1775	Mémoire sur les moyens de conduire à Paris une partie de l'eau des rivières de l'Yvette et de la Bièvre		21
POUJET		Mémoire sur les attérissemens de la colle du Languedoc.		561
	1776	Rien de spécialement relatif.		
LEMONNIER. . .	1777	Suite des observations sur l'aiguille aimantée. .		89
	1778	Rien de bien intéressant.		
LEMONNIER. . .	1779	Réflexions sur des observations de l'aiguille aimantée, faites à la mer.		378
DUHAMEL. . . . LEROY. . . . . . TENON.	1780	Rapport fait à l'académie sur les prisons et sur les infirmeries des prisons.		409
LEROY	1780	Mémoire sur quelques moyens simples de renouveler l'air des endroits dans lesquels il ne circule pas, et sur les applications qu'on peut en faire		598
DAUBENTON . . LEGENTIL. . . .	1781	Observations sur le bois de chêne et le châtaignier . . . . Observations sur les montagnes et sur les couches ou lits de pierres qu'on trouve dans la terre. .		295 433
	1782	Rien de spécialement relatif.		
LAVOISIER . . .	1783	De l'action du feu.		563
HAUY.	1784	Mémoire sur la structure des cristaux de Feld-Spath		273
HAUY.	1785	Mémoire sur les propriétés élastiques de plusieurs minéraux. . . . . Mémoire sur la structure de divers cristaux métalliques		206 213
VANDERMONDE. BERTHOLET. . . MONGE.	1786	Mémoire sur le fer considéré dans les différens états métalliques.		132
HAUY. . . . . . . CASSINI	Idem.	Mémoire sur la structure du cristal de roche. . . Mémoire sur la température des souterrains de l'observatoire de Paris.		78 507

NOMS des AUTEURS.	ANNÉES.	INDICATION DES MATIÈRES.	Histoire. Pages.	Mémoires. Pages.
	1787	Rien de spécialement relatif.		
LALANDE....	1788	Mémoire sur l'état moyen des eaux de la Seine à Paris.		244
LAVOISIER ...	1789	Observations sur les couches modernes horizontales qui ont été déposées par la mer, et sur les conséquences qu'on peut tirer de leurs dispositions relativement à l'ancienneté du globe. .		351
SAGE........		Analyse du bois fossile		538
SAGE.......	1789	Examen compassé de l'intensité du feu produit par la combustion de mesures égales de bois de chêne, de charbon de ce même bois, de charbon de tourbe et de charbon de terre.		548
LAPLACE.....		Mémoire sur le flux et le reflux de la mer. . .		45
DESFONTAINES.	1790	Mémoire sur le chêne *ballotte*, ou à glands doux, du mont Atlas en Afrique.		394
DAUBENTON . .	1790	Observations sur l'organisation et l'accroissement du bois		657
C. A. COULOMB.	*Idem.*	Mémoire sur les frottemens de la pointe des pivots. L'auteur avoit donné, dans le dixième volume des savans étrangers, la théorie des frottemens des pivots et des chappes. Des expériences plus nombreuses lui ont donné des résultats curieux et utiles; entre autres, que le frottement est indépendant des vîtesses, et qu'il est comme une fonction de la pression; que les chappes ont souvent trois à quatre fois plus de frottement qu'un plan bien poli, et de la même matière. On y trouve le détail des expériences.		448
LAVOISIER ...	*Idem.*	Mémoire sur la transpiration des animaux. . . . La perte du poids qu'éprouve un homme ordinaire est de 2 liv. 13 onc., dont 15 onc. par la respiration, et le reste par la transpiration cutanée. Les expériences de ce mémoire, aussi nombreuses que difficiles, doivent bien faire regretter la perte de l'auteur célèbre qui devoit continuer ces utiles recherches, ainsi que beaucoup d'autres. *Voyez* son éloge prononcé au Lycée par M. Fourcroy, et celui que M. Lalande a donné dans le Magasin Encyclopédique, tome V.		601

MÉCANIQUE

APPLIQUÉE AUX ARTS ET AUX MACHINES.

TOME PREMIER,

Depuis 1666 jusqu'en 1686.

NOMS des AUTEURS.	ANNÉES.	INDICATION DES MATIÈRES.	Histoire. Pages.	Mémoires. Pages.
NIQUET. . . . . COUPLET.	1668	Sur la force de l'homme , etc. , et sur les roues pour les charois.	70	
BLONDEL.. . . .	1671	Sur la résistance des corps solides.	141	
MARIOTTE.. . .	1674	Sur la loi des mouvemens.	182	
LAHIRE.	1685	Sur la conduite et la pente des eaux.	442	
		TOME II, *Depuis 1686 jusqu'en 1699.*		
CUSSET..	1687	Machine à puiser l'eau.	33	
VARIGNON.. . .	1691	Sur une machine dans laquelle il ne peut y avoir d'équilibre.	123	
DESCARTES. . . VARIGNON.. . .	1693	Sur la force du coin.	189	
AMONTONS . . .	1699	Sur les frottemens dans les machines. . . . . . Moyen de substituer l'action du feu à la force des hommes et des chevaux pour mouvoir les machines.	104	112
COUPLET.		Description du niveau de M. Couplet.		127
LAHIRE.	1699	Examen de la force de l'homme , comparée à celle des animaux..		153
BILLETTES.. . .		Deux manières de roues à puiser l'eau.		184
AMONTONS.. . .	1699	De la résistance dans les machines , causée tant par le frottement des parties qui les composent que par la roideur des cordes qu'on y emploie , et la manière de calculer l'une et l'autre.		206

NOMS des AUTEURS.	ANNÉES.	INDICATION DES MATIÈRES.	Histoire. Pages.	Mémoires. Pages.
AMONTONS. . .	1699	Table de la résistance causée dans les machines par la roideur des cordes qu'on y emploie, de quelque grosseur qu'elles soient, depuis une ligne jusqu'à 30 lignes de diamètre, et de quelque poids qu'elles soient chargées, depuis une livre jusqu'à cent mille, pourvu que ces cordes passent autour de poulies qui aient au moins 18 lignes de diamètre au-dessus, et qu'il y ait toujours une partie de la corde qui se redresse, pendant que l'autre se courbe. .		223
	1700	Rien de spécialement relatif.		
PARENT.	1701	Sur la position de l'axe des machines à vent, à l'égard du vent	130	
VARIGNON. . . .	1702	De la résistance des solides en général.		66
LAHIRE.	Idem.	Remarques sur la forme de quelques arcs dont on se sert en architecture.		94
LAHIRE.	Idem.	Examen de la force nécessaire pour mouvoir les bateaux, tant dans l'eau dormante que courante, soit avec une corde, soit avec des rames, ou par le moyen de quelques machines. . . .		254
LAHIRE.	1703	Moyen de faire monter un vaisseau sur la cale à Toulon, sans se servir de machine.		299
SAUVEUR. . . .	Idem.	Du frottement d'une corde autour d'un point fixe.		305
BOURGEOIS. . .	1704	Digue avec ses portes.	124	
BERNOUILLY. .	Idem.	Sur le centre d'oscillation.	89	
PARENT.	Idem.	Statique avec frottement ou sans frottement, ou règles pour calculer les frottemens des machines dans l'état d'équilibre. 2e *Mémoire*. . . .		173
LAHIRE.	Idem.	Niveau, description et son usage.		251
PARENT.	Idem.	Sur la plus grande perfection possible des machines dont un fluide est la force mouvante. *Second mémoire*. Trouver la force avec laquelle il faut pousser un coin pour séparer un corps ou directement, ou sur un point fixe, ou sur deux. . . . '		323 186
BERNOUILLY. .	1705	Sur la résistance des solides, et sur la courbure des ressorts pliés	130	
CARRÉ.	Idem.	Sur les proportions nécessaires au diamètre des tuyaux pour donner une quantité d'eau déterminée.	135	
Idem.	1706	Des lois du mouvement.		442
PARENT.	1707	Des résistances des tuyaux cylindriques pour des décharges d'eau et des diamètres donnés. . .		105
		Expériences pour connoître la résistance du bois de chêne et de sapin.		512

NOMS des AUTEURS.	ANNÉES.	INDICATION DES MATIÈRES.	Histoire. Pages.	Mémoires. Pages.
LAHIRE	1707	Machine pour retenir la roue qui sert à élever le mouton pour battre les pilotis dans la construction des ponts.		188
		Nouvelle construction de pertuis.		549
VARIGNON . . .	1708	Sur la résistance des milieux au mouvement. .	123	
PARENT.	Idem.	Sur la résistance des poutres par rapport à leur longueur ou portée, et à leur diminution et situation, et des poutres de plus grande longueur, indépendamment de tout système physique. .		17
VARIGNON . . .	1709	Sur la résistance des milieux au mouvement. .	97	
	1710	Rien de spécialement relatif.		
RÉAUMUR. . . .	1711	Sur la force des cordes.	82	
		Expériences pour connoître si la force des cordes surpasse la somme des forces des fils qui composent ces mêmes cordes.		6
LAHIRE	1712	Sur la poussée des voûtes.	74	
		Sur la construction des voûtes dans les édifices.		69
DESCAMUS. . . .	1713	Machine pour battre les pilotis.	76	
D'HERMAND. . .	Idem.	Ponts flottans de trois façons.	77	
	1714	Rien de spécialement relatif.		
	1715	Idem.		
LAHIRE	1716	Mémoire pour la construction d'une pompe qui fournit constamment de l'eau dans le réservoir		322
		Addition qu'il convient de faire aux croisées, pour empêcher, quoique fermées, que l'eau de pluie n'entre.		326
LELARGE.	1617	Différentes manières de paver les chemins. . .	85	
LAFAYE.	Idem.	Machines pour élever les eaux.		67
DALESME.	Idem.	Crics nouveaux		301
	1718	Rien de spécialement relatif.		
SÉNÈS.	1719	Toisé des voûtes en cul de four ou en dôme, et les voûtes en arcs de cloître et d'arête. . . .		363
DERESSARS. . .	1720	Sur l'épreuve de la poudre à canon.	112	
LOUVILLE. . . .	1721	Sur la force des corps en mouvement.	81	

NOMS des AUTEURS.	ANNÉES.	INDICATION DES MATIÈRES.	Histoire. Pages.	Mémoires Pages.
SAULMON. . . .	1721	Sur le choc des corps à ressorts.	86	
DEMAIRANT. . .	1722	Sur la réflexion des corps.	109	
SÉNÈS.	Idem.	Toise des voûtes.		356
SAULMON. . . .	1723	Sur le choc des corps à ressorts. *Seconde partie.*	101	
RÉAUMUR. . . .	1724	Moyens de conserver les essieux des roues dans toute leur force, en leur donnant des espèces d'emboîtures.		360
DUFAY.	1725	Sur une pompe à éteindre les incendies.	78	
PITOT.	Idem.	Sur les machines mues par l'eau.	80	
Idem.	Idem.	Description d'une pompe qui peut servir utilement dans les incendies.		35
RÉAUMUR. . . .	Idem.	Principes de l'art de faire le fer blanc.		102
COUPLET.	1726	Sur la force des revêtemens qu'il faut donner aux levées de terre, digues, chaussées, remparts, etc.	58	
DEMOLIÈRES. .	Idem.	Sur le choc des corps à ressorts.	53	
PITOT.	Idem.	Sur la force des cintres.	65	
COUPLET.	Idem.	De la poussée des terres contre les revêtemens, et la force des revêtemens qu'on doit leur opposer.		106
PITOT.	Idem.	Examen de la force qu'il faut donner aux cintres dans la construction des grandes arches ou voûtes des ponts		216
COUPLET.	1727	Sur la force des revêtemens qu'il faut donner aux levées de terre, digues, chaussées, etc. . . .	132	
		De la poussée des terres contre leurs revêtemens, et de la force des revêtemens que l'on doit opposer. *Seconde partie*, où l'on examine la poussée des terres contre des revêtemens dont les surfaces sont graveleuses et inégales, et où l'on détermine les épaisseurs que les revêtemens doivent avoir pour leur résister.		139
PITOT.	Idem.	Règles ou lois générales des impulsions obliques des fluides contre une surface plane.		49
COUPLET.	1728	Sur les contreforts des revêtemens.	103	
		Troisième partie, ou suite des deux mémoires sur la poussée des terres et la résistance des revêtemens, le premier en 1726, et le second en 1727		113

NOMS des AUTEURS.	ANNÉES.	INDICATION DES MATIERES.	Histoire. Pages.	Mémoires Pages.
COUPLET	1729	Sur les voûtes.	75	
PITOT.	Idem.	Sur les machines à remonter les bateaux.	81	
COUPLET.	Idem.	Mémoire sur la poussée des voûtes.		79
PITOT.	Idem.	Remarques sur les aubes à palettes des moulins et autres machines mues par le courant des rivières.		253
		Comparaison entre quelques machines mues par le courant des fluides où l'on donne une méthode simple de comparer l'effet de celles dont l'arbre qui porte les ailes ou aubes est perpendiculaire au courant de l'eau, à l'effet de celles dont l'arbre est parallèle au courant.		385
COUPLET.	1730	Sur les voûtes	107	
PITOT.	Idem.	Sur le mouvement des eaux.	110	
COUPLET..	Idem.	Seconde partie de l'examen de la poussée des voûtes		117
PITOT.	Idem.	Réflexions sur le mouvement des eaux		536
COUPLET.	1731	Sur les toits ou combles de charpente.	62	
GALLON..	Idem.	Projet pour lancer les vaisseaux à la mer.	90	
LEBRUN..	Idem.	Machine à élever l'eau par le moyen d'une chute d'eau, soit naturelle, soit artificielle.	91	
COUPLET.. . . .	Idem.	Recherches sur la construction des combles de charpente		69
DELONVILLE. .	1732	Sur la comparaison des forces de la pesanteur et de la percussion.	100	
PITOT.	Idem.	Sur une nouvelle machine pour mesurer la vitesse des eaux courantes.	103	
MARIOTTE. . . .	Idem.	Sur le mouvement et la dépense des eaux. . . .	107	
COUPLET.	Idem.	Recherches sur le mouvement des eaux.		113
PITOT.	Idem.	Description d'une machine pour mesurer la vitesse des eaux courantes, et le sillage des vaisseaux.		363
COUPLET.	1733	Réflexions sur le tirage des charettes et des traîneaux.		49
		Sur les charois, les traîneaux, et tirage des chevaux.	82	

NOMS des AUTEURS.	ANNÉES.	INDICATION DES MATIÈRES.	Histoire. Pages.	Mémoires Pages.
LACONDAMINE.	1734	Recherches sur le tour, 2e *mémoire*.		295
PITOT.	1735	Sur la dépense des eaux	70	
		Sur une nouvelle théorie des pompes.	72	
		Essai d'une théorie nouvelle de pompe.		327
		Observations sur la dépense et la distribution des eaux, avec des règles pour déterminer les mesures en pouces et en lignes.		244
Idem.	1736	Sur la vis d'Archimède	110	
		Théorie de la vis d'Archimède, avec le calcul de l'effet de cette machine.		173
Idem.	1737	Règles pour connoître l'effet qu'on doit espérer d'une machine.		209
Idem.	1738	Sur les confluens ou jonctions des rivières. . . .	101	
BUFFON.	*Idem*.	Moyen facile d'augmenter la solidité, la force et la durée des bois		169
LECAMUS.	1739	Sur les machines à élever l'eau.	49	
		De la meilleure manière d'employer le seau pour élever l'eau.		157
		Sur les meilleures proportions des pompes, et des parties qui les composent.		297
PITOT.	*Idem*.	Suite de l'essai d'une théorie nouvelle de pompe.		393
BUFFON.	1740	Expériences sur la force du bois, 2e *mémoire*..		453
PITOT.	*Idem*.	Suite de l'essai d'une théorie de pompe. . . .		511
FENEL.	1741	Sur le roidissement et le relâchement alternatif des cordes qui tirent un fardeau.	155	
GUÉTARD. . . .	*Idem*.	Sur les différentes matières dont on peut fabriquer du papier.	159	
PITOT.	*Idem*.	Extrait des observations et opérations qui ont été faites dans le bas Languedoc, pendant les mois de mai et juin 1740, relativement au desséchement de *trente mille arpens de marais*, et des projets de canaux de navigation, depuis Beaucaire jusqu'à Aigues-Mortes, et aux salines de Pecais.		265

NOMS des AUTEURS.	ANNÉES.	INDICATION DES MATIÈRES.	Histoire. Pages.	Mémoire. Pages.
MARTIN.	1742	Machine à battre des pilotis.	156	
BARTHÈS.	Idem.	Sur les soufflets de certaines forges produits par la chute de l'eau.	132	
DUHAMEL. . . .	Idem.	Réflexions et expériences sur la force des bois. .		335
LAVIER.	1743	Machine à faire remonter les bateaux et à briser la glace	167	
GEFFIER.	Idem.	Machine hydraulique pour faire remonter l'eau au moyen de soufflets	168	
	1744	Rien de spécialement relatif.		
	1745	Idem.		
	1746	Idem.		
DEPARCIEUX. .	1747	Sur la manière de tracer mécaniquement la courbure des ondes qui mènent les balanciers dans plusieurs machines	121	
DUHAMEL. . . .	Idem.	Diverses expériences sur la chaux.		59
DEPARCIEUX. .	Idem.	Mémoire sur la manière de tracer mécaniquement la courbure qu'on doit donner aux ondes dans les machines pour mouvoir des leviers ou balanciers, au lieu des ovales qu'on a substitués aux manivelles en plusieurs endroits.		243
Idem.	1748	Description d'une nouvelle construction de niveau.		313
COURTIVRON .	1749	Sur un nouveau principe général de mécanique.	177	
DEPARCIEUX. .	1750	Sur la conduite des eaux.	153	
DUHAMEL. . . .	Idem.	Expériences sur quelques effets de la poudre à canon		1
DEPARCIEUX. .	Idem.	Mémoire sur la conduite des eaux.		39
	1751	Rien de spécialement relatif.		
	1752	Idem.		
	1753	Idem.		

NOMS des AUTEURS.	ANNÉES.	INDICATION DES MATIÈRES.	Histoire. Pages.	Mémoires Pages.
DEPARCIEUX. .	1754	Mémoire dans lequel on démontre que l'eau d'une chute destinée à faire mouvoir quelques machines, moulins ou autres, peut toujours produire plus d'effet en agissant par son poids qu'en agissant par son choc, et que les roues à pots qui tournent lentement produisent plus d'effet que celles qui tournent vite, relativement aux chutes et aux dépenses.		6o3
		Mémoire sur une expérience qui montre qu'à dépense égale, plus une roue à augets tourne lentement, plus elle fait d'effet.		671
MONTALEMBER.	1755	Mémoire sur la rotation des boulets dans les pièces de canon.		463
HELLOT.	1756	Sur l'exploitation des mines.		134
	1757	Rien de spécialement relatif.		
	1758	*Idem.*		
DEPARCIEUX. .	1759	Mémoire dans lequel on prouve que les aubes des roues mues par les courans des grandes rivières feroient beaucoup plus d'effet si elles étoient inclinées aux rayons, qu'elles ne font étant appliquées contre les rayons mêmes, comme elles le sont aux moulins pendans et aux moulins sur bateaux qui sont sur les rivières de Seine, de Marne, de Loire, etc. .		288
Idem.	1760	Mémoire sur le tirage des chevaux.		263
Idem.	1761	Rien de bien intéressant.		
Idem.	1762	Sur la possibilité d'amener à Paris 1200 pouces d'eau.	147	
		Description d'un nouveau piston par le moyen duquel les frottemens sont considérablement diminués, et les cuirs rendus d'autant plus durables..		1
		Mémoire sur la possibilité d'amener à Paris 1000 à 1200 pouces d'eau, à la même hauteur à laquelle y arrivent celles d'Arcueil.		337
VAUCANSON.. .	1763	Description d'une grue nouvelle destinée à peser et à charger en même temps de gros fardeaux de la rivière sur les ports et des ports sur la rivière.		3a6
BORDA.	*Idem.*	Expériences sur la résistance des fluides. . . .		358

NOMS des AUTEURS	ANNÉES.	INDICATION DES MATIÈRES.	Histoire. Pages.	Mémoire. Pages.
	1764	Rien de spécialement relatif.		
	1765	*Idem.*		
	1766	*Idem.*		
TILLET.	1767	Essai sur le rapport des poids étrangers avec le marc de France.		350
BORDA.	1768	Mémoire sur les pompes.		418
PERRONET. . . .	*Idem.*	Mémoire sur l'éboulement qui arrive quelquefois à des portions de montagnes et autres terrains élevés, et sur les moyens de prévenir ces éboulemens et de s'en garantir dans plusieurs circonstances.		233
BORDA.	1769	Sur la courbe décrite par les boulets et les bombes, en ayant égard à la résistance de l'air. .		247
BOSSUT·	*Idem.*	Détermination générale de l'effet des roues mues par le choc de l'eau.		477
	1770	Rien de spécialement relatif.		
LAVOISIER . . .	1771	Calcul et observations sur le projet d'établissement d'une pompe à feu pour fournir l'eau à la ville de Paris.		17
DESMARETS. . .	*Idem.*	Premier mémoire sur les principales manipulations qui sont en usage dans les papeteries de Hollande, avec l'explication physique des résultats des manipulations		335
LACONDAMINE.	1772	Remarques sur la toise-étalon du châtelet de Paris, et sur les diverses toises employées aux mesures des degrés terrestres, et à celle du pendule à seconde.		482
PERRONET. . . .	1773	Mémoire sur le cintrement et le décintrement des ponts, et sur les différens mouvemens que prennent les voûtes pendant leur construction. . .		33
BOSSUT.	1774	Recherches sur l'équilibre des voûtes.		534
DESMARETS. . .		Second mémoire sur la papeterie, dans lequel, en continuant d'exposer la méthode hollandaise, on traite de la nature et des qualités des pâtes hollandaise et française, de la manière dont elles se comportent.		599
PERRONET. . . .	1775	Mémoire sur les moyens de conduire à Paris une partie de l'eau de l'Yvette et de la Bièvre. . .		21

NOMS des AUTEURS.	ANNÉES.	INDICATION DES MATIÈRES.	Histoire. Pages.	Mémoires. Pages.
BOSSUT.	1776	Nouvelles recherches sur l'équilibre des voûtes en dôme.		587
PERRONET. . . .	1777	Mémoire sur la réduction de l'épaisseur des piles		853
LEMONNIER. . .	1778	Construction de la boussole dont on a commencé à se servir en août 1777		66
	1779	Rien de spécialement relatif.		
	1780	*Idem.*		
COULOMB. . . .	1781	Observations théoriques et expérimentales sur l'effet des moulins à vent, et sur la figure de leurs ailes		65
FOUCHY.	*Idem.*	Mémoire sur une nouvelle construction de niveau absolument exempt de vérification. . . .		82
	1782	Rien de spécialement relatif.		
	1783	*Idem.*		
	1784	*Idem.*		
COULOMB. . . .	1785	Description d'une boussole		560
	1786	Rien de spécialement relatif.		
	1787	*Idem.*		
BRISSON.	1788	Essai sur l'uniformité des mesures tant linéaires que de capacité et de poids.		22
		Et sur une nouvelle manière de construire les toises destinées à servir d'étalon.		*Idem.*
BORDA. . . . . CONDORCET. . . LAPLACE. . . . LAGRANGE. . . MONGE	*Idem.*	Rapport fait à l'Académie sur le choix d'une unité de mesures.	7	
LAGRANGE. . . BORDA. . . . . MONGE.	1789	Rapport fait à l'Académie des Sciences, sur le système général des poids et mesures.	1	
COULOMB. . . .	1790	Mémoire sur les frottemens de la pointe des pivots		448

HYDRAULIQUE.

TOME PREMIER,

Depuis 1666 jusqu'en 1686.

NOMS des AUTEURS.	ANNÉES.	INDICATION DES MATIÈRES.	Histoire. Pages.	Mémoires Pages.
HUYGHENS . . .	1668	Propriété du mouvement de l'eau	73	
LAHIRE.	1685	Sur les conduites et la pente des eaux.	442	
		TOME II, *Depuis 1686 jusqu'en 1699.*		
LAHIRE.	1693	Sur la quantité d'eau tombée à Paris pendant les quatre dernières années , et sur l'origine des rivières	164	
SEDILEAU	*Idem.*	De l'origine des rivières	166	
LAHIRE	1694	Origine des fontaines.	204	
VARIGNON . . .	1695	Que la vitesse des jets d'eau (par exemple) à leur sortie est toujours comme les racines des hauteurs de l'eau pardessus l'ouverture qui lui permet d'échapper.	260	
BILLETTES . . .	1699	Description d'une nouvelle manière de portes d'écluse qu'on a employées pour la navigation de la Seine.		63
AMONTONS . . .	*Idem.*	Moyen de substituer l'action du feu à la force des hommes et des chevaux, pour mouvoir les machines.		112
	1700	Rien de spécialement relatif.		
LAHIRE.	1701	Remarques sur la mesure et la pesanteur de l'eau.		176

NOMS des AUTEURS.	ANNÉES.	INDICATION DES MATIÈRES.	Histoire. Pages.	Mémoires Pages.
LAHIRE.	1702	Examen de la force nécessaire pour faire remonter les bateaux tant dans l'eau dormante que courante, soit avec une corde qui y est attachée et que l'on tire, soit avec des rames ou par le moyen de quelque machine.		254
AMONTONS . . .	Idem.	Sur les soupapes dans les corps de pompe. . . .	95	
LAHIRE.	Idem.	Remarques sur l'eau de la pluie et sur l'origine des fontaines, avec quelques particularités sur la construction des citernes.		56
VARIGNON . . .	1703	Traité du mouvement des eaux ou d'autres liqueurs quelconques de pesanteurs spécifiques à discrétion, de leurs vîtesses, de leurs dépenses, par telles ouvertures on sections qu'on voudra ; de leurs hauteurs au dessus de ces ouvertures, des durées de leurs écoulemens, etc.		238
BOURGEOIS. . .	1704	Digue avec ses ports pour rendre la rivière de la Rue, près Condat, en Auvergne, capable de flotter des mâts de navire.	124	
PARENT	Idem.	Sur la plus grande perfection possible des machines, dont un fluide est la force mouvante. .		323
CARRÉ.	1705	Problème d'hydraustatique.		275
	1706	Rien de spécialement relatif.		
PARENT.	1707	Des résistances des tuyaux cylindriques pour des charges d'eau et des diamètres donnés. . . .		105
LAHIRE.	Idem.	Nouvelle construction des pertuis.		549
	1708	Rien de spécialement relatif.		
	1709	Idem.		
	1710	Idem.		
RÉAUMUR. . . .	1711	Expériences pour connoître si la force des cordes surpassent la somme des forces des fils qui composent ces mêmes cordes.		6
	1712	Aucun mémoire spécialement relatif.		
DESCAMUS.. . .	1713	Machine pour battre les pilots.	76	

NOMS des AUTEURS.	ANNÉES.	INDICATION DES MATIÈRES.	Histoire. Pages.	Mémoires Pages.
D'HERMAND...	1713	Ponts flottans de trois façons.	77	
PARENT	1714	Sur la plus grande perfection possible des machines mues par des animaux.	93	
	1715	Rien de spécialement relatif.		
LAHIRE.	1716	Mémoire pour la construction d'une pompe qui fournit constamment de l'eau dans le réservoir.		322
FAYE.	1717	Machine pour élever les eaux		67
	1718	Rien de spécialement relatif.		
	1719	*idem.*		
CASSINI	1720	Sur le flux et le reflux de la mer.	1	
	1721	Rien de spécialement relatif.		
	1722..	1723 et 1724, *Idem.*		
DESLANDES. . .	1728	Observations sur une espèce de ver singulière qui s'attache aux vaisseaux, extraites de lettres écrites de Brest à M. de Réaumur.		401
PITOT	1725	Nouvelle méthode pour connoître et déterminer l'effort de toutes sortes de machines mues par un courant ou une chute d'eau ; où l'on déduit de la loi des mécaniques des formules générales, par le moyen desquelles on peut faire les calculs de l'effet de toutes les machines. .		78
MEY et MEYER.	1726	Une machine pour élever l'eau, en usage en Angleterre, principalement pour épuiser l'eau des mines, et exécutée à Passy, près Paris, par MM. Mey et Meyer, Anglais . :		71
DUBOIS, *ingénieur des ponts et chaus.*	1727	Pont de bateaux de Rouen	142	
PITOT..	1729	Sur les machines à remonter les bateaux. . . .	81	
Idem.	*Idem.*	Remarques sur les aubes à palettes des moulins et autres machines mues par le courant des rivières.		253
Idem.	*Idem.*	Comparaison entre quelques machines mues par le courant des fluides, où l'on donne une méthode simple de comparer l'effet de celle dont l'arbre qui porte les ailes, ou aubes, est perpendiculaire au courant de l'eau à l'effet de celles dont l'arbre est parallèle au courant. . .		385

NOMS des AUTEURS.	ANNÉES.	INDICATION DES MATIÈRES.	Histoire. Pages.	Mémoires Pages.
PITOT	1730	Réflexions sur le mouvement des eaux.		536
	1731	Rien de spécialement relatif.		
Idem.	1732	Sur une nouvelle machine pour mesurer la vitessse des eaux courantes.	103	
Idem.		Description de la même machine		363
	1733	Rien de spécialement relatif.		
	1734	Idem.		
Idem.	1735	Observations sur la dépense et la distribution des eaux, avec des règles pour déterminer les mesures en pouces et lignes. . . , ...		244
Idem.	1736	Théorie de la vis d'Archimède , avec le calcul de l'effet de cette machine		173
Idem.	1737	Règles pour connoître l'effet qu'on doit espérer d'une machine.		269
Idem.	1738	Remarques sur la jonction ou confluent des rivières.	,	299
LECAMUS	1739	De la meilleure manière d'employer le seau pour élever l'eau.		157
PITOT	Idem.	Suite de l'essai d'une théorie nouvelle de pompe.		393
LECAMUS	Idem.	Sur la meilleure proportion des pompes et des parties qui les composent.		297
PITOT	1740	Suite de l'essai d'une théorie de pompe. . . .		511
Idem. . . , ...	1741	Extrait des observations et opérations qui ont été faites dans le bas Languedoc, pendant les mois de mai et de juin 1740, relativement au desséchement des marais entre Beaucaire et Aigues-Mortes.		265
BARTHÉS.	1742	Sur les soufflets de certaines forges , produits par la chute de l'eau.	,	132
GEFFIER.	1743	Machine hydraulique pour faire remonter l'eau au moyen des soufflets.		168

NOMS des AUTEURS.	ANNÉES.	INDICATION DES MATIÈRES.	Histoire. Pages.	Mémoires Pages.
	1744	Rien de spécialement relatif.		
	1745	*Idem.*		
	1746	*Idem.*		
	1747	*Idem.*		
DE PARCIEUX. .	1748	Sur une nouvelle construction de niveau, et sa description..	116	313
	1749	Rien de bien intéressant.		
Idem.	1750	Sur la conduite des eaux.	153	39
	1751	Rien de spécialement relatif.		
	1752	*Idem.*		
	1753	*Idem.*		
Idem.	1754	Mémoire dans lequel on démontre que l'eau d'une chute destinée à faire mouvoir quelques machines, moulins ou autres, peut toujours produire plus d'effet en agissant par son poids qu'en agissant par son choc, et que les roues à pots, qui tournent lentement, produisent plus d'effet que celles qui tournent vite, relativement aux chutes et aux dépenses.		603
		Mémoire sur une expérience qui montre qu'à dépense égale, plus une roue à augets tourne lentement, plus elle fait d'effet.		673
	1755	Rien de spécialement relatif.		
	1756	*Idem.*		
	1757	*Idem.*		
	1758	*Idem.*		
Idem.	1759	Mémoire dans lequel on prouve que les aubes des roues, mues par les courans des grandes rivières, feroient beaucoup plus d'effet si elles étoient inclinées aux rayons, qu'elles ne font étant appliquées contre les rayons mêmes, comme elles le sont aux moulins pendans et aux moulins sur bateaux qui sont sur les rivières de Seine, de Marne, de Loire, etc.		288
	1760	Rien de spécialement relatif.		
	1761	*Idem.*		

NOMS des AUTEURS.	ANNÉES.	INDICATION DES MATIÈRES.	Histoire. Pages.	Mémoires Pages.
DEPARCIEUX..	1762	Mémoire sur la possibilité d'amener à Paris mille à douze cents pouces d'eau à la même hauteur à laquelle y arrivent celles d'Arcueil.		337
	1763	Rien de spécialement relatif.		
Idem.	1764	Mémoire sur les inondations des eaux de la Seine à Paris.		457
	1765	Rien de spécialement relatif.		
PERRONET....	1766	Mémoire sur les différentes méthodes qui ont été employées pour fonder les ouvrages de maçonnerie dans l'eau, et principalement sur celles qui tendent à supprimer les batardeaux et épuisemens de la construction des ponts.		139
DEPARCIEUX...	*Idem.*	Second mémoire sur le projet d'amener à Paris la rivière d'Yvette.		149
Idem.	1767	Troisième mémoire sur la rivière d'Yvette. . . .		
BORDA.	*Idem.*	Mémoires sur les roues hydrauliques.		270
Idem.	*Idem.*	Expériences sur la résistance des fluides. . . .		495
Idem.	1768	Mémoire sur les pompes.		418
BOSSUT..	1769	Détermination générale de l'effet des roues mues par le choc de l'eau		477
	1770	Rien de spécialement relatif.		
LAVOISIER . . .	1771	Calcul et observations sur le projet d'établissement d'une pompe à feu pour fournir l'eau à la ville de Paris.		17
	1772	Rien de spécialement relatif.		
PERRONET....	1773	Mémoire sur le cintrement et le décintrement des ponts , et sur les différens mouvemens que prennent les voûtes pendant leur construction..		33
	1774	Rien de spécialement relatif.		
Idem.	1775	Mémoire sur les moyens de conduire à Paris une partie de l'eau de l'Yvette et de la Bièvre. . .		21
	1776	Rien de spécialement relatif.		

NOMS des AUTEURS.	ANNÉES.	INDICATION DES MATIÈRES.	Histoire. Pages.	Mémoires. Pages.
PERRONET....	1777	Mémoire sur la réduction de l'épaisseur des piles dans la construction des ponts.		553
BOSSUT......	1778	Nouvelles expériences sur la résistance des fluides.		353
	1779	Rien de spécialement relatif.		
	1780	*Idem.*		
DE FOUCHY...	1781	Mémoire sur une nouvelle construction de niveau absolument exempt de vérification.		82
	1782	Rien de spécialement relatif.		
	1783	*Idem.*		
	1784	*Idem.*		
BOSSUT..... CONDORCET... ROCHON..... FOURCROY...	1785	Rapport sur la navigation intérieure de la Bretagne.	111	
	1786	Rien de spécialement relatif.		
	1787	*Idem.*		
LALANDE....	1788	Mémoire sur l'état moyen des eaux de la Seine à Paris.		244
	1789	Rien de spécialement relatif.		
LAPLACE.....	1790	Mémoire sur le flux et le reflux de la mer. . . .		45
		Cette partie importante de la physique céleste n'avoit point été traitée avec la généralité nécessaire ; la théorie du mouvement des fluides n'étoit point connue lorsque Newton, Euler, Bernouilly, Marc-Laurin, s'en étoient occupés ; M. Laplace a repris la matière tout de nouveau, et il en a résulté un traité complet sur les marées, où les observations sont parfaitement d'accord avec la théorie.		

GÉOGRAPHIE,

Principalement sur la comparaison des mesures itinéraires anciennes avec les modernes, et sur l'uniformité des mesures, tant linéaires que de capacité.

NOMS des AUTEURS.	ANNÉES.	INDICATION DES MATIÈRES.	Histoire. Pages.	Mémoires Pages.
PICARD	1670	Mesure de la terre	124	tom. 1er.
CASSINI	1702	Comparaison des mesures itinéraires anciennes avec les modernes.		15
CASSINI fils . . .	Idem.	Sur les mesures de la terre faites par Suellius.	82	
DELILLE	1714	Sur les mesures graphiques des anciens.	80	
Idem	Idem.	Justification des mesures des anciens.		175
LAHIRE	Idem,	Comparaison du pied ancien des Romains avec celui du châtelet de Paris , avec quelques remarques sur d'autres mesures.		394
MAUPERTUIS. .	1736	Sur la figure de la terre.		302
BUACHE	1743	Projets de cartes de la France	154	
CASSINI de Thury .	1745	Sur la description géométrique de la France. .	73	
Idem	1748	Sur la comparaison des mesures de Suellius à celles qui ont été faites en France.	109	
BUACHE	1752	Essai de géographie physique, où l'on propose des vues générales sur l'espèce de charpente du globe, composée des chaînes de montagnes qui traversent les mers comme les terres , avec quelques considérations particulières sur les différens bassins de la mer , et sur sa configuration intérieure.		399
Idem	1753	Parallèle des fleuves des quatre parties du monde , pour servir à déterminer les hauteurs des montagnes du globe physique de la terre, qui s'exécute en relief au Luxembourg		586
Idem	1754	Sur une nouvelle disposition de mappemonde. .	121	

NOMS des AUTEURS.	ANNÉES.	INDICATION DES MATIÈRES.	Histoire. Pages.	Mémoires. Pages.
LACAILLE. . . .	1755	Sur la précision des mesures géodésiques faites en 1740, pour déterminer la distance de Paris à Amiens, à l'occasion d'un mémoire de M. Euler, inséré dans le neuvième tome de l'Académie de Berlin	53	
BUACHE	1757	Observations géographiques et physiques, où l'on donne une idée de l'existence des terres antarctiques et de leur mer glaciale, avec quelques remarques sur un globe physique en relief de 9 pieds de diamètre.		190
BUACHE	1761	Sur la construction de l'ancienne carte itinéraire connue sous le nom de *Peutinger*.		141
TILLET	1767	Essai sur le rapport des poids étrangers avec le marc de France.		350
BUACHE	Idem.	Exposé de divers objets de la géographie physique concernant les bassins terrestres des fleuves et rivières qui arrosent la France, et en particulier celui de la Seine.		50¼
LACONDAMINE.	1772	Remarques sur la toise-étalon du châtelet de Paris, et sur les diverses toises employées aux mesures des degrés terrestres, et à celle du pendule à secondes.		482
CONDORCET . . TILLET. . . . . . BOSSUT . . . . . DESMARETS. . . DUSÉJOUR. . . .	1782	Rapport sur un projet pour la réformation du cadastre de la haute Guyenne, présenté à l'assemblée de cette province, et sur lequel les chefs de cette assemblée ont demandé l'avis de l'Académie.		620
BUACHE	1787	Mémoire sur la géographie de Ptolomée, et particulièrement sur la description de l'intérieur de l'Afrique		119
BRISSON	1788	Essai sur l'uniformité des mesures, tant linéaires que de capacité et de poids.		722
Idem.	Idem.	Et sur une nouvelle manière de construire les toises destinées à servir d'étalon.		Idem.
LAGRANGE. . . BORDA. . . . . . LAPLACE. . . . . CONDORCET . . MONGE.	Idem.	Rapport fait à l'Académie des Sciences, sur le choix d'une unité de mesure.	7	
LAGRANGE. . . BORDA. . . . . . MONGE.	1789	Rapport fait à l'Académie des Sciences, sur le système général des poids et mesures.	1	

MATHÉMATIQUES.

EXTRAITS tirés de l'Histoire et des Mémoires de l'Académie des Sciences de Paris, depuis son établissement en 1666 jusqu'en 1790.

TOME PREMIER,

Depuis 1666 jusqu'en 1686.

NOMS des AUTEURS.	ANNÉES.	INDICATION DES MATIÈRES.	Histoire. Pages.	Mémoires. Pages.
	1668	Indication du traité d'Archimède , *de œquiponderantibus.*	63	
MARIOTTE . . .	1669	Principes de l'hydrostatique	104	
BLONDEL.. . . .	1671	Ce qu'on appelle , en mécanique , la résistance des corps solides , est une espèce de science toute nouvelle dont Galilée a été l'inventeur , aussi bien que celle des vibrations et du système de la chute des corps pesans	141	
MARIOTTE.. . .	1674	Recherches de ce qui regarde les mouvemens. . .	182	
Idem.	1675	Sur le choc des corps..	199	
BLONDEL.. . . .	1678	Sur le jet des bombes.	253	
ROEMER.	*Idem.*	Règle pour juger de la bonté de toutes les machines qui servent à élever l'eau par le moyen d'un cheval.	260	
LAHIRE., , . . .	1681	Indication du grand ouvrage sur les sections coniques..	329	
Idem.	1683	Proposition de géométrie élémentaire.	375	
Idem. . . . . . . r	1684	Second mémoire sur la construction des équations.	407	

NOMS des AUTEURS.	ANNÉES.	INDICATION DES MATIÈRES.	Histoire. Pages.	Mémoires. Pages.
LAHIRE. . . . . CASSINI	1685	Sur la conduite et la pente des eaux.	442	
TSCHIRNAUSEN.	1648	Sur une nouvelle courbe.	54	
LAHIRE.	Idem.	Examen de la courbe formée par les rayons réfléchis dans le cercle. *Voyez Mémoires*, t. X, page 448.	54	
PICARD	1689	Traité des poids et mesures, avec quelques observations sur cette matière.	69	
VARIGNON . . .	1692	Démonstration de l'opinion de Galilée touchant les espaces que parcourent les corps qui tombent.	155	
Idem.	1693	Sur la force du coin.	189	
Idem.	1694	Sur la longueur de la spirale d'Archimède. . .	218	
Idem.	1695	Démonstrations du principe du mouvement des eaux ; que la vitesse des jets d'eau, par exemple, à leur sortie, est toujours comme les racines des hauteurs de l'eau, par-dessus l'ouverture qui lui permet d'échapper.	260	
LAGNY.	1696	Méthode pour résoudre en nombres entiers les problèmes indéterminés sans les simples, doubles, triples, etc.	285	
		TOME III.		
VARIGNON. . . .	1699	Méthode pour trouver des courbes le long desquelles un corps tombant s'approche ou s'éloigne de l'horison, en telle raison des temps qu'on voudra, et dans quelque hypothèse de vitesse que ce soit.	68	1
		Rapport général des forces qu'il faut employer dans l'usage de la vis.		91
L'HOPITAL. . . .	Idem.	Méthode facile pour trouver un solide rond qui, étant mu dans un fluide en repos parallèlement à son axe, rencontre moins de résistance que tout autre solide qui, ayant même longueur et largeur, se meuve avec la même vitesse, suivant la même direction.		107

NOMS des AUTEURS.	ANNÉES.	INDICATION DES MATIÈRES.	Histoire. Pages.	Mémoires. Pages.
BERNOUILLY. .	1699	Quadrature d'une infinité de segmens, de secteurs et d'autres espaces de la roulette ou de la cycloïde vulgaire.	66	134
VARIGNON. . . .	Idem.	Méthodes communes aux équations des second et troisième degrés, pour en avoir la solution par une simple transformation de leur premier terme, faite à l'ordinaire	70	142
L'HOPITAL. . . .	1700	Solution d'un problème physico-mathématique.		
VARIGNON . . .	Idem.	Manière générale de déterminer les forces, les vitesses, les espaces et les temps, une seule de ces quatre choses étant donnée dans toutes sortes de mouvemens rectifiques variés à discrétion.		22
LAHIRE	Idem.	Problème : Les trois côtés d'un triangle rectiligne étant donnés, trouver la superficie ou l'aire.		74
VARIGNON . . .	Idem.	Du mouvement en général pour toutes sortes de courbes, et des forces centrales, tant centrifuges que centripètes, nécessaires aux corps qui les décrivent.	78	83
		Des forces centrales ou des pesanteurs nécessaires aux planètes pour faire décrire les orbes qu'on leur a supposés jusqu'ici.		224
Idem. . . . . , . . .	1701	Autre règle générale des forces centrales, avec une manière d'en déduire et d'en trouver une infinité d'autres à la fois, dépendamment et indépendamment des rayons osculateurs qu'on va trouver aussi d'une manière générale. . . .	80	20
CARRÉ.	Idem.	Méthode pour la rectification des lignes courbes par les tangentes.	83	159
		Rectification de la cycloïde		163
		Solution du problème proposé aux géomètres dans les mémoires de Trévoux, en septembre et octobre 1701		268
TSCHIRNAUSEN.	Idem.	Essai d'une méthode pour trouver les rayons des développés des tangentes, les quadratures et les rectifications de plusieurs courbes, sans y supposer aucune grandeur infiniment petite. .		291
L'HOPITAL. . . .	Idem.	Sur la quadrature de la *Lunule* d'Hyppocrate de Chio.	79	

NOMS des AUTEURS.	ANNÉES.	INDICATION DES MATIÈRES.	Histoire. Pages.	Mémoires Pages.
TSCHIRNHAUS.	1702	Essai d'une méthode pour trouver les touchantes des courbes mécaniques sans supposer aucunes grandeurs indéfiniment petites.	53	1
LAHIRE	Idem.	Examen de la ligne courbe formée par un rayon de lumière qui traverse l'atmosphère.	54	52
PARENT.	Idem.	Sur la résistance des cylindres creux et solides .	120	
VARIGNON. . . .	Idem.	De la résistance des solides en général, pour tout ce qu'on peut faire d'hypothèses touchant la force ou la ténacité des fibres des corps à rompre, et en particulier pour les hypothèses de Galilée et de M. Mariotte.		66
ROLLE	Idem.	Seconde remarque sur les lignes géométriques.		174
LAHIRE	Idem.	Suite de l'examen de la ligne courbe que décrivent les rayons de lumière, en traversant l'atmosphère..		182
BERNOUILLY, professeur à Bâle.	Idem.	Section indéfinie des arcs circulaires en telle raison qu'on voudra, avec la manière d'en déduire les sinus.	58	281
BERNOUILLY, prof. à Groningue.	Idem.	Solution d'un problème concernant le calcul intégral, avec quelques abrégés par rapport à ce calcul.	61	289
LAHIRE.	Idem.	Remarques sur la forme de quelques arcs dont on se sert en architecture..	119	94
VARIGNON . . .	1703	Manière de trouver une infinité de portions de cercles toutes quarrables, moyennant la seule géométrie d'Euclyde.	63	21
AMONTONS . . .	Idem.	Sur les frottemens.	105	
BERNOUILLY, professeur à Bâle.	Idem.	Démonstration générale du centre de balancement et d'oscillation, tirée de la nature du levier. .		78
LEYBNITZ. . . .	Idem.	Explication de l'arithmétique binaire, qui se sert des seuls caractères 0 et 1 ; avec des remarques sur son utilité et sur ce qu'elles donnent le sens des anciennes figures chinoises de Fohy. .	58	85

NOMS des AUTEURS.	ANNÉES.	INDICATION DES MATIÈRES.	Histoire. Pages.	Mémoires. Pages.
ROLLE..	1703	Remarques sur les lignes géométriques . . . . ·		132
VARIGNON . . .	*Idem.*	Addition au premier mémoire de l'Académie, de l'année 1699, touchant la manière de trouver des courbes, le long desquelles un corps tombant s'approche ou s'éloigne de l'horison, ou d'un point donné quelconque, en telle raison des temps et dans telles hypothèses des vîtesses qu'on voudra.		140
Idem.	*Idem.*	Manière prompte et facile de trouver les touchantes de l'Ellypse de M. Cassini.		181
Idem.	*Idem.*	Des courbes décrites par le concours de tant de courbes qu'on voudra, placées à discrétion entre elles et par rapport aux plans de ces mêmes courbes. . . . . ·		212
SAUVEUR.. . . .	*Idem.*	Du frottement d'une corde autour d'un cylindre immobile.	105	305
GUISNÉE.	1744	Manière générale de déterminer géométriquement le foyer d'une lentille formée par deux courbes quelconques, de même ou de différente nature, telle que puisse être la raison de la réfraction, et de quelque manière que puissent tomber les rayons de lumière sur une des faces de cette lentille, c'est-à-dire, soit qu'ils y tombent divergens, parallèles ou convergens.	76	24
CARRÉ..	*Idem.*	Méthode pour la rectification des courbes. . . .	44	66
VARIGNON . . .	*Idem.*	Nouvelles formations de spirales beaucoup plus différentes entre elles que tout ce qu'on peut imaginer d'autres courbes quelconques à l'infini, avec les touchantes, les quadratures, les déroulemens et les longueurs de quelques-unes de ces spirales, qu'on donne seulement ici pour exemple de cette formation générale.	47	69
BERNOUILLY, professeur à Bâle.	*Idem.*	Démonstration du principe de M. Huygens touchant le centre de balancement et de l'identité de ce centre avec celui de percussion.	89	136
PARENT..	*Idem.*	Nouvelle statique avec frottemens ou sans frottemens, ou règles pour calculer les frottemens des machines dans l'état d'équilibre, *Premier mémoire*, qui contient tout ce qui se fait sur des plans inclinés	96	173

NOMS des AUTEURS.	ANNÉES.	INDICATION DES MATIÈRES.	Histoire. Pages.	Mémoires Pages.
PARENT......	1704	*Second mémoire.* Trouver la force avec laquell. il faut pousser un coin pour séparer un corps, ou directement, ou sur un point fixe, ou sur deux............................		186
		Troisième mémoire. Des poulies et de leurs tourillons.........................		206
LAHIRE......	Idem.	Description d'un lieu géométrique où sont les sommets des angles égaux formés par deux touchantes d'une cycloïde.............	46	209
		Construction générale des lieux où sont les sommets de tous les angles égaux, droits, aigus ou obtus, qui sont formés par les touchantes des sections coniques..............		220
VARIGNON....	Idem.	Manière de discerner les vitesses des corps mus en lignes courbes : de trouver la nature ou l'équation de quelque courbe que ce soit, engendrée par le concours de deux mouvemens connus ; et réciproquement de déterminer une infinité de vitesses propres deux à deux à engendrer ainsi telle courbe qu'on voudra, et même de telle vitesse qu'on voudra, suivant cette courbe....................	104	286
LAHIRE......	Idem.	Remarques sur les nombres carrés cubiques, carrés-carrés, carrés cubiques, et des autres degrés à l'infini...............	42	358
ROLLE.......	1705	De l'inverse des tangentes...........	89	25
LAHIRE......	Idem.	Nouvelles constructions et considérations sur les carrés magiques avec les démonstrations ...	69	127
BERNOUILLY, professeur à Bâle.	Idem.	De l'inverse des tangentes et de son usage....	89	171
		Véritable hypothèse de la résistance des solides avec la démonstration de la courbure des corps qui font ressort................	130	176
ROLLE.......	Idem.	Observations sur les tangentes..........		222
LAGNY.......	Idem.	Supplément de trigonométrie, contenant deux théorèmes généraux sur les tangentes et les sécantes des angles multiples..........	82	254
		Méthodes nouvelles pour former et résoudre toutes les équations..................		277

NOMS des AUTEURS.	ANNÉES.	INDICATION DES MATIÈRES.	Histoire. Pages.	Mémoires. Pages.
LAHIRE.	1705	Construction des carrés magiques dont la racine est un nombre pair.		364
VARIGNON. . . .	1706	Réflexions sur les espaces plus qu'infinis de M. Wallis.	47	13
GUISNÉE.	*Idem.*	Observations sur les méthodes *de maximis et minimis*, où l'on fait voir l'identité et la différence de celle de *l'analyse des infiniment petits*, avec celle de MM. Fermat et Hude. . .	51	24
VARIGNON. . . .	*Idem.*	Comparaison des forces centrales avec les pesanteurs absolues des corps mus de vitesse variées à discretion, le long de telles courbures qu'on voudra.	56	178
BERNOUILLY. .		Solution du problème proposé par Jacques Bernouilly dans les actes de Leipsick du mois de mai 1697, trouvée en deux manières par Jean Bernouilly son frère, et communiquée à M. Leibnitz, au mois de juin 1698 ; sur les isopérimètres.	68	235
ROLLE.	*Idem.*	Méthode pour trouver les foyers des lignes géométriques de tous les genres.		284
LAGNY.	*Idem.*	Sur une proportion de géométrie élémentaire . .		319
LAHIRE	*Idem.*	Traité des roulettes, où l'on démontre la manière universelle de trouver leurs touchantes, leurs points de recourbement ou d'inflexion et de réflexion, ou de rebroussement, leurs superficies et leurs longueurs par la géométrie ordinaire, avec une méthode générale de réduire toutes les lignes courbes aux roulettes, en déterminant leur génératrice ou leur base, l'une des deux étant donnée à volonté.	74	340
LAHIRE.		Méthode générale pour réduire toutes les lignes courbes à des roulettes, leur génératrice ou leur base étant donnée telle qu'on voudra ; et premièrement, la base étant donnée de position, il faut trouver la génératrice de la courbe comme étant une roulette.		379
		Des lois du mouvement.		442
VARIGNON. . . .	*Idem.*	Différentes manières générales de trouver les rayons osculateurs de toutes sortes de courbes, soit qu'on regarde ces courbes sous la forme de polygone, ou non.	90	490

NOMS des AUTEURS.	ANNÉES.	INDICATION DES MATIÈRES.	Histoire. Pages.	Mémoires. Pages.
VARIGNON....	1707	Incompatibilité géométrique de l'hypothèse du tournoiement de la terre sur son centre, avec celle de Galilée touchant la pesanteur.	55	12
CARRÉ..	Idem.	Démonstrations simples et faciles de quelques propriétés qui regardent les pendules, avec quelques nouvelles propriétés de la parabole.	58	49
NICOLE.	Idem.	Méthode générale pour déterminer la nature des courbes formées par le roulement de toutes sortes de courbes sur une autre courbe quelconque.	63	81
GUISNÉE.	Idem.	Théorie des projections, ou du jet des bombes, selon l'hypothèse de Galilée.	120	140
VARIGNON....	Idem.	Des mouvemens variés à volonté, comparés entre eux avec les uniformes.	131	223
LAHIRE	Idem.	Quadrature des superficies cylindriques sur des bases paraboliques, elliptiques et hyperboliques.	124	330
ROLLE..	Idem.	Recherches sur les courbes géométriques et mécaniques, où l'on propose quelques règles pour trouver les rayons de leurs développes.		370
VARIGNON....	Idem.	Des mouvemens faits dans des milieux qui leur résistent en raison quelconque.	139	382
BOMIE.	Idem.	Des forces centripètes et centrifuges, considérées en général dans toutes sortes de courbes, et en particulier dans le cercle.		477
LAHIRE.	1708	Des conchoïdes en général.	73	32
NICOLE.	Idem.	Méthode générale pour rectifier toutes les roulettes à bases droites et circulaires	80	86
VARIGNON....	Idem.	Des mouvemens primitivement variés dans des milieux qui leur résistent en raison des vitesses auxquelles ils s'opposent.	123	113
RÉAUMUR. . . .	Idem.	Manière générale de trouver une infinité de lignes courbes nouvelles, en faisant parcourir une ligne quelconque donnée par une des extrémités d'une ligne droite donnée aussi, et toujours placés sur un même point fixe.		197

NOMS des AUTEURS.	ANNÉES.	INDICATION DES MATIÈRES.	Histoire. Pages.	Mémoires. Pages.
VARIGNON . . .	1708	Démonstration de ce que M. Huygens s'est contenté d'énoncer, *à la fin de son discours de la cause de la pesanteur*, touchant le mouvement des corps graves, dans un milieu, qui leur résisteroit à chaque instant en raison de leur vîtesse	123	212
VARIGNON. . . .		Différentes manières de déterminer la courbe que décriroit un corps de pesanteur constante jeté, suivant quelque direction que ce fût, dans un milieu dont les résistances seraient en raison des vîtesses de ce corps.		250
LAHIRE.	*Idem.*	Méthode pour décrire de grands arcs de sections coniques sans avoir leur centre, ni la grandeur d'aucun diamètre.		289
VARIGNON. . . .	*Idem.*	Accord des solutions du mémoire du 18 juillet dernier, page 250, etc., avec celle de messieurs Newton et Huygens, touchant la ligne que décriroit un corps de pesanteur constante, jeté, suivant quelque direction que ce fût, dans un milieu dont les résistances seroient en raison des vîtesses de ce corps.		302
ROLLE.	*Idem.*	Éclaircissemens sur la construction des égalités.	72	339
VARIGNON. . . .	*Idem.*	Autre solution du problème déjà résolu dans le mémoire du 12 juillet dernier, page 251. . . .		419
SAURIN.	1709	Solutions et analyses de quelques problèmes appartenans aux nouvelles méthodes.	68	26
VARIGNON. . . .	*Idem.*	Courbe de projection décrite en l'air, dans l'hypothèse des résistances de ce milieu, en raison des vîtesses actuelles du mobile, nonobstant lesquelles résistances, les accélérations des chutes se fassent en raison des temps, ainsi que quelques philosophes disent l'avoir observé, et (par occasion) des projections faites dans un milieu sans résistance, avec des accélérations quelconques des chutes : desquelles projections on donne ici une règle générale d'où résulte la solution d'un problème de balistique proposé dans les mémoires de Trévoux du mois de janvier 1706, art. XI, page 167	97	69
PARENT.	*Idem.*	Problème géométrique		108
SAURIN.	*Idem.*	Examen d'une difficulté considérable proposé par M. Huygens, contre le système cartésien, sur la cause de la pesanteur.		131

NOMS des AUTEURS.	ANNÉES.	INDICATION DES MATIÈRES.	Histoire. — Pages.	Mémoires. — Pages.
RÉAUMUR....	1709	Méthode générale pour déterminer le point d'intersection de deux lignes droites infiniment proches qui rencontrent une courbe quelconque vers le même côté, sous des angles égaux, moindres ou plus grands qu'un droit ; et pour connoître la nature de la courbe décrite par une infinité de tels points d'intersection. . .	64	149
Idem........	Idem.	Des mouvemens primitivement variés dans des milieux résistans en raison des carrés des vitesses effectives de ces mouvemens.		193
Idem........	Idem.	Formules générales pour déterminer le point d'intersection de deux lignes droites infiniment proches, qui rencontrent une courbe quelconque vers le même côté sous des angles égaux. . . .		185
SAURIN......	Idem.	Solution générale du problème où, parmi une infinité de courbes semblables, décrites sur un plan vertical et ayant un même axe et un même point d'origine, il s'agit de déterminer celle dont l'arc, compris entre le point d'origine et une ligne donnée de position, est parcouru dans le plus court temps possible. . . .		257
VARIGNON....	Idem.	Des mouvemens primitivement variés dans des milieux, résistans en raison des carrés des vitesses effectives de ces mouvemens.		193
Idem........	Idem.	Des mouvemens commencés par des vitesses quelconques, et ensuite primitivement accélérés en raison des temps écoulés dans des milieux résistans en raison des carrés des vitesses effectives du mobile.		267
ROLLE.......	Idem.	Éclaircissemens sur la construction des égalités.	52	320
VARIGNON....	Idem.	Problème de statique.	109	351
LAHIRE......	1710	Remarques sur la construction des lieux géométriques et des équations.		7
VARIGNON....	Idem.	Des mouvemens primitivement retardés en raison des temps qui resteroient à écouler jusqu'à leur entière extinction dans le vide, faits dans des milieux résistans, en raison des carrés des vitesses effectives du mobile.	133	63
SAUVEUR.....	Idem.	Construction générale des carrés magiques. . .	80	91

NOMS des AUTEURS.	ANNÉES.	INDICATION DES MATIÈRES.	Histoire. — Pages.	Mémoires. — Pages.
VARIGNON....	1710	Usage d'une intégrale donnée par M. de l'Hôpital dans les Mémoires de 1700, page 13. avec la solution de quelques autres questions approchant de la sienne.	98	158
PARENT	*Idem.*	Des points de rupture des figures ; de la manière de les rappeler à leurs tangentes, d'en déduire celles qui sont partout d'une résistance égale, avec la méthode pour trouver tant de ces sortes de figures que l'on veut, et de faire en sorte que toute sorte de figure soit partout d'une égale résistance, on ait un ou plusieurs points de rupture. *Premier mémoire*, des figures retenues par un de leurs bouts, et tirées par telles et tant de puissances qu'on voudra.		177
LAHIRE.	*Idem.*	Méthode générale pour la division des arcs de cercle, ou des angles, en autant de parties égales qu'on voudra.		200
SAURIN.	*Idem.*	Addition à la solution générale du problème de la page 257 des mémoires de 1709, où, parmi une infinité de courbes semblables, décrites sur un plan vertical et ayant même axe et un même point d'origine, il s'agit de déterminer celle dont l'arc compris entre le point d'origine et une ligne de position, est parcourue dans le plus court temps possible.		208
VARIGNON....	*Idem.*	Des mouvemens primitivement variés dans des milieux résistans en raison des sommes faites des vîtesses effectives de ces mouvemens et des carrés de ces mêmes vîtesses.	133	243
Idem.	*Idem.*	Des mouvemens commencés par des vîtesses quelconques, et ensuite primitivement accélérés à raison des temps écoulés dans des milieux résistans en raison des solutions faites des vîtesses effectives du mobile et des carrés de ces mêmes vîtesses.	133	491
Idem.	*Idem.*	Des forces centrales inverses.	102	533
RÉAUMUR....	1711	Expériences pour connoître si la force des cordes surpasse la somme des forces des fils qui composent ces mêmes cordes.	82	6

NOMS des AUTEURS.	ANNÉES.	INDICATION DES MATIÈRES.	Histoire. ——— Pages.	Mémoires ——— Pages.
BERNOUILLY, professeur à Bâle.	1711	Extrait d'une lettre de Bernouilly, écrite de Bâle le 10 janvier 1711, touchant la manière de trouver les forces centrales dans des milieux résistans en raisons composées de leurs densités et des puissances quelconques des vîtesses du mobile.	84	47
VARIGNON.. . .	Idem.	Des mouvemens retardés en raison des temps qui resteroient à écouler jusqu'à leur entière extinction dans le vide, faits dans des milieux résistans en raison des sommes faites des vîtesses effectives de ces mêmes vîtesses.		248
Idem.	1712	Sur le rayon de la développée.	63	
Idem.	Idem.	Solution de deux problèmes de géométrie. . . .	54	15
LAHIRE.	Idem.	Sur la construction des voûtes dans les édifices. .	74	69
PARENT	Idem.	Quatrième mémoire de la nouvelle statique, avec frottemens ou sans frottemens : suite des mémoires de 1704. Calcul des puissances nécessaires pour vaincre les frottemens des essieux dans les machines, et les angles que leur direction doit faire, afin que ces frottemens soient les moindres qu'il se puisse.		96
VARIGNON . . .	Idem.	Nouvelles réflexions sur les développées et sur les courbes résultantes de développement de celles-là.	63	146
Idem.	1713	Sur les développées.	44	
SAULMON. . . .	Idem.	Sur un espace circulaire quarrable.	57	
Idem.	Idem.	De l'incommensurabilité de polygones inscrits et circonscrits au cercle.	52	75
VARIGNON . . .	Idem.	Suite des réflexions qui se trouvent dans le mémoire du 28 juin 1712 sur les développées et sur les courbes résultantes du développement de celles-là.	55	121
LAHIRE	Idem.	Propriétés des trapèzes.		221
ROLLE.	Idem.	Remarques sur un paradoxe des effections géométriques.		243

NOMS des AUTEURS.	ANNÉES.	INDICATION DES MATIÈRES.	Histoire. Pages.	Mémoires Pages.
ROLLE.	1714	Sur les intersections des courbes.	43	
Idem.	*Idem.*	Suite des remarques sur un paradoxe des effections géométriques.		55
VARIGNON. . . .	*Idem.*	Réflexions sur l'usage que la mécanique peut avoir en géométrie.	45	77
RÉAUMUR. . . .	*Idem.*	Expériences pour savoir si le papier et quelques autres corps sont capables d'arrêter l'air et l'eau; et si, quand ils arrêtent l'un de ces liquides, ils arrêtent l'autre.		55
BERNOUILLY, professeur à Bâle.	*Idem.*	Nouvelle théorie du centre d'oscillation, contenant une règle pour déterminer dans les pendules composés et balançans, non seulement dans le vide, mais aussi dans les liquides ; laquelle règle est appuyée sur un fondement plus sûr qu'aucun qu'on ait publié jusqu'ici par rapport à cette machine.	96	208
LAHIRE.	*Idem.*	Remarques sur la chute des corps dans l'air. . .		333
LAGNY.	*Idem.*	Traité de la cubature de la sphère, ou de la cubature des coins et des pyramides sphériques que l'on démontre égale à des pyramides rectilignes.		409
DE MAIRAN. . .	1715	Sur la roue d'Aristote.	30	
NICOLE.	*Idem.*	Méthode générale pour déterminer la nature des courbes qui coupent une infinité d'autres courbes données de position, en faisant toujours un angle constant.	26	49
SAULMON.	*Idem.*	Des corps plongés dans un tourbillon.	61	61
Idem.	*Idem.*	De la courbure du tourbillon cylindroïde. . . .		105
LAHIRE.	*Idem.*	Sur les pendules à secondes.		130
LAGNY.	1716	Sur les rapports	36	
RENAU.	*Idem.*	Résolutions du problème proposé par M. Lagny à l'Académie		22
SAUVEUR.	*Idem.*	Solution d'un problème proposé par M. Lagny.		26
NICOLE.	*Idem.*	Solution d'un problème proposé par M. Lagny.		30

NOMS des AUTEURS.	ANNÉES.	INDICATION DES MATIÈRES.	Histoire. Pages.	Mémoires. Pages.
SAULMON. . . .	1716	Expériences faites dans un tourbillon cylindrique.		35
SAURIN.	Idem.	Remarques sur un cas singulier du problème général des tangentes.	45	59
SAULMON. . . .	Idem.	Suite du tourbillon cylindroïde		241
SAURIN.	Idem.	Suite des remarques sur un cas singulier des tangentes		275
NICOLE.	1717	Traité du calcul des différences finies.	38	7
VARIGNON. . . .	Idem.	Lignes suivant lesquelles des arbres doivent être plantés pour être vus deux à deux aux extrémités de chaque ordonnées à ces lignes sous des angles de sinus donnés par un œil donné de position arbitraire, au-dessus du plan sur lequel on veut planter ces arbres.	48	88
Idem.	Idem.	Pressions des cylindres et des cônes droits , des sphères et des sphéroïdes quelconques , serrés dans des cordes roulées autour d'eux, et tirés par des poids ou puissances aussi quelconques.	68	195
BERNOUILLY , professeur à Bâle	1718	Remarques sur ce qu'on a donné jusqu'ici des solutions des problèmes sur les isopérimètres , avec une nouvelle methode courte et facile de les résoudre sans calcul, laquelle s'étend aussi à d'autres problèmes qui ont rapport à ceux-là.	48	100
BERNOUILLY. .	Idem.	Sur les courbes isochrônes et sur celle de la plus vite descente.	55	
Idem.	Idem.	Problème par M. Saurin.		89
VARIGNON. . . .	Idem.	Rapport des aires des sections transversales quelconques de cylindres ou prismes droits et obliques à volonté , sur des bases de figures quelconques.		213
Idem.	1719	Théorème de géométrie commune, où l'on voit dans des triangles dissemblables et variables à l'infini quelque chose de semblable à la proposition 47 du livre 1er des Élémens d'Euclyde, avec plusieurs autres propriétés remarquables.		66
LAGNY.	Idem.	Mémoire sur la quadrature du cercle et sur la mesure de tout arc, tout secteur et tout segment donné		135

NOMS des AUTEURS.	ANNÉES.	INDICATION DES MATIÈRES.	Histoire. Pages.	Mémoires Pages.
VARIGNON....	1719	Comparaison des vitesses des corps de pesanteurs quelconques, en descendant ou en montant dans le vide, tant en lignes droites qu'en lignes courbes aussi quelconques..........	77	195
SÉNÈS.......	*Idem.*	Nouvelles manières de toiser les voûtes en cul de four ou en dôme, surhaussées et surabaissées, et les voûtes en arc de cloître et d'arête.		363
SAURIN......	1720	Démonstration de l'impossibilité de la quadrature indéfinie du cercle, avec une manière simple de trouver une suite de droites qui approchent de plus en plus d'un arc de cercle proposé tant en-dessus qu'en-dessous	55	15
VARIGNON....	*Idem.*	Propriétés communes aux chutes rectilignes faites dans le vide (depuis le repos ou le zéro de vitesses), en vertu de pesanteur constante ; et à de pareilles chutes faites en vertu de pesanteurs variables, en raison des puissances quelconques des espaces parcourus ou des temps employés à les parcourir, ou enfin des vitesses acquises à la fin de ces espaces ou de ces temps.	97	107
LAGNY......	*Idem.*	Méthode pour résoudre indéfiniment et d'une manière complète en nombres entiers les problèmes indéterminés, quelque quantité qu'il y ait d'égalité, et à quelques degrés qu'elles puissent monter.................	55	178
DEMAIRAN....	*Idem.*	Recherches géométriques sur la diminution des degrés terrestres, en allant de l'équateur vers le pôles ; où l'on examine les conséquences qui en résultent, tant à l'égard de la figure de la terre, que de la pesanteur des corps et de l'accourcissement du pendule........	65	231
VARIGNON....	1721	Jaugeage d'un navire ellipsoïde........	43	44
DEMAIRAN....	*Idem.*	Remarques sur le jaugeage des navires......		76
SAULMON....	*Idem.*	Du choc des corps dont le ressort est parfait..	86	126
LEYBNITZ.... DELOUVILLE.. DEMAIRAN....	*Idem.*	Sur la force des corps en mouvement.......	81	
LAGNY......	1722	Sur la résolution des équations déterminées de tous les degrés.................	63	

NOMS des AUTEURS.	ANNÉES.	INDICATION DES MATIÈRES.	Histoire. Pages.	Mémoires. Pages.
VARIGNON...	1722	Sur les courbes considérées exactement comme courbes ou comme polygones infinis.	74	
SAURIN.. . · · ·	*Idem.*	Sur une difficulté qui regarde l'isochronisme de la cycloïde.	82	
DEMAIRANT...	*Idem.*	Recherches physico-mathématiques sur la réflexion des corps.	109	6
DELOUVILLE. .	*Idem.*	Eclaircissemens sur une difficulté proposée aux mathématiciens.		70
Idem.	*Idem.*	Eclaircissemens sur une difficulté de statique proposée à l'Académie.		128
LAGNY.	*Idem.*	Traité des progressions arithmétiques de tous les degrés à l'infini.		264
SÉNÈS	*Idem.*	Addition au mémoire sur le toisé des voûtes , etc. imprimé à la fin des mémoires de l'Académie des Sciences , année 1719		356
SAULMON. . . .	1723	Sur l'universalité des figures.	61	
Idem.	*Idem.*	Sur le choc des corps à ressort.	101	
Idem.	*Idem.*	Sur les figures inscrites et circonscrites au cercle.	59	10
NICOLE..	*Idem.*	Seconde partie du calcul des différences finies. .	42	20
LAGNY.	*Idem.*	Méthode générale pour transformer les nombres irrationaux en séries de fractions rationnelles les plus simples et les plus approchantes qu'il soit possible. On explique, à cette occasion , un endroit important d'Archimède, qui paroît n'avoir pas été entendu par ses commentateurs.	50	55
BEAUFORT.. . .	*Idem.*	Proposition élémentaire sur les triangles.		79
NICOLE.. . . . · .	*Idem.*	Seconde section de la seconde partie du calcul des différences finies où l'on traite des grandeurs exprimées par des fractions.		181
SAURIN..	*Idem.*	Dernière remarque sur un cas singulier du problème des tangentes.		222

NOMS des AUTEURS.	ANNÉES.	INDICATION DES MATIÈRES.	Histoire. Pages.	Mémoires Pages.
DEMAIRAN . . .	1723	Suite des recherches physico-mathématiques sur la réflexion des corps.	107	343
PITOT.	1724	Quadrature de la moitié d'une courbe des arcs, appelée *la compagne de la cycloïde*.	65	107
NICOLE	Idem.	Addition aux deux mémoires sur le calcul des différences finies, imprimée l'année dernière.		138
DEMAIRAN . . .	Idem.	Instruction abrégée et méthode pour le jaugeage des navires, avec un exemple figuré et des remarques pour la pratique.		227
LAGNY.	Idem.	La goniométrie, ou science nouvelle de mesurer les angles rectilignes et sphériques, et en général les angles linéaires formés par deux lignes quelconques sur une surface quelconque, de même que les angles solides quelconques.	68	241
NICOLE	1725	Proposition nouvelle de géométrie élémentaire. .		21
PITOT.	Idem.	Propriétés élémentaires des polygones irréguliers circonscrits autour du cercle.		45
NICOLE	Idem.	Solution nouvelle d'un problême proposé aux géomètres anglais par feu Leybnitz, peu de temps avant sa mort.	42	130
DEMAIRAN . . .	Idem.	Remarques sur l'inscription du cube dans l'octaèdre et de l'octaèdre dans le cube.	47	207
SAURIN	Idem.	Observation sur la question des plus grandes et des plus petites quantités.		238
LAGNY.	Idem.	Méthode nouvelle et générale pour déterminer exactement, lorsqu'il est possible, ou indéfiniment près, lorsque l'exactitude est impossible, la valeur des trois angles de tout triangle rectiligne, soit rectangle, soit obliquangle, dont les trois côtés sont donnés en nombre ; et cela par le seul calcul analytique sans tables des sinus tangentes et sécantes.	54	282
MAUPERTUIS. .	1726	Sur une question *de maximis et minimis*. . . .		84
COUPLET.	Idem.	De la poussée des terres contre leurs revêtemens, et la force des revêtemens qu'on leur doit opposer.	58	106
DEMOLIÈRES. .	Idem.	Sur le choc des corps à ressort.	53	

NOMS des AUTEURS.	ANNÉES.	INDICATION DES MATIÈRES.	Histoire. Pages.	Mémoires. Pages.
PITOT.......	1726	Examen de la force qu'il faut donner aux cintres dont on se sert dans la construction des grandes voûtes des arches des ponts...........	65	216
DEBEAUFORT..	1727	Sur quelques propriétés nouvelles des nombres.	42	
PITOT.......	Idem.	Sur l'impulsion oblique des fluides.......	137	
Idem........	Idem.	Règles ou lois générales des impulsions obliques des fluides contre une surface plane......	137	49
LAGNY......	Idem.	Troisième mémoire sur la goniométrie purement analytique,.................	61	120
COUPLET.....	Idem.	De la poussée des terres contre leur revêtement et de la force des revêtemens qu'on leur doit opposer....................	132	139
MAUPERTUIS..	Idem.	Quadrature et rectification des figures formées par le roulement des polygones réguliers. . . .	52	204
NICOLE......	Idem.	Méthode pour sommer une infinité de suites nouvelles dont on ne peut trouver les sommes par les méthodes connues...........		257
DUFAY.	Idem.	Remarques sur les polygones réguliers inscrits et circonscrits................	55	297
MAUPERTUIS..	Idem.	Nouvelles manières de développer les courbes. .	57	340
DE CURY.....	1728	Sur la propriété anciennement connue du nombre 9.	51	
DE MAIRAN. . .	Idem.	Sur le jeu de pair ou non.............	53	
DELOUVILLE. .	Idem.	Sur la force des corps en mouvement......	73	
DEMAIRAN....	Idem.	Dissertation sur l'estimation et la mesure des forces motrices des corps...........		1
COUPLET.....	Idem.	Troisième partie, ou suite des deux mémoires sur la poussée des terres et la résistance des revêtemens, donnés à l'Académie, le premier en 1726, et le second en 1727..........		113

NOMS des AUTEURS.	ANNÉES.	INDICATION DES MATIÈRES.	Histoire. Pages.	Mémoires Pages.
COUPLET.....	1728	Sur les contreforts des revêtemens.	103	
L'abbé CAMUS. .	*Idem.*	Du mouvement accéléré par des ressorts et des forces qui résident dans les corps en mouvement.		159
MAUPERTUIS. .	*Idem.*	Sur toutes les développées qu'une courbe peut avoir à l'infini	58	225
L'abbé DEMOLIÈRES. .	*Idem.*	Lois générales du mouvement dans le tourbillon sphérique.	97	245
LAGNY.	1729	Mémoire sur le calcul analytique et indéfini des angles des triangles rectilignes et sphériques, indépendamment des tables des sinus, et sur le *minimum* et le *maximum* de ce calcul		14
COUPLET.....	*Idem.*	De la poussée des voûtes. . . . , ... , . . .	75	79
DELOUVILLE. .	*Idem.*	Sur la théorie des mouvemens variés, c'est-à-dire, qui sont continuellement accélérés ou continuellement retardés, avec la manière d'estimer la force des corps en mouvement		154
NICOLE.	*Idem.*	Traité des lignes de troisième ordre, ou des courbes du second genre.	37	194
DEMOLIÈRES. .	*Idem.*	Problème physico-mathématique, dont la solution tend à servir de réponse à l'une des objections de Newton contre la possibilité des tourbillons calmes		235
PITOT..	*Idem.*	Remarques sur les aubes on palettes des moulins et autres machines mues par le courant des rivières.		253
MAUPERTUIS. .	*Idem.*	Sur quelques affections des courbes.	44	277
LAGNY.	*Idem.*	Mémoire sur l'usage qu'on peut faire en géométrie des polygones rectilignes *arithmétiquement* réguliers, par rapport à la mesure des lignes courbes, avec plusieurs nouveaux projets pour perfectionner la *trigonométrie* et la *cyclométrie*.		301
PITOT.	*Idem.*	Comparaison entre quelques machines mues par les courans des fluides, où l'on donne une méthode très-simple de comparer l'effet de celles dont l'arbre qui porte les ailes ou aubes, est perpendiculaire au courant de l'eau, à l'effet de celles dont le même arbre est parallèle au courant.		385

NOMS des AUTEURS.	ANNÉES.	INDICATION DES MATIÈRES.	Histoire. Pages.	Mémoires. Pages.
NICOLE......	1730	Examen et résolution de quelques questions sur les jeux......................		45
BERNOUILLY, professeur à Bâle.	*Idem.*	Méthode pour trouver les tauthocrones dans des milieux résistans, comme les carrés des vîtesses.	87	78
COUPLET.....	*Idem.*	Seconde partie de l'examen de la poussée des voûtes.....................	107	117
BRAGELONGNE.	*Idem.*	Examen des lignes du quatrième ordre.....	68	158
MAUPERTUIS...	*Idem.*	La courbe *desensus æquabilis*, dans un milieu résistant comme une puissance quelconque de la vîtesse...................	94	233
NICOLE......	*Idem.*	Méthode pour déterminer le sort de tant de joueurs que l'on voudra, et les avantages que les uns ont sur les autres, lorsqu'ils jouent à qui gagnera le plus de parties dans un nombre de parties déterminé...............		331
BRAGELONGNE.	*Idem.*	Examen des lignes du quatrième ordre, seconde partie de la section première, dans laquelle on traite en général des lignes du quatrième ordre qui ont des points doubles...........		363
MAHIEU......	*Idem.*	Nouvelle propriété de l'hyperbole........		608
PITOT......	*Idem.*	Réflexions sur le mouvement des eaux.....	110	536
BRAGELONGNE.	1731	Examen des lignes du quatrième ordre, troisième partie de la section première, dans laquelle on traite des osculations, des lemnisentes infiniment petites, des points triples, et enfin d'une nouvelle espèce de point multiple invisible, dont les lignes du quatrième ordre sont susceptibles.................	45	10
MAUPERTUIS..	*Idem.*	Sur la séparation des indéterminées dans les équations différentielles..............		103
NICOLE.......	*Idem.*	Sur les sections coniques.............		130
CLAIRAULT...	*Idem.*	Nouvelle manière de trouver les centres de gravité.....................		153
LACONDAMINE.	*Idem.*	Sur une nouvelle manière de considérer les sections coniques.................		240

NOMS des AUTEURS.	ANNÉES.	INDICATION DES MATIÈRES.	Histoire. Pages.	Mémoires Pages.
MAUPERTUIS. .	1731	Balistique arithmétique.		297
Idem.	*Idem.*	Méthode analytique de tracer les lignes corres-pondantes ou des minutes aux grandes méri-diennes.		370
BOUGUER. . . .	*Idem.*	Sur le mouvement curviligne des corps dans les milieux qui se meuvent.	76	390
CLAIRAULT. . .	*Idem.*	Sur les courbes que l'on forme en coupant une surface courbe quelconque, par un plan donné de position.		483
NICOLE.	*Idem.*	Manière d'engendrer dans un corps solide toutes les lignes du troisième ordre. . . . . ·		494
BOUGUER. . . .	1732	Sur les courbes de poursuite	56	
BERNOUILLY .	*Idem.*	Sur une espèce de courbes décrites sur la surface d'une sphère.	60	
BRAGELONGNE .	*Idem.*	Sur les lignes du quatrième ordre.	63	
DELOUVILLE. .	*Idem.*	Sur la composition des forces, de la pesanteur et de la percussion.	100	
BOUGUER. . . .	*Idem.*	Sur de nouvelles courbes auxquelles on peut don-ner le nom de *lignes de poursuite*.		1
MAUPERTUIS. .	*Idem.*	Sur les courbes de poursuite	56	15
COUPLET.	*Idem.*	Recherches sur le mouvement des eaux.	107	113
BERNOUILLY , professeur à Bâle.	*Idem.*	Problème sur les épicycloïdes sphériques.		237
MAUPERTIUS. .	*Idem.*	Solution du même problème et de quelques autres de cette espèce.		255
NICOLE.	*Idem.*	Manière de déterminer la nature des roulettes formées sur la superficie convexe d'une sphère, et de déterminer celles qui sont géométriques et celles qui sont rectifiables.		271
CLAIRAULT. . .	*Idem.*	Des épicycloïdes sphériques.		289

NOMS des AUTEURS.	ANNÉES.	INDICATION DES MATIÈRES.	Histoire. Pages.	Mémoires Pages.
MAUPERTUIS. .	1732	Sur les lois d'attraction.		343
PITOT.	Idem.	Description d'une machine pour mesurer la vitesse des eaux.	103	363
CLAIRAULT. . .	Idem.	Manière de trouver des courbes algébriques et rectifiables sur la surface d'un cône		385
NICOLE	Idem.	Solution d'un problème de géométrie.		435
Idem.	Idem.	Solution du même problème		437
MAUPERTUIS. .	Idem.	Solution de deux problèmes de géométrie.		442
LECAMUS	Idem.	Autre solution du problème de M. Cramer. . . .		446
BOUGUER	1733	Sur le vaisseau qui éprouvera la moindre résistance de l'eau.	90	
COUPLET.	Idem.	Réflexions sur le tirage des charrettes et des traîneaux.		49
BOUGUER	Idem.	Une base qui est exposée au choc d'un fluide, étant donnée, trouver l'espèce de conoïde dont il faut la couvrir, pour que l'impulsion soit la moindre qu'il est possible.		85
CLAIRAULT. . .	Idem.	Sur quelques questions *de maximis et minimis*.		186
GODIN	Idem.	Méthode-pratique de tracer sur terre une parallèle par un degré de latitude donnée, et du rapport de la même parallèle dans le sphéroïde oblong et dans le sphéroïde aplati		223
PITOT	Idem.	Méthode générale pour déterminer la nature des courbes formées par la section des solides quelconques		273
BOUGUER. . . .	Idem.	Comparaison de deux lois que la terre et les autres planètes doivent observer dans la figure que la pesanteur leur fait prendre		21

NOMS des AUTEURS.	ANNÉES.	INDICATION DES MATIÈRES.	Histoire. Pages.	Mémoires. Pages.
BOUGUER.....	1734	Sur les lignes courbes qui sont propres à former les voûtes en dôme.............		149
CLAIRAULT....	Idem.	Solution de plusieurs problèmes où il s'agit de trouver des courbes dont la propriété consiste dans une certaine relation entre leurs branches, exprimée par une équation donnée......		196
FONTAINE....	Idem.	Sur les courbes tauthocrones.........		371
PITOT	Idem.	Problème : quatre points ou quatre objets étant donnés sur un plan, placés où on voudra, trouver un cinquième point, duquel ayant tiré des lignes aux quatre objets, les trois angles formés par ces quatre lignes soient égaux, ou dans tel rapport donné qu'on voudra......		405
FONTAINE....	Idem.	Problème : une courbe étant donnée, trouver celle qui seroit décrite par le sommet d'un angle dont les côtés toucheroient continuellement la courbe donnée, et réciproquement la courbe qui doit être décrite par le sommet de l'angle étant donnée, trouver celle qui sera touchée par les côtés.................		527
CLAIRAULT...	Idem.	Remarques sur la méthode de M. Fontaine pour résoudre le problème où il s'agit de trouver une courbe qui touche les côtés d'un angle constant et dont le sommet glisse dans une courbe donnée.		531
FONTAINE....	Idem.	Réponse aux remarques précédentes......		538
PITOT......	1735	Observations sur les distributions et les dépenses des eaux, avec des règles pour déterminer leurs mesures en pouces et lignes..........		244
Idem........	Idem.	Essai d'une théorie nouvelle de pompe......		327
CLAIRAULT...	Idem.	Examen de la réponse de M. Fontaine à une objection contre sa méthode pour trouver une courbe qui touche continuellement les côtés d'un angle constant, dont le sommet glisse dans une courbe donnée.............		577
Idem........	1736	Solutions de quelques problèmes de dynamique.		1

NOMS des AUTEURS.	ANNÉES.	INDICATION DES MATIÈRES.	Histoire. Pages.	Mémoires. Pages.
CASSINI de Thury.	1736	Des opérations géométriques que l'on emploie pour déterminer les distances sur terre, et des précautions qu'il faut prendre pour les faire le plus exactement qu'il est possible.	80	64
CLAIRAULT. . .	Idem.	Sur la mesure de la terre par plusieurs arcs de méridien pris à différentes latitudes.		111
PITOT.	Idem.	Théorie de la vis d'Archimède, avec le calcul de l'effet de cette machine.		173
BOUGUER. . . .	Idem.	De la manière de déterminer les figures de la terre par la mesure des degrés de longitude et de latitude.		443
NICOLE	1737	Usage des suites pour la résolution de plusieurs problèmes de la méthode inverse des tangentes.		59 bis.
PITOT	Idem.	Règles pour connoître l'effet qu'on doit espérer d'une machine.		269
DEMAIRAN . . .	1738	Des recherches physico-mathématiques sur la réflexion des corps.		1
Idem.	Idem.	De la réfraction particulière, ou des différens degrés de réfringibilité de lumière et de ses couleurs, etc.		8
NICOLE	Idem.	Sur les cas irréductibles de plusieurs degrés. . .		97
CLAIRAULT. . .	Idem.	Des centres d'oscillation dans des milieux résistans.		159
NICOLE.	Idem.	Sur les équations du troisième degré.		244
PITOT.	Idem.	Remarques sur la jonction ou confluent des rivières.		299
CLAIRAULT . .	1739	Sur les explications cartésienne et newtonienne de la réfraction de la lumière.		259
CAMUS.	Idem.	Sur les meilleures proportions des pompes et des parties qui les composent.		297
PITOT	Idem.	Suite de l'essai d'une théorie nouvelle de pompes.		393

NOMS des AUTEURS.	ANNÉES.	INDICATION DES MATIÈRES.	Histoire. Pages.	Mémoires. Pages.
CLAIRAULT...	1739	Recherches générales sur le calcul intégral. . . .		425
NICOLE......	1740	Sur la trisection de l'angle		100
CLAIRAULT...	Idem.	De la spirale d'Archimède, décrite par un mouvement pareil à celui qui donne la cycloïde et de quelques autres courbes de même genre . .		148
MAUPERTUIS. .	Idem.	Loi du repos des corps.		170
LECAMUS.. . . .	Idem.	Problème de statique.		201
CLAIRAULT...	Idem.	Problème physico-mathématique.		254
Idem.	Idem.	Sur l'intégration ou la construction des équations différentielles du premier ordre.		293
PITOT.	Idem.	Suite de l'essai d'une théorie des pompes.		511
L'abbé DEMOLIÈRES. .	1741	Sur divers élémens de géométrie, publiés cette année par des membres de l'académie.	96	
VOLTAIRE. . . .	Idem.	Sur les forces motrices des corps.	249	
FENEL..	Idem.	Sur le roidissement et le relâchement alternatifs des cordes qui tirent un fardeau.	155	
NICOLE..	Idem.	Sur les cas irréductibles du troisième degré. . . .	89	25
DE GUA.	Idem.	Démonstration de la règle de Descartes pour connoître le nombre des racines positives et négatives dans les équations qui n'ont point de racines imaginaires..	92	72
BUFFON·.	Idem.	Formules sur les échelles arithmétiques.	87	219
LACAILLE. . . .	Idem.	Calcul des différences de la trigonométrie sphérique.		238
MONTIGNY.. . .	Idem.	Problème de dynamique où l'on détermine les trajectoires et les vîtesses d'une infinité de corps mis en mouvement autour d'un centre immobile.	143	280
BUFFON.	Idem.	Expériences sur la force des bois, 2e *mémoire*.		292

NOMS des AUTEURS.	ANNÉES.	INDICATION DES MATIÈRES.	Histoire. Pages.	Mémoires. Pages.
LECAMUS....	1741	Sur un instrument propre à jauger les tonneaux et autres vaisseaux qui servent à contenir des liqueurs	100	385
DEGUA......	Idem.	Recherches du nombre des racines réelles ou imaginaires, réelles positives, ou réelles négatives, qui peuvent se trouver dans les équations de tous les degrés.	95	435
FONTAINE....	1742	Calcul intégral..	55	
DARCY......	Idem.	Sur la courbe d'égale pression dans un milieu résistant.	56	
CLAIRAULT...	Idem.	Divers traités de géométrie.	58	
Idem........	Idem.	Sur quelques principes qui donnent la solution d'un grand nombre de problèmes de dynamique.	125	1
DUHAMEL....	Idem.	Réflexions et expériences sur la force des bois. .		335
LEVAILLANT..	1743	Sur les nombres premiers et sur les différentes puissances des termes de la suite naturelle des nombres, avec la manière d'en dresser les tables.	112	
DARCY......	Idem.	Problème de dynamique.	165	
COURTIVRON .	Idem.	Nouvelles démonstrations des principales propriétés de la cycloïde.	120	
NICOLE......	Idem.	Addition au mémoire sur le cas irréductible du troisième degré, imprimé dans le volume de l'année 1741, page 25.	119	225
Idem........	1744	Dernier mémoire sur les équations du troisième degré dans le cas irréductible, où l'on donne plusieurs formules nouvelles d'équations de ce degré, qui fournissent des méthodes pour approcher extrêmement près de la valeur de chacune des trois racines dans le cas irréductible, en conservant à chaque racine le caractère d'incommensurabilité qu'elles doivent avoir. . . .		323
COURTIVRON..	Idem.	Sur les oscillations des pendules dans des arcs de cercle, principalement lorsque les arcs ont peu d'étendue.	30	384
Idem........	Idem.	Sur une manière de résoudre, par approximation, les équations de tous les degrés.		405

NOMS des AUTEURS.	ANNÉES.	INDICATION DES MATIÈRES.	Histoire. Pages.	Mémoires. Pages.
CLAIRAULT...	1745	Du système du monde dans les principes de la gravitation universelle...............		329
DALEMBERT...	Idem.	Méthode générale pour déterminer les orbites et les mouvemens de toutes les planètes, en ayant égard à leur action mutuelle........		365
BUFFON·.....	Idem.	Réflexion sur la loi d'attraction..........		493
CLAIRAULT...	Idem.	Réponse aux réflexions de M. de Buffon sur la loi d'attraction et sur les mouvemens des apsides.		529
BUFFON......	Idem.	Addition au mémoire qui a pour titre : *Réflexions sur la loi de l'attraction*........		551
CLAIRAULT...	Idem.	Avertissement de M. Clairault au sujet des mémoires qu'il a donnés, en 1747 et 1748, sur le système du monde dans les principes de l'attraction......................		577
Idem........	Idem.	Réponse à la réplique de M. de Buffon......		578
BUFFON......	Idem.	Seconde addition au mémoire qui a pour titre : *Réflexions sur la loi de l'attraction*......		580
CLAIRAULT...	Idem.	Réponse au nouveau mémoire de M. de Buffon.		582
BOUGUER....	1746	De l'impulsion des fluides sur les proues faites en pyramidoïdes, dont la base est un trapèze.		237
LACONDAMINE.	Idem.	Extrait des opérations trigonométriques et des observations astronomiques faites pour la mesure des degrés du méridien aux environs de l'équateur...................		618
DEPARCIEUX..	1747	Mémoire sur la manière de tracer mécaniquement la courbure qu'on doit donner aux oudes dans les machines pour mouvoir des leviers ou balanciers, au lieu des ovales qu'on a substituées aux manivelles en plusieurs endroits......		243
CAMUS......	Idem.	Sur les tangentes des points communs à plusieurs branches d'une même courbe.........		272
DARCY......	Idem.	Problème de dynamique............		341

NOMS des AUTEURS.	ANNÉES.	INDICATION DES MATIÈRES.	Histoire. Pages.	Mémoires Pages.
NICOLE......	1747	Mémoire dans lequel on détermine en quantités incommensurables et en parties décimales les valeurs des côtés et des espaces de la suite en progression double des polygones réguliers, inscrits et circonscrits au cercle.........		437
LACONDAMINE..	Idem.	Nouveau projet d'une mesure invariable, propre à servir de mesure commune à toutes les nations......................	82	489
FONTAINE....	Idem.	Sur la résolution des équations.........		665
COURTIVRON..	1748	Recherches de statique et de dynamique, ou l'on donne un nouveau principe général pour la considération des corps animés par des forces variables, suivant une loi quelconque......		304
CASSINI	Idem.	Sur la comparaison des mesures de Suellius à celles qui ont été faites en France......	109	
ZANOTTI.....	Idem.	Sur les figures et les solides circonscrits au cercle et à la sphère, par Zanotti, de la société des sciences de Montpellier............		613
COURTIVRON..	1749	Recherches de statique et de dynamique, où l'on donne un nouveau principe général pour la considération des corps animés par des forces variables, suivant une loi quelconque.....	177	15
D'ARCY.......	Idem.	Réflexion sur le principe de la moindre action de M. de Maupertuis..............	179	531
DE PARCIEUX..	1750	Mémoire sur la conduite des eaux........	153	39
D'ARCY......	Idem.	Suite d'un mémoire sur quelques problèmes de dynamique....................		107
DONS-EN-BRAY.	Idem.	Méthode faite pour faire tels carrés magiques que l'on voudra.	119	241
BOUGUER....	1751	Mémoire sur la forme des corps les plus propres à tourner sur eux-mêmes, lorsqu'ils sont poussés par une de leurs extrémités, ou par tout autre point....................		1

NOMS des AUTEURS.	ANNÉES.	INDICATION DES MATIÈRES.	Histoire. Pages.	Mémoires. Pages.
DARCY	1751	Mémoire sur la théorie de l'artillerie, ou sur les effets de la poudre et sur les conséquences qui en résultent, par rapport aux armes à feu. . .		45
Idem.	1752	Réplique à un mémoire de M. Maupertuis sur le principe de la moindre action, insérée dans les mémoires de l'académie de Berlin, année 1752.		503
BOUGUER.	Idem.	Sur les opérations, nommées *corrections* par les pilotes, avec diverses remarques qui peuvent être utiles dans les parties - pratiques des mathématiques.		1
Idem.	1753	Sur les dilatations de l'air dans l'atmosphère. . .		515
Idem.	1754	Sur la direction qu'affectent les fils à plomb. . .		250
Idem.	Idem.	Solution des principaux problèmes de la manœuvre des vaisseaux.		342
DEPARCIEUX.	Idem.	Mémoire dans lequel on démontre que l'eau d'une chute, destinée à faire mouvoir quelques machines, moulins ou autres, peut toujours produire beaucoup plus d'effet en agissant par son poids qu'en agissant par son choc, et que les roues à pots qui tournent lentement produisent plus d'effet que celles qui tournent vîte, relativement aux chutes et aux dépenses.		603
Idem.	Idem.	Mémoire sur une expérience qui montre qu'à dépense égale, plus une roue à augets tourne lentement, plus elle fait d'effet.		671
BOUGUER.	1755	Recherches sur la grandeur apparente des objets, avec l'éclaircissement d'une difficulté qu'on trouve sur ce sujet dans le volume des Mémoires de l'académie de 1717.	125	99
Idem.	Idem.	Second mémoire sur les principaux problèmes de la manœuvre des vaisseaux.	83	355
DALEMBERT.	Idem.	Mémoire sur la rotation des boulets dans les pièces de canon.		463
BOUGUER.	Idem.	Mémoire sur le mouvement d'oscillation des corps qui flottent sur les liqueurs.	135	481
PINGRÉ.	1756	La trigonométrie sphérique, réduite à quatre analogies.		301

NOMS des AUTEURS.	ANNÉES.	INDICATION DES MATIÈRES.	Histoire. Pages.	Mémoires Pages.
BOUGUER.....	1757	Remarques sur les moyens de mesurer la lumière, avec quelques applications de ces moyens. . .	153	1
LALANDE. . . .	Idem.	Problème de gnomonique : tracer un cadran ana-lemmatique, horizontal, elliptique, dont le style fait une ligne verticale indéfinie.		483
D'ARCY......	1758	Théorème de dynamique.	95	1
BEZOUT	Idem.	Mémoire sur les courbes dont la rectification dépend d'une quantité donnée.	68	65
D'ARCY.	Idem.	Manière de décrire les ovales de *Descartes* par un mouvement continu.	67	321
DE PARCIEUX..	1759	Mémoire dans lequel on prouve que les ailes des roues mues par les courans des grandes rivières feroient beaucoup plus d'effet si elles étoient inclinées aux rayons, qu'elles ne font étant appliquées contre les rayons même, comme elles le sont aux moulins pendans et aux mou-lins sur bateaux, qui sont sur les rivières de Seine, de Marne, de Loire, etc. , par M. de Parcieux.	223	288
CLAIRAULT. . .	1760	Nouvelle solution de quelques problèmes sur la manœuvres des vaisseaux qui se trouvent dans le volume de l'académie de 1754.	141	171
DE PARCIEUX..	Idem.	Mémoire sur le tirage des chevaux.	151	163
DEMAIRANT...	Idem.	Remarques sur les séries infinies, dont tous les numérateurs sont égaux, et qui ont pour dé-nominateurs des nombres naturels, soit sim-ples, soit élevés à une puissance quelconque de carrés, de cubes, etc., etc., et de la somme desquelles il s'agit d'avoir le rapport à la somme de leurs partielles, ou des séries formées par leurs termes, pris alternativement de deux en deux, de trois en trois, etc., des lieux pairs ou impairs.	98	283
	1761	Rien de bien intéressant.		
BEZOUT.	1762	Mémoire sur plusieurs classes d'équations de tous les degrés qui admettent une solution algé-brique..	111	17

NOMS des AUTEURS.	ANNÉES.	INDICATION DES MATIÈRES.	Histoire. Pages.	Mémoires. Pages.
LALANDE	1763	Mémoire sur la différence que l'on doit considérer entre des triangles rectilignes , et des triangles sphériques très-petits.		347
BORDA.	*Idem.*	Expériences sur la résistance des fluides, par M. Borda.		358
BEZOUT.	1764	Recherches sur les degrés des équations résultantes de l'évanouissement des inconnues et sur les moyens qu'il convient d'employer pour trouver ces équations.	88	288
Idem.	1765	Mémoire sur la résolution générale des équations de tous les degrés..		533
EULEB..	*Idem.*	Précis d'une théorie générale de la dioptrique. .		555
NOLLET.	1766	Sur quelques nouveaux phénomènes d'hydrostatique..	150	431
BORDA.	*Idem.*	Mémoire sur l'écoulement des fluides par les orifices des vases.	143	579
Idem.	1767	Mémoire sur les roues hydrauliques.	149	270
TILLET	*Idem.*	Essai sur le rapport des poids étrangers avec le marc de France.	175	350
BORDA.	*Idem.*	Expériences sur la résistance des fluides.. . . .	145	495
Idem.	*Idem.*	Éclaircissemens sur les méthodes de trouver les courbes qui jouissent de quelques propriétés du *maximum* ou du *minimum*.	90	551
DUSÉJOUR. . . .	1768	Mémoire sur les cas irréductibles		207
FONTAINE. . . .	*Idem.*	Addition au mémoire imprimé en 1734 sur les courbes tautochrones.		460
DALEMBERT. . .	1769	Recherches sur le calcul intégral		73
CONDORCET.. .	*Idem.*	Mémoire sur la nature des suites infinies, sur l'étendue des solutions qu'elles donnent, et sur une nouvelle méthode d'approximation pour les équations différentielles de tous les ordres.	83	193

NOMS des AUTEURS.	ANNÉES.	INDICATION DES MATIÈRES.	Histoire. Pages.	Mémoires Pages.
BORDA.....	1769	Sur la courbe décrite par les boulets et les bombes, en ayant égard à la résistance de l'air.....	116	247
BOSSUT......	Idem.	Manière de sommer les suites dont les termes sont des puissances semblables de sinus ou cosinus d'arc qui forment une progression arithmétique.		453
Idem........	Idem.	Détermination générale de l'effet des roues mues par le choc de l'eau................	121	477
CONDORCET...	1770	Mémoire sur les équations aux différences finies.	69	108
Idem........	Idem.	Mémoires sur les équations aux différences partielles... ·................	-	151
Idem........	Idem.	Mémoire sur les équations différentielles.....		191
Idem........	Idem.	Addition aux mémoires, pages 108, 151 et 191.		615
LAVOISIER ...	1771	Calcul et observations sur le projet d'établissement d'une pompe à feu pour fournir de l'eau à la ville de Paris................	47	17
CONDORCET ..	Idem.	Sur la détermination des fonctions ordinaires qui entrent dans les intégrales des équations aux différences partielles...............	63	49
Idem........	Idem.	Réflexions sur les méthodes d'approximation connues jusqu'ici pour les équations différentielles.	57	281
VANDERMONDE	Idem.	Mémoire sur la résolution des équations.....		365
DUSÉJOUR....	Idem.	Nouvelles méthodes analytiques pour calculer les éclipses du soleil dans lesquelles on applique à plusieurs problèmes les équations démontrées précédemment................		97
CONDORCET...	Idem.	Théorèmes sur les quadratures.........	59	
		Première Partie.		
Idem........	1772	Recherches de calcul intégral..........	66	1
LAPLACE.....	Idem.	Mémoire sur les solutions particulières des équations différentielles et sur les inégalités séculaires des planètes..............	67	343

NOMS des AUTEURS.	ANNÉES.	INDICATION DES MATIÈRES.	Histoire. Pages.	Mémoires. Pages.
VANDERMONDE.	1772	Mémoire sur les irrationnelles de différens ordres, avec une application au cercle.	71	489
LAPLACE.	Idem.	Addition au mémoire sur les solutions particulières des équations différentielles et sur les inégalités séculaires des planètes		651
		Seconde Partie.		
Idem.	Idem.	Recherches sur le calcul intégral et sur le système du monde	87	267
DUSÉJOUR. . . .	Idem.	Mémoire dans lequel on propose une méthode pour déterminer le nombre des racines réelles et des racines imaginaires des équations . . .	89	377
VANDERMONDE	Idem.	Mémoire sur l'élimination.		516
LAPLACE.	Idem.	Addition aux recherches sur le calcul intégral et sur le système du monde		533
DUSÉJOUR. . . .	1773	Nouvelles méthodes analytiques pour calculer les éclipses de soleil, etc., dans lesquelles on applique à la solution de plusieurs problèmes astronomiques les équations déterminées dans les mémoires précédens.		81
LAPLACE	Idem.	Recherches sur le calcul intégral aux différences partielles.	43	341
DUSÉJOUR. . . .	1774	Nouvelles méthodes analytiques, etc., dans lesquelles on applique à la solution de plusieurs problèmes astronomiques les équations déterminées dans les mémoires précédens.		401
BOSSUT.	Idem.	Recherches sur l'équilibre des voûtes.	59	534
DUSÉJOUR. . . .	1775	Suite des nouvelles méthodes analytiques relatives à la solution de plusieurs problèmes. . .		265
LAPLACE.	Idem.	Recherches sur plusieurs points de système du monde.		75
Idem.	1776	Recherches sur plusieurs points de système du monde.	40	177
DUSÉJOUR. . . .	Idem.	Suite des nouvelles méthodes analytiques, etc. .		273

NOMS des AUTEURS.	ANNÉES.	INDICATION DES MATIÈRES.	Histoire. Pages.	Mémoires. Pages.
LAPLACE.	1776	Suite des recherches sur plusieurs points du système du monde		525
BOSSUT	Idem.	Nouvelles recherches sur l'équilibre des voûtes.		537
idem.	1777	Méthode facile pour résoudre les problèmes qui se rapportent au retour des suites.	53	52
LAPLACE.. . . .	Idem.	Mémoire sur l'usage du calcul aux différences partielles dans la théorie des suites		99
Idem.	Idem.	Mémoire sur l'intégration des équations différentielles par approximation	55	373
DUSÉJOUR . . .	1778	Nouvelles méthodes analytiques pour résoudre différentes questions astronomiques.		73
LAPLACE.. . . .	Idem.	Mémoire sur les probabilités.		227
BOSSUT..	Idem.	Nouvelles expériences sur la résistance des fluides.	38	353
DUSÉJOUR.. . .	1779	Nouvelles Méthodes analytiques pour résoudre différentes questions astronomiques, 14e mémoire..		51
LAPLACE.. . . .	Idem.	Mémoire sur les suites		207
MORAND.	Idem.	Mémoire sur la population de Paris et sur celle des provinces de la France, depuis le commencement du siècle.	22	459
DUSÉJOUR.. . .	1780	Nouvelles méthodes analytiques pour résoudre différentes questions astronomiques, 15e mémoire.		129
COULOMB.. . . .	1781	Observations théoriques et expérimentales sur l'effet des moulins à vent, et sur la figure de leurs ailes.	41	65
EULER.	Idem.	Calculs sur les balons aérostatiques, faits par Léonard Euler.	40	264
DUSÉJOUR.. . .	Idem.	Nouvelles méthodes analytiques pour résoudre différentes questions astronomiques, 16e mémoire		297
BORDA.	Idem.	Mémoire sur les élections au scrutin	31	657

NOMS des AUTEURS.	ANNÉES.	INDICATION DES MATIÈRES.	Histoire. Pages.	Mémoires Pages.
MONGE......	1781	Mémoire sur la théorie des déblais et des remblais.	34	666
CONDORCET ..	Idem.	Mémoire sur le calcul des probabilités.	36	707
LAPLACE.....	1782	Sur les approximations des formules qui font fonctions de très-grands nombres.	43	1
DUSÉJOUR....	Idem.	Nouvelles méthodes analytiques pour résoudre différentes questions astronomiques.		321
CONDORCET...	Idem.	Rapport sur un projet pour la réformation du cadastre de la haute Guyenne, présenté à l'assemblée de cette province, etc., par MM. Tillet, Desmarets, Bossut, Duséjour, et Condorcet.	42	620
Idem........	Idem.	Suite du mémoire sur le calcul des probabilités.	44	692
DUSÉJOUR....	1783	Nouvelles méthodes analytiques pour résoudre différentes questions astronomiques, 18e mémoire................................		263
DEGUA......	Idem.	Trigonométrie sphérique.............		291
Idem........	Idem.	Diverses mesures, ou parties neuves des aires sphériques et des angles solides.		344
Idem........	Idem.	Propositions neuves et non moins utiles que curieuses sur le tétraèdre, ou essai de tétraédrométrie.....................		363
LAPLACE.....	Idem.	Suite du mémoire sur les approximations des formules qui font fonctions de très-grands nombres.		423
CONDORCET...	Idem.	Mémoire sur le calcul des probabilités, 4e partie.		539
CHARLES.....	Idem.	Théorème sur les équations aux différences finies.		560
Idem........	Idem.	Remarques sur la manière d'intégrer, par approximation, les équations différentielles et les équations aux différences partielles.		649
COUSIN......	Idem.	Mémoire contenant quelques remarques sur la théorie mathématique du mouvement des fluides.		665

NOMS des AUTEURS.	ANNÉES.	INDICATION DES MATIÈRES.	Histoire. Pages.	Mémoires Pages.
MONGE......	1783	Mémoire sur une méthode d'intégrer les équations aux différences ordinaires............		719
Idem........	Idem.	Mémoire sur l'intégration des équations aux différences finies qui ne sont pas linéaires.....		725
Idem........	1784	Mémoire sur l'expression analytique de la génération des surfaces courbes..........		85
Idem........	Idem.	Mémoire sur le calcul intégral des équations aux différences partielles.............		118
COULOMB....	Idem.	Recherches théoriques et expérimentales sur la force de torsion, et sur l'élasticité des fils de métal............................		229
CHARLES.....	Idem.	Recherches sur le calcul intégral........		348
COUSIN......	Idem.	Mémoire sur l'intégration des équations aux différences partielles.............		407
CONDORCET...	Idem.	Suite du mémoire sur le calcul des probabilités..		454
MONGE......	Idem.	Supplément où l'on fait voir que les équations aux différences ordinaires, pour lesquelles les conditions d'intégrabilité ne sont pas satisfaites, sont susceptibles d'une véritable intégration..		502
LE GENDRE...	1785	Recherches d'analyse indéterminée.......		465
Idem........	Idem.	Description d'une boussole...........		560
COULOMB....	Idem.	Premier mémoire sur l'électricité et le magnétisme. Construction et usage d'une balance électrique, fondée sur la propriété qu'ont les fils de métal d'avoir une force de réaction de torsion proportionnelle à l'angle de torsion. Détermination expérimentale de la loi suivant laquelle les élémens des corps électrisés du même genre d'électricité se repoussent mutuellement.		569
Idem........	Idem.	Second mémoire sur l'électricité et le magnétisme, où l'on détermine suivant quelles lois le fluide magnétique, ainsi que le fluide électrique, agissent, soit par répulsion, soit par attraction........................		578

NOMS des AUTEURS.	ANNÉES.	INDICATION DES MATIERES.	Histoire. Pages.	Mémoires Pages.
COULOMB. . . .	1785	Troisième mémoire sur l'électricité et le magnétisme, de la quantité d'électricité qu'un corps isolé perd dans un temps donné, soit par le contact de l'air plus ou moins humide, soit le long des soutiens plus ou moins idio-électriques.		612
LEGENDRE . . .	1786	Méthode sur la manière de distinguer les *maxima* des *minima* dans le calcul des variations. . . .		7
COULOMB. . . .	*Idem.*	Quatrième mémoire sur l'électricité, où l'on démontre deux principales propriétés du fluide électrique.		67
LEGENDRE.. . .	*Idem.*	Mémoire sur les intégrations par arcs d'ellipse .		616
Idem.	*Idem.*	Second mémoire sur les intégrations par arcs d'ellipse, et sur la comparaison de ces arcs . .		644
CHARLES.	*Idem.*	Recherches sur l'intégration d'une espèce singulière d'équation à différences finies.		695
LEGENDRE.. . .	1787	Mémoire sur l'intégration de quelques équations aux différences partielles.		309
Idem.	*Idem.*	Mémoire sur les opérations trigonométriques, dont les résultats dépendent de la figure de la terre.		352
COULOMB. . . .	*Idem.*	Cinquième mémoire sur l'électricité.		421
HAUY.	1788	Mémoire où l'on expose une méthode analytique pour résoudre les problêmes relatifs à la structure des cristaux.		13
Idem.	*Idem.*	Mémoire sur la double réfraction du spath d'Islande.		34
CHARLES.	*Idem.*	Recherches sur les principes de la différenciation et sur les intégrales connues jusqu'ici sous le nom d'*intégrales particulières*.		115
Idem.	*Idem.*	Suite du mémoire sur les principes de la différenciation..		132
LEGENDRE. . . .	*Idem.*	Mémoire sur les intégrales doubles.		454

NOMS des AUTEURS.	ANNÉES.	INDICATION DES MATIÈRES.	Histoire. Pages.	Mémoires. Pages.
CHARLES.....	1788	Nouvelles recherches sur la construction des équations en différences finies du premier ordre, et sur celle des limites de ces équations. . - .		580
COULOMB.....	Idem.	Sixième mémoire sur l'électricité, et suite des recherches sur la distribution du fluide électrique entre plusieurs corps conducteurs : détermination de la densité électrique dans les différens points de la surface de ces corps.. . .		617
LEGENDRE.. . .	Idem.	Suite du calcul des triangles qui servent à déterminer la différence de longitude entre l'observatoire de Paris et celui de Greenwich. . .		747
COULOMB. ...	1789	Septième mémoire sur l'électricité et le magnétisme.		455
HAUY.	Idem.	Mémoire sur la manière de ramener à la théorie du parallélipipède celle de toutes les autres formes primitives des cristaux.		519
BORDA. . . . . . LAGRANGE.. . . MONGE.	Idem.	Rapport fait à l'Académie des Sciences sur le système général des poids et mesures.	1	
HAUY.	1790	Mémoire sur les cristaux, appelés communément *pierres de croix*.		27
LEGENDRE....	Idem.	Mémoire sur les intégrales particulières des équations différentielles.		218
DIONIS DUSÉJOUR.	Idem.	Mémoire sur une relation algébrique entre l'anomalie vraie et l'anomalie moyenne.		401
COULOMB. ...	Idem.	Mémoire sur les frottemens de la pointe des pivots.		448

LITTÉRATURE ET BEAUX-ARTS.

TOME PREMIER.

NOMS des AUTEURS.	ANNÉES.	INDICATION DES MATIÉRES.	Histoire. Pages.	Mémoires. Pages.
D. LEROY....	1795	Nouvelles recherches sur les navires employés par les anciens, depuis l'origine des guerres puniques jusqu'à la bataille d'Actium , et sur l'usage qu'on en pourroit faire dans notre marine, par David Leroy ; lues à l'Institut le 13 pluviose an IV (1795).		479
A. MONGEZ. . .	1796	Mémoire sur les travaux publics des Romains, comparés à ceux des modernes, par Antoine Mongez ; lu à l'Institut le 23 ventose an V (1796).		492
PEYRE..	1795	Mémoire sur l'achèvement du Louvre, sur l'agrandissement du Muséum national de peinture et de sculpture, et sur la nécessité de former promptement une école spéciale des arts ; lu le 23 messidor an IV (1795).		667
TOME II.				
D. LEROY....	1796	Mémoire sur les Mœris (ou lac Mœris) , en Égypte, par David Leroy ; lu le 28 floréal an V (1796).		117
TOME III.				
Idem.	1797	Deuxième mémoire sur la marine ; des petits navires des anciens, et de l'usage que nous pourrions en faire dans notre marine militaire ; lu le 15 messidor an VI (1797).		141
Idem.	1798	Troisième et dernier mémoire sur la marine des anciens, et particulièrement sur un bas-relief publié par Winckelmann , et représentant le fragment d'une galère ; lu le 8 ventose an VII (1798).		152
RAYMOND. . . .	Idem.	Mémoire sur la construction du dôme de la *Madona della Salute*, à Venise, comparée avec celle du dôme des Invalides à Paris ; lu le 8 ventose an VII (1798).		395
TOME IV.				
PEYRE..	1801	Projet d'une bibliothèque nationale à ériger sur l'emplacement de la Madeleine de la Ville-l'Évêque, par M. Peyre ; extrait d'un mémoire lu à l'Institut le 28 prairial an IX (1801).		402

SAVANS ÉTRANGERS.

MATHÉMATIQUES.

EXTRAITS tirés des Mémoires de Mathématiques et de Physique, présentés à l'Académie des Sciences de Paris par divers Savans étrangers.

TOME PREMIER,

Imprimé en 1750.

NOMS des AUTEURS.	ANNÉES de L'IMPRESSION.	INDICATION DES MATIÈRES.	MÉMOIRES. Pages.
		GÉOMÉTRIE.	
PÉZÉNAS.....	1741	Mémoire sur la mesure des segmens d'un tonneau coupé parallèlement à son axe ; l'auteur y suppose qu'un tonneau est composé de deux paraboloïdes tronquées jointes par leur base, dont le plan coupe le bondon : or, il est démontré que si on coupe une paraboloïde par un plan parallèle à son axe, la section sera toujours une parabole qui aura même paramètre que la parabole génératrice. C'est donc une suite des plans paraboliques décroissans, et ayant un paramètre commun qu'il s'agit de mesurer......................	55
D'ARCY......	1742	Mémoire dans lequel on traite de la courbe d'égale pression, lorsque le milieu résiste comme le carré des vitesses. Ce problème avoit déjà été résolu par M. de l'Hôpital ; mais, en supposant que le tout se passât dans le vide, on voit bien qu'il est rendu plus difficile par l'addition d'un instant résistant que M. d'Arcy suppose. Il est cependant résolu dans son mémoire, et même avec la plus grande élégance.	73
SAINT-JACQUES	1745	Deux solutions de problème, où il s'agit de trouver la forme que doit avoir une quantité de matière, pour attirer, le plus qu'il est possible, un corpuscule placé à volonté, l'attraction étant supposée agir en raison renversée du carré des distances. Le calcul y est manié avec adresse, et la deuxième solution simple et élégante. .	175

NOMS des AUTEURS.	ANNÉES de L'IMPRESSION.	INDICATION DES MATIÈRES.	MÉMOIRES. —— Pages.
		La partie mécanique comprend deux mémoires.	
SOUMILLE....	1746	Dans le premier, M. l'abbé Soumille donne la description d'un nouveau sablier marquant sur un cadran les heures et les minutes. Il paroîtra peut-être singulier qu'après tous les travaux qui ont été faits sur cette matière, surtout avant l'invention des pendules, il puisse y avoir encore quelque chose de nouveau à trouver. Cependant, ceux qui voudront prendre la peine d'examiner l'ouvrage, verront que la construction de son sablier est absolument neuve, et reconnoîtront avec combien d'adresse il y évite les inconvéniens auxquels ces instrumens sont ordinairement sujets.	80
PETIT-VANDIN.	*Idem.*	Le second contient plusieurs remarques sur l'hydraulique, et particulièrement sur les machines mues par le moyen de l'eau, en mesurant l'effort de l'eau courante contre les aubes des roues et déterminant le nombre le plus avantageux de ces aubes. M. Petit - Vandin résoud plusieurs problèmes de cette espèce, et relève une erreur dans laquelle étoient tombés quelques auteurs, en ne faisant point attention au rayon de la roue, qui doit cependant entrer pour beaucoup dans le calcul : aussi trouve-t-il un résultat différent du leur. Il applique sa théorie aux roues verticales et horizontales. Il examine la forme des pertuis qui conduisent l'eau sur la roue, et détermine la largeur et la hauteur qu'on leur doit donner pour procurer à l'eau la plus grande force.	261

TOME II,

Imprimé en 1755.

NOMS des AUTEURS.	ANNÉES de L'IMPRESSION.	INDICATION DES MATIÈRES.	MÉMOIRES. Pages.
		Quatre mémoires composent la partie géométriq.	
OUTHIER.. . . .	1755	Le premier est une quadrature du cercle par approximation, par M. l'abbé Outhier. Tous ceux qui ont la plus médiocre teinture de géométrie savent qu'on peut toujours, en augmentant les rayons, rendre un secteur d'un moindre nombre de degrés égal à un secteur donné d'un cercle plus petit ; c'est par ce moyen qu'il réduit tout cercle et tout secteur donné à un autre secteur dans lequel l'arc peut être aussi petit qu'on le voudra. Cette idée a paru simple et ingénieuse	333

NOMS des AUTEURS.	ANNÉES de L'IMPRESSION.	INDICATION DES MATIÈRES.	MÉMOIRES. Pages.
ESTÉVE..	1755	Le second mémoire est la manière de déterminer les dimensions d'une pyramide triangulaire dont on connoît la base et les angles au sommet; par M. Estéve, de la société des sciences de Montpellier. Ce problème, qui n'est pas de pure spéculation, puisqu'il peut servir à plusieurs opérations trigonométriques, a paru résolu avec toute la précision et la brièveté possibles.	408
BOSSUT..	Idem.	Le troisième contient plusieurs usages de la différenciation des paramètres, pour la solution de plusieurs problèmes de la méthode inverse des tangentes, par l'abbé Bossut. L'auteur y donne la solution de plusieurs problèmes, presque tous proposés par Jean Bernouilly, et desquels le premier n'avoit encore été résolu par personne. L'auteur y fait dans quelques endroits un usage avantageux de la méthode de différencier les quantités sous le signe d'intégration, en supposant que la constante varie; et la manière dont il sépare quelques-unes des indéterminées, a paru très-courte et très-élégante.	435
Idem.	Idem.	Le quatrième est du même auteur. Il y donne la solution de deux problèmes de géométrie, dont le premier consiste dans l'intégration d'une équation différentielle, que M. Bossut opère au moyen d'une transformation, et qu'il construit ensuite dans un certain nombre de cas par le moyen de différentes méthodes très-ingénieuses; et le second consiste à trouver la solidité d'un segment de conoïde parabolique, coupé par un plan parallèle à son axe; ces deux solutions ont paru exactes et élégantes.	543

TOME III,

Imprimé en 1760.

Quatre mémoires appartiennent à la Géométrie.

NOMS des AUTEURS.	ANNÉES de L'IMPRESSION.	INDICATION DES MATIÈRES.	MÉMOIRES. Pages.
BOSSUT	1760	Le premier contient la démonstration d'un théorème de géométrie sur la différence rectifiable de certains arcs elliptiques, énoncé dans les actes de Leipsick. Cette démonstration a paru éloquente, et l'abbé Bossut y ajoute une méthode très-simple et très-directe pour découvrir ce théorème, *à priori*, et sans en savoir l'énoncé; cette méthode est non seulement applicable à ce théorème, mais encore à tous les problèmes du même genre.	314

NOMS des AUTEURS.	ANNÉES de L'IMPRESSION.	INDICATION DES MATIERES.	MÉMOIRES. —— Pages.
BEZOUT.	1760	Le second de M. Bezout a pour objet les quantités différentielles qui, n'étant point intégrables par elles-mêmes, le deviennent quand on leur joint des quantités de même forme qu'elles. La manière dont l'auteur attaque ce problème est singulière. Il en prend d'abord l'inverse, c'est-à-dire qu'il se propose une intégrable, et qu'après l'avoir différenciée, il la sépare en deux autres différentielles de même forme, qu'il trouve le moyen par des transformations très-adroites de rendre non intégrables. Cette méthode très-générale, appliquée à des cas particuliers, lui fait trouver dans l'ellipse, dans l'hyperbole et dans différentes espèces de paraboles, des arcs dont la somme ou la différence est rectifiable.	326
BOSSUT.	Idem.	Le troisième de M. Bossut a pour objet de résoudre par le calcul intégral différens problèmes sur l'aire de la cycloïde et de ses parties, et sur les dimensions et les centres de gravité des solides cycloïdaux, et des surfaces de ces solides La méthode de l'auteur a par d'autant plus ingénieuse, qu'elle n'est pas bornée aux seuls problèmes auxquels il l'applique dans ce mémoire, et qu'elle peut servir en d'autres occasions.	603
SILVABELLE. . .	Idem.	Le quatrième et dernier mémoire de géométrie a pour auteur M. de Silvabelle; il s'y propose de déterminer le solide qui, étant mu dans un fluide suivant la direction de son axe, y éprouvera la moindre résistance possible. La méthode qu'il emploie est de chercher d'abord entre tous les solides formés par des arcs de cercle passant par des points donnés, celui qui souffrira la moindre résistance; il rend ensuite cet arc infiniment petit, et détermine par ce moyen l'équation générale du solide cherché. Il y ajoute plusieurs remarques sur les cas où la résistance est un *maximum*, et sur ceux où elle est un *minimum*, et fait voir que cette détermination ne convient qu'aux courbes continues, et qu'ainsi l'un et l'autre ne sont que relatifs et non absolus.	638

NOMS des AUTEURS.	ANNÉES de L'IMPRESSION.	INDICATION DES MATIÈRES.	MÉMOIRES —— Pages.
		DYNAMIQUE. *Seul mémoire de M. Bossut.*	
BOSSUT	1760	Il contient la solution de différens problèmes de dynamique par M. l'abbé Bossut : la plupart des problèmes résolus dans ce mémoire l'avoient, à la vérité, déjà été par plusieurs géomètres ; mais sa méthode paroît absolument neuve. Il y emploie pour principe que la quantité de mouvement d'un système de corps n'est point changée par l'action et la réaction que ces corps exercent les uns sur les autres. L'auteur a eu le plaisir de trouver presque partout le fameux principe de la conservation des forces vives, qu'on ne démontre le plus souvent que par des détours très-épineux et indirects.	473
		MÉCANIQUE. *Seul mémoire de M. Barthès.*	
BARTHÈS.	*Idem.*	M. Barthès le père, qui en est l'auteur, y traite des soufflets de certaines forges, dont le vent est produit par la chute de l'eau. On sait depuis long-temps que ces soufflets tirent leur vent de l'air qui se dégage de l'eau qu'on fait tomber par un tuyau vertical, mais on ne s'étoit point encore avisé de rechercher les proportions les plus avantageuses du tuyau, de l'ouverture, de la disposition des trous qui y doivent introduire de l'air, et de ceux qui sont destinés à laisser échapper l'eau par la caisse qui est au bas, ni la position d'une pierre qui reçoit la chute de l'eau au fond de la caisse, pour la faire rejaillir de tous côtés, afin de faciliter la séparation de l'air. Tous ces points sont l'objet du mémoire de M. Barthès : les expériences qu'il a faites sur cette matière, et qu'il rapporte dans son ouvrage, ne peuvent que faire desirer qu'il veuille bien les continuer pour fixer absolument les idées sur la perfection de cette machine. .	378
		TOME IV, Imprimé en 1763. **GÉOMÉTRIE.** *Trois mémoires de MM. Labottière, Rallier et Mauduit.*	
LABOTTIÈRE. .	1763	Le premier, dont l'auteur est M. Labottière, contient une méthode par le secours de laquelle	

NOMS des AUTEURS.	ANNÉES de L'IMPRESSION.	INDICATION DES MATIÈRES.	MÉMOIRES. ——— Pages.
LABOTTIÈRE . .	1763	on peut résoudre plusieurs problêmes indéterminés. La partie la plus essentielle de ce mémoire est la solution d'un problème d'arithmétique, tentée par plusieurs géomètres dont aucun, si on en excepte M. Euler, n'en avoit donné une satisfaisante : M. Labottière a paru renchérir encore sur cette dernière solution : il donne même à sa méthode un degré de perfection qu'aucun autre n'avoit, celui de connoître, dès le commencement, les cas où cette solution est impossible ; ce que les autres ne font connoître qu'à la fin du calcul.	33
RALLIER	Idem.	Dans le second, M. Rallier traite des carrés magiques, les carrés dans lesquels la somme de tous les nombres qui composent chaque bande prise horizontalement ou verticalement, est toujours la même et égale à celle des nombres qui composent les diagonales, ont fait depuis long-temps le sujet des recherches de plusieurs savans mathématiciens. M. Rallier a enchéri sur tout ce qu'on avoit fait avant lui sur cette matière : les règles qu'il propose dans cet ouvrage pour la construction des carrés pairement pairs, pairement impairs et par enceinte, ont paru simples et clairement démontrés.	196
MAUDUIT	Idem.	Le troisième a pour objet la cubature des corps gauches de ces solides qui, au lieu d'être renfermés par des surfaces planes, ont une ou plusieurs de leurs surfaces courbes, et souvent de plus d'un sens et de la manière la plus irrégulière. M. Mauduit, auteur de cet ouvrage, a trouvé moyen d'assujétir au calcul infinitésimal ces corps en apparence si rebelles : et, malgré le grand nombre de termes que contient l'expression différentielle à laquelle il parvient, il trouve cependant le moyen d'en déduire une règle de pratique assez simple, et qui le devient encore plus en l'appliquant à chaque cas particulier ; avantage d'autant plus grand, que le calcul de ces corps gauches est le cas le plus ordinaire des excavations, ou de la construction des terrasses qu'on peut avoir à mesurer. L'auteur a joint à cet ouvrage l'examen des courbes qu'on peut tracer sur ces surfaces gauches, lorsque la base a deux de ses côtés parallèles. On voit bien que ces courbes seront à doubles courbures.	623

NOMS des AUTEURS.	ANNÉES de L'IMPRESSION.	INDICATION DES MATIÈRES.	Pages.
		DYNAMIQUE.	
		Seul mémoire de M. Chabanon.	
CHABANON. . . .	1763	M. Chabanon y donne la solution d'un problème de dynamique, qui consiste à trouver la vitesse d'une verge inflexible, sans pesanteur glissant entre deux plans inclinés à l'horizon, et faisant un angle quelconque, et mûe par l'action d'un poids fixé à cette verge, le tout ayant égard au frottement. La difficulté de ce problème est la perturbation que le mouvement du corps, déjà composé de la pesanteur et de sa première direction, éprouve de la part des plans entre lesquels il se meut : il en résulte à chaque instant une destruction de force et un changement continuel de direction qu'il faut examiner pour déterminer la route réelle du corps en mouvement. Pour y parvenir, M. Chabanon fait usage du principe de dynamique de M. d'Alembert, etc.	646
		MÉCANIQUE.	
		Trois mémoires de MM. d'Incarville, Necker et Brodier.	
Le Père D'INCARVILLE. .	Idem.	Dans le premier, le père d'Incarville donne la manière de faire les fleurs dans les feux d'artifice des Chinois. Il en donne tous les détails, et fait voir que la matière de ces fleurs est la fonte de fer réduite en poudre plus ou moins fine : la figure des fleurs dépend absolument de ce degré de finesse, et leurs couleurs des différentes matières qu'on y joint ; mais un point extrêmement important, c'est la figure de la cartouche et le diamètre de son ouverture. Il faut que la poudre de fer qu'il contient en sorte, et qu'elle en sorte fondue et allumée.	66
NECKER.	Idem.	Dans le second, M. Necker, citoyen de Genève, donne la solution de quelques problèmes de mécanique : le premier consiste à trouver le tautochrone, c'est-à-dire, la courbe dont les arcs égaux sont parcourus par un corps pesant en temps égaux, en supposant que le mouvement se fasse dans le vide, et ayant égard au frottement qu'il suppose en raison donnée de la pression, et il trouve que cette courbe est une cycloïde, soit qu'on fasse descendre le	

NOMS des AUTEURS.	ANNÉES de L'IMPRESSION.	INDICATION DES MATIÈRES.	MÉMOIRES. —— Pages.
NECKER.	1763	corps , soit qu'on l'y fasse remonter. Le problème devient plus difficile si on suppose que le corps , au lieu de se mouvoir dans le vide , se meuve dans un milieu résistant comme le carré de sa vîtesse ; M. Necker l'attaque cependant sous cette forme , et le résout au moyen d'une équation qui se peut construire , en intégrant une fraction rationnelle. La solution même a lieu , en supposant que le milieu résiste comme une fonction quelconque de la vîtesse , pourvu que l'intensité de la résistance soit très-petite , et la courbe cherchée , en ce cas , très-peu différente de la cycloïde. M. Necker recherche ensuite la ligne sur laquelle un corps pesant se mouveroit uniformément dans l'hypothèse du vide et du frottement , en supposant qu'il commençât à se mouvoir avec une vîtesse donnée : il trouve que cette ligne est une droite inclinée à l'horizon , suivant un angle qu'il détermine par une scholie assez étendue , dans laquelle il fait voir que les connoissances physiques que nous avons sur les lois du frottement , sont encore très-imparfaites.	95
BRODIER	Idem.	Le troisième et dernier mémoire est de M. Brodier ; il contient la description d'une chaise roulante de son invention, avec laquelle on peut se promener soi-même et aller sur les chemins , en la faisant mouvoir avec des manivelles. Il a calculé la force qu'il y pourroit employer , ce que les différens frottemens en pourroient faire perdre ; la resistance que la voiture chargée de son poids éprouveroit dans les chemins unis , montans ou descendans , et il a trouvé qu'il lui restoit encore suffisamment de forces.	351

T O M E V ,

Imprimé en 1768.

ARITHMÉTIQUE.

Trois mémoires de M. Rallier.

NOMS des AUTEURS.	ANNÉES de L'IMPRESSION.	INDICATION DES MATIÈRES.	MÉMOIRES. Pages.
RALLIER	1768	Le premier a pour objet la solution du problème suivant : *Trouver un nombre 12 de nombres , de chacun desquels on connoit le produit par la somme de tous les autres.* Cette solution est assez facile par les méthodes ordinaires ; quand le nombre demandé n'excède pas trois , mais	

NOMS des AUTEURS.	ANNÉES de L'IMPRESSION	INDICATION DES MATIÈRES.	MÉMOIRES. Pages.
RALLIER.	1768	quand ce nombre devient plus grand, la difficulté de la solution s'augmente au point d devenir presque insurmontable. M. Rallier enseigne à attaquer ce problème par le moyen des diviseurs, en arrangeant deux à deux et dans un certain ordre qu'il prescrit tous les diviseurs de ce produit qu'on connoît. Il n'est presque plus nécessaire d'employer aucun calcul ; un seul coup-d'œil, par les règles qu'il donne, offre à l'instant la solution du problème qui se trouve réduit à ses moindres termes. .	479
Idem.	*Idem.*	Le second contient *une méthode facile pour découvrir tous les nombres premiers contenus dans la suite des impairs, et en même temps les diviseurs simples de ceux qui ne le sont pas :* on sait que les nombres premiers sont ceux qui ne sont divisibles que par eux-mêmes ou par l'unité : il y avoit déjà eu d'autres tables présentées à l'Académie par le père Mercatel et par M. Dutour. On verra dans le mémoire de M Rallier qu'en marquant seulement dans la suite des impairs tous les nombres composés, on parvient indirectement par une espèce de méthode d'exclusion à trouver les nombres premiers qu'on cherchoit ; il donne un exemple de cette méthode	485
Idem.	*Idem.*	Le troisième et dernier mémoire est destiné à l'explication d'*une méthode nouvelle de division, quand le dividende est multiple du diviseur, et se peut par conséquent diviser sans reste et d'extraction de racines, quand la puissance est parfaite ;* cette méthode n'a presque rien de commun avec la met. de ordinaire : elle est extrêmement facile, et pourvu qu'on connoisse autant de chiffres sur la droite du dividende ou de la puissance, que le quotient ou la racine doivent avoir de chiffres qui les précèdent, et obtenir de même le quotient. L'avantage de cette méthode est de pouvoir ignorer sans conséquence une partie des chiffres du dividende ou de la puissance, n'est pas à mépriser. Il peut se trouver dans des titres ou des inscriptions précieuses des nombres nécessaires dont les premières figures soient détruites ou effacées, et qu'on retrouvera par cette méthode, pourvu qu'on soit sûr qu'ils sont dans le cas du problème	551

NOMS des AUTEURS.	ANNÉES de L'IMPRESSION.	INDICATION DES MATIÈRES.	MÉMOIRES. ——— Pages.
Le Père RICATI......	1768	**ALGÈBRE.** *Premier mémoire du P. Ricati.* Ce mémoire du père Ricati, Jésuite, contient *une méthode pour déterminer le terme général des séries récurrentes avec appendice*; on nomme *séries récurrentes*, celles dont chaque terme est formé d'un nombre déterminé des termes précédens, combinés ensemble, ou avec d'autres quantités données suivant une certaine loi, et le nombre de ces termes est ce qui détermine l'ordre de cette série. Le père Ricati avoit donné, dans un ouvrage publié en 1756, une méthode pour déterminer le terme général de ces sortes de séries; celles dont il s'agit ici sont bien du même genre, mais elles en diffèrent en ce que le produit des termes composans qui forment le nouveau terme est toujours augmenté d'une quantité constante : ce qui a engagé l'auteur à donner une méthode de trouver aussi le terme général de ces séries récurrentes avec appendice; il y parvient par un arrangement de leurs termes en colonnes verticales, et cet arrangement est tel que les termes qui se trouvent dans chaque bande horizontale ou à la même hauteur dans chaque colonne, forment une série récurrente sans appendice : d'où il suit que le terme général de la série sera la somme de tous les termes généraux de chaque série partielle; et que, comme elles sont toutes sans appendice, on pourra aisément l'obtenir. C'est par cette ingénieuse méthode, que le P. Ricati rappelle à la règle qu'il avoit donnée les séries récurrentes avec appendice qui paroissoient s'en écarter	153
JARS.......	Idem.	**HYDRAULIQUE.** *Premier Mémoire.* Ce mémoire, dont l'auteur est M. Jars, contient la description d'une *machine hydraulique*, inventée par M. Hell. Cette machine, qui n'est qu'une application ingénieuse de la fontaine de Heron, élève l'eau d'elle-même, et sans aucun piston, à la hauteur de quatre-vingt-seize pieds dans les mines de Chaunitz, où M. Jars l'a vu exécuter. Il en donne, dans son mémoire, tout le détail : on y verra un phénomène singulier, qui consiste en une espèce de neige ou de grêle qui frappe les corps exposés au jet de l'air, qui sort d'un des robinets de la machine, et qui	

NOMS des AUTEURS.	ANNÉES de L'IMPRESSION.	INDICATION DES MATIÈRES.	MÉMOIRES. Pages.
JARS	1768	ne paroît que lorsque l'eau qu'on a employé pour la faire jouer est celle d'une source minérale qui en fournit quelquefois à cet usage, et jamais lorsqu'on y a employé de l'eau commune.	

MÉCANIQUE.

Deux Mémoires sur les niveaux, par M. Chézy.

NOMS des AUTEURS.	ANNÉES de L'IMPRESSION.	INDICATION DES MATIÈRES.	MÉMOIRES. Pages.
CHÉZY	Idem.	M. de Chézy, ingénieur des ponts et chaussées, donne les moyens de perfectionner les *niveaux à bulle d'air.* Ces instrumens sont, comme on sait, composés d'un tuyau de verre cylindrique rempli d'esprit-de-vin, et dans lequel on a laissé une bulle d'air assez grosse, qui, par sa légèreté, gagne toujours le bout du tuyau le plus élevé, et ne s'arrête au milieu que lorsqu'il est horizontal : on voit bien, par cette description, que ce niveau exige que le tuyau soit bien cylindrique ; s'il étoit plus large par les bouts, jamais la bulle ne se tiendroit au milieu, quoique l'axe du tuyau fût horizontal ; et s'il étoit renflé dans le milieu, la bulle y resteroit, quoiqu'on inclinât le tube : il est cependant utile que le tuyau soit un peu renflé dans ce dernier cas, pour modérer l'extrême sensibilité de l'instrument que lui donne la figure cylindrique ; mais ce renflement doit être une espèce d'infiniment petit et dégradé régulièrement et également de part et d'autre ; c'est ce qu'on ne peut guère espérer d'obtenir en se servant des tuyaux sortant de la verrerie, comme on avoit fait jusqu'ici. Le hasard ne garde pas ordinairement des proportions si justes. M. de Chézy enseigne à travailler ces tuyaux, comme on travaille les verres de lunettes, et à donner à cette espèce de niveau le degré de sensibilité qu'on désire, et toute la perfection possible ; c'est un véritable service qu'il rend à tous ceux qui sont dans le cas de faire des nivellemens, et aux astronomes qui emploient cet instrument dans plusieurs occasions.	254
BONVOUX	Idem.	Le second et dernier mémoire est de M. Bonvoux ; il contient la description de la manœuvre qu'il a imaginée et exécutée pour retirer une carcasse de navire, échouée au bout de la fosse, à Nantes, depuis quatre-vingts ans, et qui gênoit beaucoup les navigateurs de la Loire :	

NOMS des AUTEURS.	ANNÉES de L'IMPRESSION.	INDICATION DES MATIÈRES.	MÉMOIRES. Pages.
BONVOUX. . . .	1768	l'Académie a déjà présenté au public le récit d'une opération de cette espèce, faite par M. Goubert (*Savans Étrangers*, tome II, pag. 500), mais bien plus en grand, et pour relever un galion, envasé depuis quarante-deux ans dans la rade de Redondelle, près Vigo. Quoique la méthode de M. Bonvoux tende au même point, cependant ses moyens sont beaucoup moins dispendieux, plus simples, et plus proportionnés à l'objet qu'il avoit en vue. On verra, dans son mémoire, comment, avec un équipage très-peu composé, et à l'aide d'une aiguille circulaire de fer, il est venu à bout de passer, sous la carcasse qu'il vouloit enlever, quatre cables, à l'aide desquels des gabarres, auxquelles ils ont été amarrés, et du jeu des marées, il est parvenu à l'arracher de sa fouille et à la conduire à terre, sans en avoir dépensé au-delà de la douzième partie de la somme qu'on demandoit pour cette opération. Les routes indiquées par les mathématiques et par le génie seront toujours les plus courtes et les moins dispendieuses.	392

TOME VI,

Imprimé en 1774.

ANALYSE

Sur les suites récurro-récurrentes et sur leurs usages dans la théorie des hasards. . . .   353

NOMS des AUTEURS.	ANNÉES de L'IMPRESSION.	INDICATION DES MATIÈRES.	MÉMOIRES. Pages.
LAPLACE.	1774	M. Lagrange est le premier qui, dans les Mémoires de Turin, année 1760, ait fait dépendre la théorie des séries récurrentes de celles des équations linéaires aux différences finies. Ces équations s'intègrent par les mêmes moyens et dans des cas semblables à ceux où l'on intègre les équations linéaires aux différences infiniment petites. M. Laplace a traité, dans le tome IV des Mémoires de Turin, ce sujet, sur lequel je ne connois que quelques remarques générales dans un Essai sur les différences finies, imprimé dans nos mémoires pour l'année 1770, et il se propose ici de rappeler la théorie des suites récurrentes dont la somme a un dénominateur à deux variables, à la théorie d'une espèce d'équation aux différences finies, dont la solution, lorsqu'elles sont linéaires, se peut déduire encore des mêmes principes.	

NOMS des AUTEURS.	ANNÉES de L'IMPRESSION.	INDICATION DES MATIÈRES.	MÉMOIRES. Pages.
LAPLACE..	1774	M. Laplace montre ensuite que cette espèce de séries récurrentes peut être employée utilement dans la solution de plusieurs problèmes du calcul des probabilités. Il termine son mémoire par deux théorèmes, dont l'un est un démonstration nouvelle d'un théorème de M. Lagrange et de M. d'Alembert; l'autre montre que ce théorème s'étend aussi aux différences finies. On peut voir, sur ce dernier objet, les mémoires de 1770, déjà cités. Tel est l'objet du premier mémoire de M. Laplace; dans le second il traite une branche de l'analyse des hasards, bien plus importante et moins connue que celle qui fait le sujet du premier mémoire : ici la probabilité est inconnue, c'est-à-dire, que le nombre des chances, pour ou contre un événement proposé, est indéterminé ; on sait seulement que, dans un nombre donné d'expériences, cet événement est arrivé un certain nombre de fois ; et on demande comment, de cette seule donnée, on peut conclure la probabilité de ce qui peut arriver dans la suite. Dans les questions que traite ici M. Laplace, le nombre des événemens possibles doit être regardé comme infini , et chaque événement comme une quantité différentielle : ainsi elles dépendent à la fois du calcul intégral et du calcul des différences finies. Cette manière de considérer la probabilité inconnue des événemens, a été employée par Daniel Bernouilly et par d'Alembert, dans leurs applications du calcul des probabilités aux avantages de l'inoculation. Les principes sur lesquels les analystes ont fondé le calcul des probabilités, mériteroient, sans doute, un examen approfondi. D'Alembert a proposé, contre ces principes, des objections que personne encore n'a résolues. M. Laplace termine son mémoire par quelques théorèmes sur les intégrales particulières des équations différentielles , et sur les équations aux différences partielles. Ces théorèmes sont, pour ainsi dire, le résultat de plusieurs mémoires très-savans lus à l'Académie.	233 et 621

NOMS des AUTEURS.	ANNÉES de L'IMPRESSION.	INDICATION DES MATIÈRES.	MÉMOIRES. Pages.
		GÉOMÉTRIE. *Quadrature des espaces circulaires.*	
BOURRAND....	1774	Cette quadrature est du même genre que celle des espaces, si connus sous le nom de *Lunules d'Hippocrate :* on trouve, dans les Mémoires de l'Académie de Berlin, des Recherches analytiques de M. Cramer, où il paroît avoir épuisé cette matière des lunules quarrables...	400
		TOME VII, Imprimé en 1776. **ANALYSE** *Sur les différences finies et leur application au calcul des probabilités, en 1773.*	
LAPLACE.....	1776	Les équations aux différences finies partielles, dont s'occupe particulièrement M. Laplace, sont celles où les indéterminées sont supposées avoir varié dans plusieurs hypothèses différentes: on peut regarder cette matière comme absolument neuve, du moins sous ce titre ; car on doit compter pour rien un Essai très-court, inséré dans les Mémoires de l'Académie pour 1772.	37
		Les réflexions de M. Laplace sur les probabilités intéressent les philosophes, autant que ses profondes recherches d'analyse sont dignes d'occuper les géomètres.	
		Il y a encore un mémoire de M. Laplace qui appartient à l'analyse pure : il renferme de nouvelles démonstrations de quelques théorèmes insérés par M. Lagrange dans les Mémoires de Berlin, année 1772.	534
		Sur les fonctions arbitraires des équations aux différences partielles, et sur un tour de cartes, en 1773 et 1774.	
MONGE......	*Idem.*	Des trois mémoires de M. Monge, deux ont pour objet les fonctions arbitraires qui se trouvent dans les intégrales des équations aux différences partielles ; dans le premier, il enseigne à les construire ; dans le second, il les réduit à la	

NOMS des AUTEURS.	ANNÉES de L'IMPRESSION.	INDICATION DES MATIÈRES.	MÉMOIRES. ——— Pages.
MONGE......	1776	solution des équations aux différences finies. L'idée de cette réduction se trouve dans une lettre à M. d'Alembert, imprimée en 1768 ; et l'auteur de cette lettre l'a développée depuis, avec beaucoup de détail, dans un mémoire présenté à l'Académie, en 1771, et imprimé dans le volume de la même année ; mais ce mémoire n'étoit pas encore publié quand M. Monge a présenté le sien, où les géomètres trouveront beaucoup d'élégance et une clarté à laquelle il est rare d'atteindre dans des matières si difficiles. Dans le troisième mémoire, M. Monge donne la théorie d'un tour de cartes. On sait que ces sortes de tours dépendent du calcul des permutations : ce calcul le conduit à des résultats très-curieux sur l'ordre constant qu'observent toutes les cartes, ou quelques-unes d'entre elles, après plusieurs changemens dont les lois sont données. Le temps viendra où l'analyse, plus perfectionnée, mettra les géomètres à portée de résoudre des problèmes utiles sur les rappors de position que les corps observent entre eux. Jusqu'ici ils n'ont pu se proposer que des questions de pure curiosité, mais qu'on ne doit point regarder comme inutiles, si elles peuvent servir aux progrès de cette espèce d'analyse. .	267, 305 et 390

HYDROSTATIQUE

Sur la figure de la Terre.

NOMS des AUTEURS.	ANNÉES de L'IMPRESSION.	INDICATION DES MATIÈRES.	MÉMOIRES. ——— Pages.
LAPLACE.....	Idem.	Dans ce Mémoire, M. Laplace examine, par des méthodes analytiques, cette question : trouver quelle figure un fluide homogène, et dont les particules s'attirent en raison inverse du carré des distances, doit avoir pour se maintenir en équilibre, en supposant à cette masse fluide un mouvement quelconque de rotation.	524

MÉCANIQUE RATIONELLE

Sur quelques problèmes de Statique relatifs à l'Architecture.

NOMS des AUTEURS.	ANNÉES de L'IMPRESSION.	INDICATION DES MATIÈRES.	MÉMOIRES. ——— Pages.
COULOMB. ...	Idem.	Les questions que M. Coulomb traite dans ce mémoire sont fort importantes : elles ont pour objet la pression des terres, la force qu'il convient de donner aux revêtemens, l'équilibre des voûtes, en ayant égard à la cohésion et au	

NOMS des AUTEURS.	ANNÉES de L'IMPRESSION.	INDICATION DES MATIÈRES.	MÉMOIRES. Pages.
FOURCROY....	1780	**MÉMOIRE** *Sur les Marées de la Côte de Flandre.* M. Fourcroy rapporte, dans ce mémoire, des observations sur les marées de Flandres. La Flandre maritime est un pays fertile par la qualité naturelle de son sol. Les marées ont formé des dunes ; l'eau de la mer, qui s'étoit étendue au-delà de ces dunes, a été évacuée, dans le temps des basses eaux, par l'industrie des habitans. M. Fourcroy a examiné la hauteur des plus hautes marées, celle même des marées extraordinaires qui ont été observées depuis un siècle ; il compare cette hauteur à celle des dunes et des digues, et il détermine à quelle hauteur les digues devroient être portées pour prévenir tous les accidens. Occupé, dans la Flandre, des travaux de sa place, il a employé les temps que ces travaux lui laissoient à faire des observations utiles au public et aux sciences. La cause des marées est connue ; d'après cette cause, elles devroient être les mêmes au bout de chaque période, où la position du soleil et de la lune se retrouvent les mêmes ; mais deux causes particulières influent sur les marées, les vents et la forme des côtes. Ce dernier point peut rendre de longues observations des marées très-utiles, pour reconnoître quels ont été, sur ce phénomène, les effets des changemens que les côtes éprouvent ; ce qui pourroit conduire à des résultats utiles dans les constructions maritimes. Il seroit à desirer que le travail entrepris par M. Fourcroy fût continué et conservé avec soin dans les dépôts publics.	577
		TOME IX. *Imprimé en 1780.* **ARTS.**	
JARS.	*Idem.*	Sur les mines d'argent de Komberg, en Norwège..	551
DUHAMEL. . . .	*Idem.*	Sur des forges de fer, situées en Bretagne. . . .	495
Idem.	*Idem.*	Sur la mine de plomb d'Helgoat.	711

NOMS des AUTEURS.	ANNÉES de L'IMPRESSION.	INDICATION DES MATIERES.	MÉMOIRES. Pages.
		ANALYSE *Sur les Fonctions arbitraires.*	
MONGE.	1780	L'objet de M. Monge, dans ce mémoire, est la détermination des fonctions arbitraires qui entrent dans les intégrales des équations aux différences finies.	
		La forme de ces arbitraires étoit connue pour le cas où l'une des différences étoit constante. M. Monge la donne ici pour différentes autres hypothèses ; mais l'intégrale une fois trouvée, ainsi que la forme de la fonction arbitraire qui y entre, il reste à déterminer cette fonction d'après les conditions particulières de chaque problème. M. Monge démontre d'abord que si ces conditions se bornent à satisfaire à un nombre fini de valeurs, ou en regardant une courbe comme le lieu de l'équation, si elle est seulement assujétie à passer par un nombre de points fini, l'intégrale n'est point déterminée ; il prouve ensuite que ce doit être ou à un nombre infini de valeurs particulières prises entre certaines limites, ou à une portion de courbe que l'équation doit satisfaire ; il montre comment, d'après ces conditions, on peut construire l'intégrale cherchée, et il en tire cette conséquence générale, que comme une équation aux différences partielles représente toutes les surfaces courbes qui ont une même formation, une équation aux différences finies représente toutes les courbes planes qui ont aussi la même formation.	
		Comme les fonctions arbitraires qui entrent dans les intégrales des équations aux différences finies ne sont pas rigoureusement arbitraires, mais assujéties à certaines conditions, il paroît paradoxal de dire qu'elles peuvent, pour un espace fini de valeurs prises à des points quelconques, satisfaire à telle équation qu'on voudra. Cependant, en réfléchissant sur la nature de ces conditions, on verra qu'elles ne sont absolues que dans le cas où l'on voudroit conserver la loi de continuité dans toute la suite des valeurs d'une indéterminée, ou dans toute la courbe qui en est le lieu. Dans le cas où l'on renonceroit à la loi de continuité, ces conditions cessent d'être nécessaires : ainsi l'on peut déterminer à volonté, ou une suite de valeurs pour un espace fini, ou une partie finie de la courbe.	345

NOMS des AUTEURS.	ANNÉES de L'IMPRESSION.	INDICATION DES MATIÈRES.	MÉMOIRES. Pages.
		GÉOMÉTRIE. *Sur les surfaces développables.*	
MONGE......	1780	M. Monge donne ici la condition générale à laquelle doit être assujétie l'équation d'une surface courbe, pour que cette surface soit développable sur un plan. Ce problème avoit déjà été résolu par Euler, mais M. Monge le résoud ici d'une manière plus complète. Ses considérations sur ce genre de surfaces le conduisent ensuite à l'intégration, à la construction et à la détermination des arbitraires, dans des équations aux différences partielles dont, sans ces considérations géométriques, il eût été difficile de donner une analyse aussi complète ; une surface développable est déterminée par la condition qu'elle doit passer par deux courbes à double courbure, ou que toutes les lignes droites qui la forment, doivent être tangentes à deux surfaces données, et M. Monge montre que le problème le plus général qu'on puisse proposer sur la détermination des ombres et des pénombres, dépend de la solution de ce problème : deux surfaces courbes étant données, trouver la surface développable qui touche les deux surfaces dans tous les points communs qu'ils ont avec elles. On nomme *surfaces gauches*, les surfaces engendrées par le mouvement d'une ligne droite. Toutes les surfaces développables sont donc des surfaces gauches ; mais tous les corps gauches n'ont pas des surfaces développables : M. Monge montre quelles sont les conditions analytiques communes aux surfaces développables et à celles des corps gauches, et quelle est celle qui fait ensuite que la surface d'un corps gauche est développable	382
		Sur les surfaces courbes.	
TINSEAU.....	*Idem.*	Le premier mémoire de M. Tinseau est destiné à chercher les formules analytiques qui donnent les équations des différens problèmes sur les surfaces courbes, ou sur les courbes à doubles courbures ; telle est la détermination de leurs tangentes, de leurs points singuliers, l'expression des élémens de la surface, de la solidité, de l'espace enfermé par les lignes à double courbure, etc.	

NOMS des AUTEURS.	ANNÉES de L'IMPRESSION.	INDICATION DES MATIÈRES.	MÉMOIRES. Pages.
TINSEAU.....	1780	On y remarque sur les plans un théorème synthétique analogue à celui du carré de l'hypothénuse pour les lignes, et qui donne l'élément des surfaces courbes, comme celui de Pythagore donne l'élément des courbes ; un autre théorème très-simple enseigne à trouver sur un cône des surfaces quarrables.	594
		Dans le second mémoire, M. Tinseau examine d'autres problèmes relatifs aux surfaces gauches et au paralléloïde, qui est engendré par le mouvement parallèle d'une ligne droite, qui suit deux courbes données.	625
		T O M E X , Imprimé en 1785. **A N A L Y S E** *Sur l'attraction des Sphéroïdes.*	
LEGENDRE....	1785	L'attraction des sphéroïdes elliptiques de résolution sur un point quelconque, est proportionnelle à leur masse, pourvu que leur centre et les deux foyers de l'ellipse génératrice soient les mêmes.	
		On peut donc connoître l'attraction de ces sphéroïdes sur un point quelconque : en effet, d'après le théorème précédent, il suffit de chercher celle d'une autre sphéroïde, engendrée par une ellipse ayant les mêmes foyers et passant par ce point, et l'on sait déterminer cette attraction, lorsque le point attiré est sur la surface du sphéroïde.	
		Tel est le théorème nouveau démontré par M. Legendre dans ce mémoire ; il y emploie la méthode des séries, mais la démonstration n'en est pas moins rigoureuse, parce qu'elle ne dépend point de la valeur, mais de la forme de ces suites.	411
		Sur la courbure des surfaces.	
MEUSNIER....	*Idem.*	M. Euler a donné le premier une méthode pour déterminer la courbure des surfaces ; celle que propose M. Meusnier est différente, et elle le conduit à ce théorème curieux ; que tout élément de surface est produit par la révolution	

NOMS des AUTEURS.	ANNÉES de L'IMPRESSION.	INDICATION DES MATIÈRES.	MÉMOIRES. Pages.
MEUSNIER....	1785	d'un petit arc de cercle autour d'un axe donné, propriété analogue à celle des lignes courbes dont tous les élémens peuvent être considérés comme de petits arcs de cercle. Il a joint à cette méthode plusieurs autres remarques intéressantes sur la théorie des surfaces..................................	577
		Sur les développées et les poids singuliers des courbes à doubles courbures.	
MONGE......	*Idem.*	Cette théorie importante de la géométrie, et même pour quelques-unes de ses applications, avoit été négligée. M. Monge l'a donnée ici tout entière avec beaucoup de simplicité et d'élegance.	511
		Sur le calcul aux différences finies.	
CHARLES.....	*Idem.*	Des considérations sur la nature des intégrales, des équations aux différences finies ; sur les lois auxquelles les fonctions arbitraires qui entrent dans ces intégrales, doivent être assujéties ; sur l'étendue des solutions qui en résultent, sur leur contraction géométrique, forment le fond de ce mémoire. Les discussions qu'il renferme touchent par quelques points à la métaphysique du calcul. Ainsi, toutes les conclusions de l'auteur ne seront généralement pas admises ; mais elles méritent d'être discutées, et l'on peut dire de ce genre de question qu'il est utile pour le progrès de la science que les savans s'en occupent quelquefois, quoiqu'il fût peut-être dangereux qu'ils s'en occupassent trop long-temps.............	573

T O M E   X I,

Imprimé en 1786.

Nota. Le XIe volume ne contient exactement que l'histoire de ce qui s'est passé relativement au prix proposé par l'Académie en 1775 *sur la formation du salpêtre et sur les moyens d'augmenter en France la production de ce sel.*

L'Académie a chargé ses commissaires (Messieurs Tillet, Cadet, Lavoisier et Sage) d'en faire des extraits et de les inscrire dans la partie historique de ce volume.

M. Lavoisier faisant les fonctions de secrétaire de la commission.

TABLE

Des Machines approuvées par l'Académie des Sciences de Paris, depuis son établissement en 1666 jusqu'en 1754.

TOME PREMIER,

Depuis 1666 jusqu'en 1701.

NOMS des AUTEURS.	ANNÉES de L'IMPRESSION.	INDICATION DES MACHINES.	Pages.
PERRAULT....	1699	Cric d'équilibre pour élever des fardeaux. . . .	3
Idem.	*Idem.*	Piston pour les pompes.	9
Idem.	*Idem.*	Machine pour élever l'eau.	27
Idem.	*Idem.*	Moyen de faire un pont d'une longueur extraordinaire, qui s'élève et se baisse avec facilité.	51
Idem.	*Idem.*	Pont de bois d'une seule arche de 30 toises d'ouverture, vis-à-vis Sèvres.	59
Idem.	*Idem.*	Machine pour connoître la pente que l'eau prend dans un canal.	63
HUYGENS. . . .	*Idem.*	Manière d'empêcher les vaisseaux de se briser lorsqu'ils échouent. . , ...	73
AMONTONS. . .	*Idem.*	Pompe pour élever l'eau.	103
DUQUET.	*Idem.*	Machine pour battre des pilotis.	125
ABEILLE.	*Idem.*	Voûte plate.	159
Le P. SÉBASTIEN.	*Idem.*	Voûte plate	163
FONSJEAN. . . .	1700	Machine pour scier le marbre	195

NOMS des AUTEURS.	ANNÉES de L'IMPRESSION.	INDICATION DES MACHINES.	Pages.
	1711	Rien de spécialement relatif.	
LHEUREUX. . .	1712	Machine pour élever l'eau.	191
		TOME III, *Depuis 1713 jusques et compris 1719.*	
DECAMUS. . . .	1713	Machine pour battre des pilotis.	3
D'HERMAN. . . .	Idem.	Traîneau de nouvelle construction, avec un moyen de diminuer les frottemens dans les machines.	7
DECAMUS. . . .	Idem.	Pont flottant *idem* perfectionné.	13 et 15
D'HERMAN. . . .	Idem.	Pont flottant.	17
Idem.	Idem.	Manière de charger et de décharger un vaisseau.	29
Le Père RESSIN. .	Idem.	Manière de faciliter la descente d'une montagne à un chariot.	31
DUGUET.	Idem.	Chariot à voile et son application.	33 , 37 , et 41
	1715	Rien de spécialement relatif.	
GODEFROY. . .	1716	Escalier à répétition	99
JOUÉ.	1717	Roues à élever l'eau.	123 et 127
LELARGE.. . . .	Idem.	Différentes manières de paver les chemins. . . .	129
MARTENOT. . .	Idem.	Machine pour élever de l'eau	157
J. LEROY.	Idem.	Pendule imaginée par Julien Leroy, qui marque le temps vrai, le lieu et la déclinaison du soleil.	151
LABALME.	1718	Ponton pour curer les ports	161 et 167
LELARGE.. . . .	1719	Chariot et fourgon brisés..	197 et 201
POURCHEF. . . .	Idem.	Horloge pour mesurer le chemin d'un vaisseau. .	203

TOME VI,

Depuis 1732 jusqu'en 1734.

NOMS des AUTEURS.	ANNÉES de L'IMPRESSION.	INDICATION DES MACHINES.	Pages.
DUBORT.	1747	Moulin proposé pour le Rhône.	369
HALÈS.	1748	Soufflet ou ventilateur pour renouveler l'air des salles des malades, établi pour épreuve à l'hôtel des Invalides.	379
	1749	Rien de spécialement relatif.	
	1750	*Idem.*	
LEPLAT.	1751	Machine pour raboter le fer.	407
PAULMIER, *ingénieur des p. et ch.*	1752	Nouveau ventilateur rectifié d'après celui de M. Haller	413
Idem.	1753	Moyen pour pratiquer des abords faciles aux ponts de bateaux construits sur des bras de mer ou sur des rivières dans lesquelles le flux et le reflux se font sentir.	431
DELONCE.	*Idem.*	Machine à draguer le sable des rivières.	449
PAULMIER, *ingé.*	*Idem.*	Moulin à eau pour récéper les pilotis.	453
SARREBOURG, *ingén. des p. et ch.*	*Idem.*	Nouveau moteur.	461
FERDINAND BERTHOUD.	1754	Description d'une pendule à équations, à secondes concentriques, marquant les mois et quantièmes de mois, les années bissextiles, et allant treize mois sans être remontée.	473

EXTRAITS

Des Mémoires de l'Institut des Sciences, Lettres et Arts de Paris ; depuis l'an IV (1795), jusques en 1806.

SCIENCES MATHÉMATIQUES ET PHYSIQUES.

TOME PREMIER.

NOMS des AUTEURS.	ANNÉES de L'IMPRESSION.	INDICATION DES MATIÈRES.	MÉMOIRES. Pages.
HAUY.	AN VI (1798)	Observations sur la structure des cristaux, appelés zoolites, et sur les propriétés électriques de quelques - uns ; lues à l'Institut, le 24 germinal an IV (1785).	49
FORFAIT , *ingén. constructeur de la marine.*	*Idem.*	Expériences faites , par ordre du Gouvernement, sur la navigation de la Seine, depuis Rouen jusqu'à Paris , en indiquant les moyens de pouvoir y naviguer à la voile avec des bateaux construits exprès ; lues le 26 thermidor an IV (1795).	120
LAPLACE.	*Idem.*	Mémoire sur le mouvement des corps célestes autour de leur centre de gravité ; lu le premier pluviose an IV (1795).	301
DAUBENTON . .	*Idem.*	Observations sur une pétrification du mont de Terre-Noire , département de la Loire ; lues le 26 pluviose an IV (1795).	543
		TOME II.	
REGNIER.	AN VII (1799)	Rapport sur le projet d'un thermomètre métallique , présenté par M. Regnier.	pag. 18 de l'histoire.
WANS-WINDEN.	*Idem.*	Rapport sur la mesure de la méridienne de la France , et les résultats qui en ont été déduits pour déterminer les bâses du nouveau système métrique ; lu les 6 et 11 prairial an VII. . . .	23, *Idem.*

NOMS des AUTEURS.	ANNÉES de L'IMPRESSION.	INDICATION DES MATIÈRES.	MÉMOIRES. Pages.
CUVIER.	AN VII. 1799	Mémoire sur les espèces d'éléphans, vivantes et fossiles ; lu le premier plusiose an IV (1795).	1
R. PRONY. . . .	Idem.	Mémoire sur un moyen de convertir les mouvemens circulaires continus en mouvemens rectilignes alternatifs, dont les allées et venues soient d'une grandeur arbitraire ; lu le 21 thermidor an IV (1795).	216
BOSSUT	Idem.	Théorème de géométrie, où l'on enseigne des portions de voûtes hémisphériques dont la solidité s'exprime par une formule algébrique ; lu le 6 floréal an IV (1796).	226
COULOMB. . . .	Idem.	Résultat de plusieurs expériences destinées à déterminer la quantité d'action que les hommes peuvent fournir par leur travail journalier, suivant les différentes manières dont ils emploient leurs forces ; lu le 5 ventose an V (1797). . .	380

T O M E   I I I.

NOMS des AUTEURS.	ANNÉES de L'IMPRESSION.	INDICATION DES MATIÈRES.	MÉMOIRES. Pages.
DELAMBRE. . .	AN IX. 1801	Rapport sur un nouveau télégraphe, de l'invention de MM. Breguet et Bétancourt ; par Messieurs Lagrange, Laplace, Borda, Prony, Coulomb, Charles et Delambre ; lu le 21 germinal an VI (1797).	22
COULOMB. . . .	Idem.	Détermination théorique et expérimentale des *forces* qui ramènent différentes aiguilles aimantées à saturation à leur méridien magnétique ; lue le 26 prairial an VII (1798).	176
Idem.	Idem.	Expériences destinées à déterminer la cohérence des fluides et les lois de leur résistance dans les mouvemens très-lents ; lues le 6 prairial an VIII (1799)	246
MARESCOT. . .	Idem.	Mémoire sur l'effet des mines (*Art militaire*), dont Bélidor avoit déjà publié une expérience curieuse, qui étoit que, si, au lieu de tenir pleins les fourneaux des mines, on laissoit autour de la charge un certain espace, on en augmenteroit l'effet par la chaleur de la poudre enflammée ; lu le premier germinal an VIII (1799).	370

NOMS des AUTEURS.	ANNÉES de L'IMPRESSION.	INDICATION DES MATIÈRES.	MÉMOIRES. Pages.
RUMFORT....	1806	*Troisième mémoire*, lu le 19 germ. an XII (1804).	88
Idem........	*Idem.*	*Quatrième mémoire*, lu le 10 flor. an XII (1804).	97
Idem........	*Idem.*	*Cinquième mémoire*, lu le 17 flor. an XII (1804).	106
Idem........	*Idem.*	*Sixième mémoire*, lu le 11 germinal an XIII (1805), sur la chaleur...............	123
DESMARETS...	*Idem.*	Mémoire sur la détermination de trois époques de la nature, par les produits des volcans, et sur l'usage qu'on peut faire de ces époques dans l'étude des volcans ; lu le premier prairial an XII (1804)................	219
COULOMB....	*Idem.*	Résultat des différentes méthodes employées pour donner aux lames et aux barreaux d'acier le plus grand degré de magnétisme ; lu le 13 prairial an X (1802)................	399
RAMOND.....	*Idem.*	Mémoire sur la mesure des hauteurs, à l'aide du baromètre ; lu le 17 nivose an XIII, et le 6 floréal suivant (1805).............	435
FOURCROY... VAUQUELIN..	*Idem.*	Mémoire sur la découverte d'une nouvelle matière inflammable et détonnante, formée par l'action de l'acide nitrique sur l'indigo et les matières animales ; lu le 4 germ. an XIII (1805).	531
Les mêmes.	*Idem.*	Mémoire sur les phénomènes et les produits que donnent les matières animales, traitées par l'acide nitrique ; lu le 18 germ. an XIII (1805).	541
Idem........	*Idem.*	Premier mémoire sur le platine brut, sur l'existence de plusieurs métaux et d'une espèce nouvelle de métal dans cette mine ; lu le 3 vendémiaire an XII (1804).............	565
MÉCHAIN.... DELAMBRE...	*Idem.* Travail fait en 1792 et années suiv.	Base du système métrique décimal, ou mesure de l'arc du méridien compris entre les parallèles de Dunkerque et Barcelone, exécuté en 1792 et années suivantes ; par MM Méchain et Delambre, tome 1er..............	

SAVANS ÉTRANGERS.

MÉMOIRES présentés à l'Institut des Sciences, Lettres et Arts, par divers Savans, et lus dans ses Assemblées.

SCIENCES MATHÉMATIQUES ET PHYSIQUES.
TOME PREMIER, 1806.

NOMS des AUTEURS.	ANNÉES de L'IMPRESSION.	INDICATION DES MATIÉRES.	Pages.
J. B. VENTURI.	1806	Précis de quelques expériences sur la section que des cylindres de camphres éprouvent à la surface de l'eau, et réflexions sur les mouvemens qui accompagnent cette section ; lu le 28 pluviose an V (1797).	125
BURCKHARD...	Idem.	Mémoires sur les micromètres ; lu le 26 brumaire an VIII (1600). . . ·	219
BIOT.	Idem.	Mémoire sur les équations aux différences mélées ; lu le premier brumaire an VIII (1800).	296
LANCRET, *ingén. des ponts et chaus.*	Idem.	Mémoire sur les courbes à doubles-doubles courbures ; lu le 26 floréal an X (1802).	416
A. M. AMPÈRE..	Idem.	Recherches sur l'application des formules générales du calcul des variations aux problèmes de la mécanique, lu le 26 floréal an XI (1803).	493
DANGOS.	Idem.	Observations sur les réfractions terrestres ; lues le 27 prairial an X (1802).	463
PARSEVAL. . . .	Idem.	Intégration générale et complète de deux équations importantes dans la mécanique des fluides ; lue le 28 thermidor an XI (1803).	524
Idem.	Idem.	Méthode générale pour sommer, par le moyen des intégrales définies, la suite donnée par le théorème de M. Lagrange, au moyen de laquelle il trouve une valeur qui satisfait à une équation algébrique ou transcendante ; lue le 17 floréal an XII (1804).	567
NIEUPORT. . . .	Idem.	Mémoire contenant la solution d'un problème de mécanique proposé par M. Dalembert; lu le 26 pluviose an X (1802).	649
Idem.	Idem.	Mémoire sur l'équation générale des polygones réguliers, et la division d'un arc quelconque en parties égales ; lu le 26 pluviose an X (1802).	659

SUITE
DES MÉMOIRES DE L'INSTITUT,

ANNÉE 1806.

Base du système métrique décimal, par M. DELAMBRE, Secrétaire
perpétuel de l'Institut.

TOME PREMIER (1).

« Les deux questions (c'est M. Delambre qui parle), de la grandeur
» et de la figure de la terre, qui exercent depuis si long-temps les as-
» tronomes et les géomètres, paroissent de nature à n'être jamais en-
» tièrement épuisées. Les anciens ne se sont guères occupés que de la
» première ; la seconde leur avoit semblé résolue aussitôt que posée.
» Dès l'instant où l'on se fut démontré la courbure de la terre et la con-
» vexité des mers, on se hâta de conclure que la terre étoit un globe.
» Dans un temps où l'on ne vouloit voir dans le ciel que des cercles,
» quand on ne pouvoit concevoir que des mouvemens rectilignes ou
» circulaires, on n'avoit garde d'élever le moindre doute sur une sup-
» position qui réunissoit une grande simplicité en théorie, et une exac-
» titude suffisante pour la pratique. Il passa donc pour certain jusqu'à
» Huygens et Newton que la terre étoit sphérique. Dans cette hypothèse,
» il suffit de mesurer un arc d'un méridien quelconque, pour être en
» état de construire un globe qui soit, en petit, la représentation de la
» terre, et sur lequel on puisse tracer, dans leurs justes proportions, les

____

(1) Extrait du discours préliminaire, page 1re et suiv. Cet ouvrage, qui doit comprendre deux volumes in-4. d'environ 600 pages chacun, avec des planches, fera époque dans l'histoire des sciences.

» différens pays qui en partagent la surface. Erastothène paroît être le
» premier qui ait montré comment devoit se faire l'opération fonda-
» mentale de la géographie ; sans sortir de son observatoire, il donna la
» première idée de la marche qu'il falloit suivre pour déterminer la
» grandeur de la terre, etc. »

Depuis long-temps le système incohérent des mesures avoit excité les
réclamations des bons esprits. Pour le faire disparoître, on eut l'idée
d'une mesure universelle, prise dans la nature. Le choix pouvoit se
partager entre trois unités fondamentales ; le pendule qui bat les secondes,
le quart de l'équateur, ou celui du méridien : ce qui exigeoit la mesure
de la méridienne. Cette mesure, qui fournit tous les élémens pour déterminer la figure et la grandeur de la terre, a été trouvée par des méthodes d'observations et de calculs qui peuvent être d'un grand intérêt
aux ingénieurs.

« Tous les auteurs (dit M. Delambre) qui ont mesuré des arcs du
» méridien, ont commencé par la description de leurs instrumens ; le
» nôtre est si connu maintenant, que ce seroit un soin fort inutile,
» d'autant plus que le cercle de Borda, par sa nature, n'exige que des
» vérifications extrêmement aisées, et qui, pour les observations géo-
» désiques, se bornent à rendre l'axe optique des deux lunettes paral-
» lèle au plan du cercle. Nous parlerons ailleurs de la manière dont on
» s'assure de la verticalité du plan dans les observations des distances
» au zénith. Quant à la figure de l'instrument, elle se trouve gravée
» dans la *Connoissance des temps*, de l'an 6, et dans l'exposé des opé-
» rations de 1787, pour la jonction des observations de Paris et de
» Greenwich.

» Les deux cercles avec lesquels j'ai fait toutes mes observations avoient
» de rayon, l'un $0^m 21^c$, et l'autre $0^m 18^c$. Le plus grand étoit mar-
» qué du n° 1, le second du n° 4. M. Mechain avoit les n°s 2 et 3. Les deux
» miens étoient divisés en quatre cents degrés subdivisés chacun en dix
» parties ; ce qui faisoit au total quatre mille divisions tracées sur le
» limbe. Le Vernier les partageoit encore chacune en dix parties sans
» la moindre incertitude, et l'on pouvoit même estimer, sans se trom-
» per de deux ou trois, les millièmes de degrés. Quatre alydades placées
» presque à angle droit, divisoient encore l'erreur ; en sorte que ce n'est
» pas trop dire que l'instrument donnoit les millièmes de degrés. Ainsi,

» faisant abstraction des erreurs de la division, on auroit un angle à
» trois ou quatre secondes près, par une seule observation. Supposons,
» en outre, 12″ d'erreur sur la division où l'on s'arrêtoit au bout d'une
» série, on auroit 15″ à diviser par le nombre des observations ; ce qui
» fait presque toujours une quantité insensible. Nous ne faisons pas
» entrer dans ce calcul les erreurs du pointé, produites par toutes les
» illusions optiques qui peuvent naître des circonstances atmosphéri-
» ques et de la manière plus ou moins foible, plus ou moins oblique,
» dont les signaux sont éclairés. C'est à ces causes qu'il faut attribuer les
» différences que donnent les observations entre les diverses séries d'un
» même angle, mesurées sur les mêmes points de la division.

» Trois de nos quatre cercles étoient divisés en grades ou degrés déci-
» maux valant chacun 360″ = 0° 9 = 54′ = 3240″. Cette division est beau-
» coup plus commode pour l'usage du cercle répétiteur, et le seroit
» également pour les verniers de tous les instrumens quelconques. Plu-
» sieurs personnes tiennent encore à l'ancienne division par habitude,
» et parce qu'elles n'ont fait aucun usage de la nouvelle; mais aucun de
» ceux qui les ont pratiquées toutes deux ne veut retourner à l'ancienne. »

Comme les tables trigonométriques décimales ne sont pas encore très-
étendues, on peut avoir besoin de convertir les arcs décimaux en degrés,
minutes et secondes ordinaires, et réciproquement. Voici le moyen de
calcul fort simple qu'indique M. Delambre :

« Proposons de convertir l'arc.................... $46^g786625$

» Je retranche le dixième...................... $4^g67865625$

» J'ai pour reste en degrés et décimales........... $42°10790625$

» En multipliant la fraction par 60............... $42°6'4743750$

» Et enfin..................................... $42°6'28''46250$

» En multipliant par 60 la fraction de minutes, pour
» la réduire en secondes.

» Pour exemple de l'opération contraire, supposons
» qu'on ait à chercher avec le cercle un objet inconnu
» qui fait, avec un objet connu, l'angle............ $42°6'28''4625$

» Convertissez les secondes en fraction de minutes... $42°6'474375$

» Convertissez de même les minutes en fraction de degrés. $42°10790625$

» Ajoutez le neuvième........................... $4°67865625$

» Et vous avez, en grades ou degrés décimaux...... $46^g7865625$

» On peut se contenter de multiplier le neuvième par dix , mais l'ad-
» dition sert de preuve à la dernière division faite par neuf. »

Le cercle répétiteur est donc l'instrument le plus commode et le plus
exact pour les grandes opérations géodésiques....... Méthodes de calculs pour l'usage de ce cercle. L'excentricité de sa lunette inférieure
donne lieu à une correction dans les angles observés..... Table de cette
correction. La manière la plus avantageuse de disposer le réticule, est
de donner une inclinaison de 45° à ses deux fils...... Manière de construire et de placer les signaux...... On en emploie de deux espèces :
ceux à réverbère ne doivent être employés que rarement et dans des
circonstances qui les rendent avantageux...... Les signaux ordinaires de-
vront avoir une hauteur suffisante pour être faciles à distinguer. Manière approchée de trouver cette hauteur...... La largeur est moins nécessaire. La forme la plus commode à leur donner en général paroît être
celle d'une pyramide quadrangulaire..... Leur position n'est point arbi-
traire.... On est souvent obligé de les noircir ou blanchir pour les rendre bien visibles : la couleur dépend de celle des objets sur lesquels ils
se projettent, et qu'il est bon de connoître avant de les élever....

Les opérations géodésiques exigent deux espèces d'observations, les
distances au zénith et les angles de position , ou angles entre les sommets de deux signaux..... La distance au zénith est nécessaire pour réduire à l'horizon des angles de position qu'on observe toujours dans
des plans inclinés.....

Il est très-rare que l'on puisse observer au centre de la station ; alors
1 faut une réduction pour ramener au centre l'angle observé ; et, pour
la calculer, ou a besoin de la distance au centre de l'angle, que cette
distance fait avec les objets observés. Cette réduction peut s'obtenir par
deux formules très-simples..... Après cela il faut encore réduire cet angle
au centre du signal observé...... Cette nouvelle correction renferme, dans
son expression, des élémens qu'il est assez difficile de bien connoître......

Comme le centre du cercle, le centre de station et les sommets des
deux signaux observés ne sont jamais dans un même plan , il s'ensuit
que les trois angles de chaque triangle sont observés dans des plans différens. Avant de faire usage de ces angles , il faut donc les réduire à
l'horizon , et on aura alors un triangle sphérique qu'il sera facile de calculer... La somme de ses trois triangles devra surpasser tant soit peu 180°...

Cet excès sphérique et la réduction à l'horison peuvent se calculer au moyen de six tables dressées d'après des formules......

On peut aussi réduire chaque triangle sphérique au triangle formé par ses cordes ; mais, dans cette méthode, il faut une nouvelle réduction aux angles horizontaux..... Elle s'obtient également à l'aide des tables dont on vient de parler.......

Il arrive quelquefois que la distance au zénith ne peut pas s'observer au même point où on a observé les angles ; il faut alors la ramener à ce point par des réductions, afin qu'on puisse s'en servir pour réduire les angles à l'horizon. Mais, pour calculer les différences de niveau des stations, il faudra réduire la distance au zénith à celle qu'on auroit observée, en plaçant le cercle au sommet du signal ; on peut aussi le réduire au pied du même signal.

Dans bien des circonstances, la forme particulière des signaux à leur sommet, et les différens aspects qu'ils présentent, suivant les diverses manières dont ils sont éclairés par le soleil, causent des erreurs assez considérables dans les observations.

« Quand la flèche étoit fort aiguë (dit M. Delambre), il étoit assez
» difficile de s'assurer si l'on observoit toujours le même point. Le mal
» seroit léger s'il se bornoit à augmenter de quelques secondes les dis-
» tances au zénith , et que le point observé fût toujours dans l'axe ;
» mais c'est ce qui n'est pas, et j'en ai une preuve bien remarquable
» entre mille autres. La flèche de Santi est une pyramide octogonale
» assez belle. Un jour que, de Bonnières , je l'observois éclairée du
» soleil , elle me parut avoir trois pointes différentes. La face qui se
» présentoit à moi plus directement étoit fort blanche ; les faces voi-
» sines foiblement éclairées, avoient presque leur couleur naturelle.
» Elles paroissoient plus courtes que la face blanche , et elles étoient
» inégales entre elles. Aucune de ces trois pointes n'étoit véritablement
» dans l'axe du clocher ; toutes trois étoient à la surface et d'autant
» plus éloignées de l'axe, qu'elles étoient plus courtes. Il est évident que
» des observations faites dans de pareilles circonstances sont nécessaire-
» ment défectueuses ; et, ce qu'il y a de plus fâcheux, c'est qu'il est im-
» possible de calculer et de corriger l'erreur ; il faut attendre et choisir
» les instans favorables. »

» Les effets de la lumière sur les signaux ordinaires ne se bornent

» pas à rendre telle ou telle partie plus ou moins visible, ou à racour-
» cir la flèche d'un clocher. Les signaux en sont quelquefois déformés,
» au point d'être méconnoissables. (*Voyez* pag. 33). La même chose
» m'est arrivée à Méry : ce signal m'a paru plus court qu'à l'ordi-
» naire, et la partie visible étoit oblique : ces apparences ne se remar-
» quent guère que dans les temps brumeux, etc., etc. »

X.

NOTICE

SUR QUELQUES MODÈLES DE LA GALERIE DE L'ÉCOLE IMPÉRIALE DES PONTS ET CHAUSSÉES.

N° 61 du modèle.

Écluse à portes-d'èbes cintrées, avec ponts tournans, à construire à l'embouchure du canal projeté d'Honfleur à Villequier. Par M. Cachin, ingénieur en chef, aujourd'hui inspecteur général.

La saillie du busc de cette écluse forme un arc de cercle dont la flèche est le sixième de la largeur entre les bajoyers ; cette proportion, très-indifférente à sa solidité, est adoptée ici seulement, parce qu'elle est reconnue, par expérience, la plus favorable à la coupe des chanfrains et à l'application intime de poteaux-battans.

La forme cintrée de ce busc permet la disposition la plus régulière dans l'appareil du recouvrement du radier, tous les joints partant d'un centre commun. Les portes qui s'élèvent sur cette courbe sont formées d'une file de poteaux jointifs taillés en coupe, dont l'ensemble peut être considéré comme une voûte qui a pour point d'appui les chardonnets, et dont chaque poteau montant représente un cours de voussoirs qui se-roient liés et espacés entre eux par des clefs transversales, chevillées dans les poteaux contigus, de manière à lier ensemble tout le système. Les ventaux ainsi construits sont inflexibles, quel que soit le volume d'eau qu'ils ont à supporter.

La libre circulation des quais nécessite l'établissement d'un pont tour-nant sur les bajoyers de cette écluse pour le passage des voitures.

PONT TOURNANT EN FER FONDU.

La culée de ce pont est un sphéroïde alongé, pratiqué dans le massif des bajoyers, et couronné par le pivot, centre de mouvement ; à la base de ce sphéroïde, est une plate-forme circulaire de 2 pieds ($0^m 65^c$) de diamètre, qui repose sur des corps roulans, et sur laquelle les fermes du pont sont assemblées. Toutes ces fermes sont dirigées vers le centre du mouvement, et sont enclavées par leur sommet dans une pièce commune, au centre de laquelle est située la crapaudine qui reçoit le pivot. Ce pivot doit être considéré comme un simple régulateur. Tout le poids de la volée repose sur la plate-forme qui est établie au pourtour de la base du sphéroïde, supportée elle-même par des corps cylindriques ou sphériques qui tournent sur leur axe, et dont le frottement est insensible.

La pesanteur de chaque volée est évaluée à 46,109 livres ($22,570^{kil}$); l'assemblage est disposé de manière à offrir un parfait équilibre à tous les momens de révolution, soit en appliquant par des points de retenue, ou par des dimensions plus fortes dans les pièces d'assemblage, une résistance proportionnée au poids qu'on estimeroit devoir attribuer aux fardeaux qu'il auroit à supporter à l'extrémité de ses volées.

N° 62 du modèle.

PONT A BASCULE,

Exécuté au Havre en 1792, sur les projets et sous la direction de M. LAMBLARDIE, inspecteur général et directeur de l'Ecole des ponts et chaussées.

LE système de ce pont, qui a 84 pieds ($15^m 59$) de longueur totale et 15 pieds ($4^m 87^c$) de largeur, diffère des autres ponts ordinaires à bascule, en ce que dans ceux-ci l'axe horizontal est fixe, au lieu que dans celui dont il est question, tout le système porte sur un axe qui a lui-même un mouvement horizontal de progression, tandis qu'il en prend un de rotation comme tout l'ensemble du pont, et qu'il y a presque équilibre entre sa volée et sa culée.

Pour la facilité du passage des navires dans l'écluse qui a 42 pieds ($13^m 64$) entre les bajoyers, la largeur entre l'extrémité des deux volées est de 44 pieds ($14^m 29$); le centre de gravité d'une des volées, en s'ouvrant, parcourt une ligne horizontale de 4 pieds 2 pouces ($1^m 35$) de longueur.

(265)

Le massif de maçonnerie qui porte le pont, a 8 pieds (2 ^{m} 60)
d'épaisseur en haut, et 12 pieds (3 ^{m} 89) en bas.

Chaque volée a 22 pieds 8 pouces 3 lignes (7 ^{m} 37) de longueur, et
les culées chacune 20 pieds (6 ^{m} 50).

Lorsque le pont est ouvert, l'extrémité des volées étant élevée de
26 pieds (8 ^{m} 45) au-dessus du niveau des hautes mers de vives eaux, et
le dessus des culées de 17 pieds (5 ^{m} 52) au-dessus du même niveau.

Chaque volée est soutenue par des contrefiches assemblées dans un
chapeau; ces pièces sont mobiles et tournent autour d'un axe horizontal;
deux chaînes fixées à droite et à gauche des contrefiches passent sur
des poulies et suspendent deux masses qui roulent sur des plans courbes
dont le poids suffit pour les mettre en mouvement ; plus elles appro-
chent de la verticale, moins la force que l'on met en mouvement est
considérable.

Lorsqu'on veut fermer le pont, une corde attachée à un cabestan,
soutenue par une poulie fixe, tire la culée de la volée du pont dans la
direction supérieure, et la volée remonte en baissant l'extrémité des
contrefiches qu'elle pousse devant elle, jusqu'à ce que le pont et les
contrefiches soient dans leur position respective.

Pour empêcher que l'axe du pont, lorsqu'il est incliné, ne glisse
sur la ligne horizontale, on met une crémaillère dont les dents s'engrènent dans des trous percés à cet effet dans la partie du cylindre qui
roule sur le plan horizontal de la culée en maçonnerie.

La culée du tablier est soutenue par des montans assemblés dans un
axe horizontal et coiffés par un chapeau. Au moyen d'un levier placé
sur les côtés, on donne un mouvement de rotation au chassis mobile
autour de l'axe, qui laisse échapper la culée, lorsqu'on veut ouvrir le
pont, et, lorsqu'il est fermé, soutient la culée du tablier; et les contrefiches la volée, indépendamment de son appui naturel, lorsque ces volées buttent l'une contre l'autre.

N° 63 du modèle.

Projet d'une Ecluse de navigation, avec portes de flot, d'èbe et de chasse ; par M. PITROU, ingénieur en chef du département de la Manche (1).

DESCRIPTION DU MODÈLE.

CONSTRUCTION DE L'ÉCLUSE ET DES PORTES.

LA largeur du canal étant donnée, on formera deux chambres circulaires, dont les rayons seront moitié de la largeur du canal, plus moitié de l'épaisseur du poteau-tourillon des portes, afin qu'étant ouvertes, le passage soit tout-à-fait libre.

On pratiquera dans chacun des bajoyers deux pertuis qui se rendront dans la chambre de l'écluse ; l'un communiquera avec l'avant-port, et l'autre avec la retenue.

Chaque porte a deux ventaux, formant un angle de 135 degrés. Elle est fixée au point C, centre du mouvement et de la chambre de l'écluse, et arrêtée dans le haut par le moyen d'une forte enrayure horizontale en charpente, faisant fonction de moise, qui embrasse le poteau-tourillon et lui sert de collier.

Jeu des Portes.

Tout le mécanisme des portes consiste à établir un équilibre parfait entre les deux ventaux qui composent chacune d'elles, et à le rompre à volonté. Une vanne placée au dessus de l'entre-toise inférieure en fait tout le jeu.

Supposons la mer montante, la porte étant dans la position A C B, et la vanne fermée au moyen d'un verrou (fonction des portes de flot) ; l'eau, en montant, presse également le 1er et le 2e ventail ; et, comme ils sont de même forme et grandeur, l'équilibre se maintient, et l'eau ne peut entrer dans la retenue.

---

(1) L'expérience, qui a parfaitement réussi, en a été faite en grand dans la retenue de l'est du port de Cherbourg, en juillet 1788, sur un modèle exécuté sur une moitié seulement de l'écluse, à une échelle de 2 pouces pour pied (o mètre o54 millim.)

(267)

(Fonction de porte d'èbe). Quand on veut laisser entrer l'eau dans la retenue, on met la porte dans la position DCQ, et l'on ferme la vanne. La mer monte et entre dans la retenue sans aucun obstacle. Quand elle est étale, veut-on retenir l'eau pour faire chasse, on met la porte dans sa première position, de manière que la vanne soit du côté de la mer; l'eau baisse, et la porte, également pressée sur ses deux ventaux par l'eau retenue, reste dans sa position sans que l'eau puisse en sortir.

(Fonction de porte de chasse). Veut-on chasser avec l'eau de la retenue, il ne s'agit que de faire échapper le verrou qui retient la vanne fermée ; alors l'équilibre étant rompu, le 2e ventail cède à la plus grande pression de l'eau, en décrivant dans la chambre de l'écluse l'arc de cercle BDE, tandis que le 1er ventail a un passage entièrement libre dans le canal. La vanne qui, dans la position de la porte avant la révolution, étoit pressée par l'eau pour s'ouvrir, se trouve chargée, pour se fermer dans la 2e position, au point B.

Veut-on arrêter le courant dans le moment du plus violent effet de la chasse, soit le pertuis OPR, dont on arrête le courant de la chasse, la direction est parallèle à celle du canal, communiquant, d'un côté, dans la chambre d'écluse, et de l'autre, dans la retenue : il suffit de partager en deux parties égales la moitié de la demi-largeur du canal par le moyen d'un guide-eau.

Nota. Ce moyen n'est point indiqué sur le modèle.

(Portes se fermant d'elles-mêmes à mer montante). Quand, à mer basse, l'eau de la retenue s'est écoulée, et que la porte est dans la position ECB, qu'elle a prise lorsqu'on a ouvert la vanne, si l'on n'a point fermé le verrou, la mer montante fermera la porte sans aucune manœuvre.

Ainsi, toutes les fois que l'on n'aura pas à chasser, il ne sera besoin de personne pour surveiller et manœuvrer les portes.

Scie employée, en 1740, au pont de Westminster, pour le recépage des pieux d'enceinte des piles.

Chaque pile du pont de Westminster a été fondée par caisson, dont le fond étoit un fort grillage de charpente, garni de palplanches. Ce grillage servoit de fond au caisson, et les côtés furent construits de manière à pouvoir s'enlever après que la pile fut achevée. Dans le lit de la rivière on a dragué à une profondeur suffisante le fond que l'on a établi de niveau pour y échouer le caisson.

Ce caisson étoit garanti extérieurement d'une file de pieux en bois de sapin de 13, 14 et 15 pouces (0^m 35, 0^m 38 et 0^m 41) d'équarrissage, espacés entre eux à 7 pieds (2^m 27) de distance, et à 30 pieds (9^m 75) parallèlement du pourtour du caisson, afin de le préserver de l'approche des barques et autres grands bâtimens ; ce sont ces pieux qui avoient été battus avec un mouton du poids de 1700 livres (852^{kil}) qui ont été sciés ensuite à 13 et 14 pieds (4^m 22 et 4^m 55) sous la ligne d'eau.

Description de la scie.

Presque toutes les parties qui composent cette machine sont en fer forgé; le centre de gravité passe par l'anneau placé au milieu de la traverse de la partie supérieure qui lie les deux grands montans, et qui sert, au moyen d'un palan, à enlever tout le système, afin de pouvoir faire passer le collet inférieur par la tête du pieu que l'on veut scier. Ces deux montans sont soutenus dans leur milieu par six contre-fiches coudées par le bas.

La lame de la scie est fixée à ses extrémités par deux vis à écrou à un chassis mobile, composé de trois tringles parallèles, dont une coudée dans son milieu, les quatre branches passent librement dans des trous carrés, et se meuvent horizontalement sur quatre petits rouleaux en cuivre pour en diminuer le frottement.

Ce chassis mobile est retenu à ses extrémités par deux espèces d'entretoises auxquelles sont fixées quatre poulies verticales en cuivre, recreusées pour recevoir les cordes qui coulent le long des gorges du grand chassis inférieur adhérent aux quatre montans servant de support.

Les cordes passent sur les deux poulies fixées aux entre-toises du milieu, et ensuite sur deux autres poulies placées à l'extrémité supérieure des deux grands montans, et vont se réunir à l'anneau du contre-poids, qui tend à faire avancer la scie d'une pression égale et uniforme à mesure qu'elle entre dans le pieu.

Aux extrémités inférieures du chassis principal sont deux grands rouleaux en bois, tournant sur leur axe et sur lesquels passent les cordes qui servent à faire manœuvrer la scie, dont le mouvement de va et vient est imprimé par deux hommes placés au dessus de l'eau sur un échafaud, ou espèce de radeau de service.

Tout le système de la scie est fortement fixé au pieu que l'on veut recéper, au moyen de deux forts collets, l'un placé dans la partie supérieure des montans avec des écrous, et l'autre dans la partie inférieure, au moyen d'un long levier qui presse le pieu contre le collet.

Nota. Le sciage d'un de ces pieux de 14 à 15 pouces ($0^m\,38$ à $0^m\,41$) de diamètre, et qui étoient tous en bois de sapin, duroit ordinairement près de deux minutes.

N° 112 du modèle.

Sonnette à déclic, exécutée à Mézières, pour l'instruction des élèves de l'école.

Cette sonnette peut être manœuvrée par des hommes, ou par un cheval. Ce dernier moyen est le moins coûteux. Le mouton étant posé sur la terre, et la sonnette montée de manière que les guides du mouton se trouvent dans les rainures verticales des jumelles, et que les axes du pilotis, du mouton, de la tenaille et de son cordage soient dans une même verticale : l'anse du mouton doit être accrochée par la pince à tenaille du déclic, garnie de son balancier pareillement engagé par ses guides dans les mêmes rainures, et suspendue par le crochet de sa chappe à un cordage qui, après avoir passé par dessus la poulie, vient passer pardevant le cylindre creux de la roue auquel il est arrêté à l'ordinaire, et sur lequel il doit faire un nombre de tours, tel qu'il procure un développement suffisant pour élever le mouton à la hauteur nécessaire;

un autre cordage, arrêté par un bout dans la gorge de la roue sur laquelle il fait autant de tours, en sens contraire, et par l'autre, à un palonnier auquel est attelé un cheval.

En faisant marcher le cheval, la roue tourne, et avec elle son cylindre creux, autour duquel s'entortille le cordage de la tenaille; et le mouton monte jusqu'à ce que, arrivé sous l'entretoise des jumelles, les branches de la tenaille entrent dans la mortaise pratiquée dans cette entretoise qui les force à se rapprocher; la pince s'ouvre, le mouton tombe librement. Dans le moment du coup, le cheval cesse de tirer, le poids de la tenaille et son balancier suffisent pour le faire descendre, en dévidant le cordage du cylindre. La pince à tenaille chanfrainée par dessus, s'ouvre et raccroche elle-même le mouton.

On a ménagé au dessus du mouton deux oreilles sur lesquelles, le balancier étant arrivé, la pince à tenaille ne peut descendre que de la quantité nécessaire pour saisir le dessus de l'anse.

Pour la facilité de mettre les pieux en fiche qui auroient une grande longueur, on a placé, au dessus du chapeau des jumelles de la sonnette, une poulie sur laquelle passe un cordage dont on noue un bout au pieu, et l'autre se roule autour du cabestan.

N.º 119 du modèle.

MACHINE A ÉPUISER.

ROUE A GODETS ET A AUBES.

Cette machine a été employée aux épuisemens lors de la construction du pont de Neuilly, en 1768.

La roue à godets a 16 pieds 6 pouces (5^m 36) de diamètre, et 4 pieds 6 pouces (1^m 46) de largeur : elle est garnie à son pourtour de seize caisses ou godets et de cent dix-huit alluchons.

La roue à aubes a 18 pieds de diamètre (5^m 85) garnie à son pourtour de 128 alluchons; les aubes 20 pieds (6^m 50) de longueur sur 3 pieds (0^m 97) de large; et, pour leur procurer plus d'avantage, elles font, avec le rayon, un angle de 15 degrés, afin de diminuer la résistance qu'elles éprouvent en sortant de l'eau.

Les lanternes de 4 pieds (1^m 30) de diamètre, ont chacune 30 fuseaux : l'arbre des lanternes a 1 pied (0^m 32) de diamètre ; il est plus ou moins long suivant les circonstances. On en a employé à Neuilly de 38, 54 et de 108 pieds (12^m, 17^m et 34^m) de longueur.

La roue à godets est posée sur un chassis composé de quatre montans, assemblés haut et bas par des traverses, et entretenus par des liens : chacun de ces montans est évidé dans son milieu sur 4 pouces (0^m 11) de largeur, pour recevoir les abouts des gissans qui portent la roue qu'on lève et baisse suivant le besoin. Un des points d'appui de l'arbre des lanternes est fixé au chassis avec le même avantage que les gissans ; c'est-à-dire, pouvant l'élever ou l'abaisser à volonté.

L'utilité de ce chassis est de faire descendre également la roue et l'arbre des lanternes, sans rien arrêter, n'ayant besoin pour cela que de draguer autour du chassis.

Cette machine, toute montée, est revenue à la somme totale de 4,442 fr.

Son poids total pris exactement étoit de 20,155 livres ($9,866^{kil}$).

SAVOIR :

La roue à aubes toute assemblée..................12,166 ⎫
La roue à godets.............................4,739 ⎪
L'arbre de 38 pieds 6 pouces (12^m 50) de lon- ⎬ 20,155 liv.
gueur sur 12 pouces (0^m 32) de grosseur, et les ⎪
deux lanternes, chacune de 4 pieds (1^m 30)......3,250 ⎭

N° 121 du modèle.

VIS D'ARCHIMÈDE,

En usage présentement en Hollande.

Cette vis est différente de celles dont on faisoit autrefois usage en Hollande pour dessécher les marais, en ce qu'elle n'est point revêtue d'un cylindre ; la demi-enveloppe qui existe à celle-ci est fixe et plus haute d'un côté que de l'autre ; le versement de l'eau s'opère de côté sans une perte considérable. Son produit est plus grand que si la vis étoit renfermée entièrement dans un cylindre; d'une part, à cause de la résistance de l'eau, et de l'autre à cause de son adhésion à l'enveloppe.

La longueur de la vis (grandeur d'exécution) est de 21 pieds (6^{m}82), et son diamètre 6 pieds (1^{m}95), incliné à l'horizon sur un angle de 5o degrés. L'intérieur du cylindre est partagé en trois hélices inclinées de 14 degrés sur sa circonférence.

Les essais faits avec ce modèle (construit sur $^1/_{12}$ de grandeur), ont donné les résultats suivans.

Le modèle remplissoit un vase de cinq pieds cubes *rhindlantiques* qu'on plongeoit dans l'eau tant soit peu au dessus du bouton de la vis ;

S A V O I R :

200 rotations se sont faites en..................................105″
220 en..165
236 en..225

N.° 122 du modèle.

CHAPELET INCLINÉ.

Ce modèle est le chapelet incliné, mu à force de bras, et employé aux épuisemens dans les travaux hydrauliques.

Sa longueur totale est de 20 pieds (6^{m}5o); il est composé d'une buse et d'une coulisse au dessus presque parallèles, toutes deux découvertes dans la partie supérieure ; les côtés de celle inférieure dans laquelle l'eau monte, ont 12 pouces (o^{m}32) de hauteur, et ceux de l'autre, seulement 6 pouces (o^{m}16); la buse et la coulisse sont liées entre elles par six moises qui leur servent en même temps de point d'appui. La coulisse est élevée d'environ 1 pied (o^{m}32) pour donner plus de facilité au chapelet de se plier sur les lanternes. Les chaînes sont de bois, garnies dans leurs jointures d'une feuille de tôle mince.

La lanterne qui trempe dans l'eau a 20 pouces (o^{m}54) de diamètre ; l'autre qui répond au sommet du batardeau, a 2 pieds (o^{m}65) de diamètre ; de sorte que les diamètres de ces lanternes sont dans la raison du nombre de leurs rayons, afin que les palettes se rencontrent toujours en haut et en bas entre deux rayons, quoique la petite lanterne aille plus vîte que la grande.

Les palettes ont 1 pouce (o^m 027) d'épaisseur, 10 pouces (o^m 27) de largeur, sur 6 pouces (o^m 16) de hauteur, et 3 lignes (o^m 007) de jeu de chaque côté; leur distance de l'une à l'autre est de 6 pouces (o^m 16); les chaînes ont 2 pouces (o^m 054) d'épaisseur, sur autant de largeur.

Ce chapelet est mis en mouvement à force de bras, les manivelles sont accompagnées de crossettes pour rendre la manœuvre plus facile; un homme, appliqué à l'extrémité, tire et pousse par un mouvement horizontal, et un autre qui lui est opposé agit de même. Il suffit qu'ils fassent chacun un chemin de 18 pouces (o^m 49) en arrière, et autant en avant, qui est la grandeur du coude de la manivelle, pour agir avec aisance; au lieu que s'ils étoient appliqués immédiatement aux poignées, la grandeur du bras de levier leur causeroit plus de fatigue, puisqu'ils auroient un cercle à décrire de plus de 9 pieds (2^m 92) de circonférence à chaque révolution.

N.º 123 du modèle.

CHAPELET VERTICAL.

Ce chapelet (en grand) a été employé aux épuisemens du pont de la Concorde à Paris, en 1789; il est déposé, ainsi que plusieurs autres machines, dans le grand magasin de l'école. Il a 22 pieds (7^m 15) de longueur; le tuyau montant 13 pouces (o^m, 35) extérieurement; son diamètre intérieur 6º (o^m 16) : la face du dessous a plus de longueur que celles des côtés d'environ 2 pieds 6 pouces (o^m 81), afin de pouvoir y attacher le sabot, ou espèce de caisse percée de trous et plongée dans l'eau que l'on veut élever; à travers cette caisse passe un boulon sur lequel tourne un cylindre conique dans son milieu, pour faciliter l'entrée des grains de la chaîne sans fin dans le tuyau.

Contre les faces extérieures du tuyau sont attachés, à droite et à gauche, des montans qui supportent l'essieu du hérisson avec des crics pour former l'auge qui conduit l'eau de l'autre côté du batardeau.

35

Le hérisson est composé d'un moyeu de 16 pouces (0^m 43) de diamètre dans le milieu, réduit à 15 pouces (0^m 41), par ses extrémités.
Ce moyeu est hérissé de six griffes de fer, ayant 7 pouces (0^m 19)
de largeur par le haut, et 7 lignes (0^m 016) d'épaisseur, échancrée dans
le milieu pour faciliter le jeu de la chaîne : l'essieu a 18 lignes (0^m 04)
en carré, arrondi aux sorties du moyeu. Les manivelles ont 15 pouces
(0^m 41) de coude, et les poignées 3 pieds 4° (1^m 08), pour que deux
hommes puissent y être appliqués de front.

Les grains ont 6 pouces (0^m 16) de hauteur, y compris la tige et la
queue. Leur diamètre est de 5 pouces 6 lignes (0^m 14). Sur leur plan,
on pose une ou deux rondelles de cuir, dont le diamètre est égal à celui
du tuyau montant. Sur ces rondelles, on pose une plaque de fer servant
à serrer les cuirs par le moyen d'une clavette qui traverse la tige.

L'intervalle, entre chaque grain, est de 4 pieds (1^m 30) de milieu
en milieu.

Le produit de ce chapelet, mu par quatre hommes, agissant sans interruption pendant une heure, et faisant faire 53 révolutions aux manivelles dans une minute, donne environ 2000 pieds cubes (68^m 55)
d'eau par heure, élevée à 16 pieds et demi (5^m 20).

N° 105 du modèle.

Une des grues employée à la construction de la nouvelle église de Sainte-Geneviève à Paris, en 1760.

Cette grue faite sur le même système que celle employée à la construction de cet édifice, a moins de volée que celle construite en 1763
par M. Brulé, qui a servi à élever le dôme, et qui portoit les pierres,
d'un poids quelconque, jusqu'à 120 pieds (40^m) de distance de son
point d'appui, et à 60 pieds (20^m) de hauteur, celle-ci n'ayant servi que
pour enlever les pierres lors de la construction des quatre pendentifs qui
soutiennent le dôme; elle a aussi un avantage en ce que si, au moment
où la pierre déjà élevée à une certaine hauteur, le cordage vient à
casser, les hommes qui marchent sur les fuseaux, fixés autour de la
circonférence de la grande roue, ne courent aucun danger, au moyen

d'une pression qui s'exerce alors sur la roue et qui l'arrête subitement.

Cette pression est produite par une pièce de bois, placée horizontalement, mobile sur un axe à une des extrémités, dont l'autre est assemblée à une aiguille verticale, qui, elle-même, est embrassée avec la volée par une moise horizontale, également mobile. Cette moise porte une des poulies, sur lesquelles glisse la corde.

Le frottement de cette corde, au moment où la pierre monte, presse cette moise mobile sur un tourillon en fer qui lui sert de point d'appui sur la volée, retient la pièce de bois élevée, et laisse agir la roue ; mais si la corde vient à se rompre, le poids de cette pièce, plus celui du poids qui est ajouté à son extrémité, n'étant plus retenu élevé, s'abaisse sur-le-champ, presse sur la roue et l'arrête.

N° 106 du Modèle.

Grue employée aux travaux du port du Havre ; exécutée en 1787 par M. LAMBLARDIE, *alors ingénieur en chef.*

Cette machine, uniquement destinée à la décharge des pierres qui arrivoient au Havre par eau, a été employée avec succès à ce genre de service ; elle a deux avantages particuliers sur les grues ordinaires :

1°. Celui d'avoir la position de sa volée indépendante de celle du corps de la grue ; en sorte que la roue du treuil est placée dans un établissement fixe, qui, par conséquent, est susceptible d'une plus grande solidité que les roues suspendues et attachées à la queue qui est le prolongement de la volée dans les grues ordinaires.

Le second avantage consiste en ce que la volée n'ayant pas une queue qui fait bascule, on peut employer des pièces d'un moindre équarrissage, et par conséquent un système de charpente plus léger, et cependant capable d'un grand effort. Il ne faut pas d'ailleurs de poinçon, pièces difficiles à trouver par rapport à la force de son équarrissage et par la disposition du patin qui peut, sans inconvénient, avoir beaucoup d'empattement ; cette grue n'est pas exposée à basculer, ce qui exige beaucoup de précaution dans le système ordinaire.

Quant à son service, il est facile à concevoir ; la volée dans la direction perpendiculaire au treuil, et par conséquent au mur du quai, peut aller chercher les pierres dans la calle des navires : les pierres montées, on fait tourner la volée qui est susceptible de former un angle droit avec la position précédente, et le fardeau arrive sur le diable (ou charriot) qu'on a amené sous la volée : des rouleaux empêchent la rupture du câble dans le pli que le mouvement de rotation de la volée lui fait faire, et une écharpe, ou verge en fer, empêche la volée de baisser le nez sous les fardeaux les plus considérables.

———

EXTRAIT

Des Tables des ANNALES DES ARTS ET MANUFACTURES, sur les découvertes modernes concernant les arts, etc. ;

Depuis 1799 jusqu'en 1806.

TOME PREMIER.

NOMS des AUTEURS.	ANNÉES de L'IMPRESSION.	INDICATION DES MATIÈRES.	Pages.
VANDERMONDE. MONGE. BERTHOLET.	1799	Sur la fabrication de l'acier.	34
ARTLEY	Idem.	Sur la trempe de l'acier.	133
CARTWRIGHT	Idem.	Sur la pompe à feu et pistons métalliques de Cartwright (avec *figure*).	78
CHAPPE	Idem.	Son télégraphe portatif à l'usage des armées (avec *fig.*)	203
PACKENHAM	Idem.	Manière de réparer les mâts endommagés dans les combats (avec *fig.*)	327

TOME II.

NOMS des AUTEURS.	ANNÉES de L'IMPRESSION.	INDICATION DES MATIÈRES.	Pages.
WILSON	Idem.	Sur la construction des ponts en fer (avec *fig.*).	166

TOME III.

NOMS des AUTEURS.	ANNÉES de L'IMPRESSION.	INDICATION DES MATIÈRES.	Pages.
MURDOCK	Idem.	Nouvelle manière de construire les pompes à feu.	100
GOWEN. SMEATON.	1801	Forme à donner aux ailes des moulins à vent (avec *fig.*).	311
NICHOLSON	Idem.	Sur la construction mécanique de la vis (avec *fig.*).	317

E X T R A I T

Des Tables des Mémoires et Transactions des Sociétés et Académies de la Grande-Bretagne, sur les découvertes modernes concernant les arts, depuis 1794 jusqu'en 1806 (consignées dans la Bibliothèque britannique).

NOMS des AUTEURS.	ANNÉES de L'IMPRESSION.	INDICATION DES MATIÈRES.	Pages.
		TOME PREMIER.	
Par le R. P. VINCE.	1794	Observations sur la propriété fondamentale du levier, auquel on a joint une preuve du principe admis par Archimède.	579
SMÉATON	Idem.	Construction du fanal d'Edystone.	201, 611
	Idem.	Description du grand télescope d'Herscheld. . .	495, 587
		TOME II.	
WALES.	1795	Manière de trouver les longitudes en mer. . . .	49
NORTHMORE. .	1795	Description du télégraphe de l'amirauté..	78
SMÉATON	1796	Recherches expérimentales sur les forces du vent et de l'eau.	163
PAUL.	Idem.	Description des pompes à incendies, telles qu'on les construit à Londres.	330
		TOME III.	
SMÉATON	Idem.	Recherches expérimentales sur les meilleurs cimens.	98, 201
ATWOLD	Idem.	Recherches sur les vibrations des balanciers . . .	378

NOMS des AUTEURS.	ANNÉES de L'IMPRESSION.	INDICATION DES MATIÈRES.	Pages.
		TOME IV.	
Edward WILLAMS	1795	Détails d'une mesure trigonométrique, exécutée en Angleterre.	273
L. EDGEWORTH	1797	Expériences sur les véhicules à roues.	260
		TOME V.	
E. WILLIAMS .	1795	Dernier extrait des détails d'une mesure trigonométrique, exécutée en Angleterre.	9
W.	1797	Mortier, ou stuc, à l'usage des bâtimens.	275
		TOME VI.	
BURGESS	Idem.	Manière de produire un mouvement de rotation, par l'action d'un mouvement alternatif.	294
W. PARTENSON.	Idem.	Composition d'un enduit pour préserver les bois	403
		TOME VII.	
E. WILLIAMS .	1798	Expériences sur la force expansive de l'eau qui se gèle	14
N. BLAIR.	Idem.	Expériences et observations sur l'inégale réfrangibilité de la lumière	177
W. BACHE. . . .	Idem.	Machine propre à communiquer le mouvement aux moulins et aux forges	268
		TOME VIII.	
J. ROTHERAM .	Idem.	Quelques propriétés des suites géométriques, développées dans la solution d'un problème qu'on a cru indéterminé.	34
W. FALCONER.	Idem.	Observations sur les connoissances des anciens sur l'électricité..	281

NOMS des AUTEURS.	ANNÉES de L'IMPRESSION.	INDICATION DES MATIÈRES.	Pages.
		TOME XIV.	
Th. YOUNG...	1800	Esquisse d'une suite d'expériences et de recherches sur le son et la lumière.	201, 301
S. KEIR.	*Idem.*	Description de la lampe hydrostatique.	75
S. ACCUM.	*Idem.*	De l'ancienneté de l'art de la gravure sur verre.	192
		TOME XV.	
HERSCHEL.	*Idem.*	Expériences d'Herschel sur la lumière et la chaleur.	193
Idem.	*Idem.*	Sur les rayons solaires et terrestres qui occasionnent la chaleur.	293
Idem.	*Idem.*	Sur la faculté de pénétrer dans l'espace avec les lunettes et les télescopes, etc.	97
W. CLOSE	*Idem.*	Description d'une machine propre à élever l'eau par le mouvement latéral, d'un courant d'eau dans un tube conique.	389
		TOME XVI.	
KIRVAN	1801	Essai sur les talus des montagnes.	147
J. THOMSON	*Idem.*	Expériences pour déterminer si les fluides sont ou non des conducteurs du calorique.	301
		TOME XVII.	
W. CLOSE.	*Idem.*	Nouvelle application d'un siphon pour élever l'eau au dessus de la surface d'un réservoir (avec *fig.*).	73
		TOME XVIII.	
R. BUCHANAN	*Idem.*	Description d'une pompe nouvelle.	54
		TOME XIX.	
W. HERSCHEL.	*Idem.*	Expériences sur les rayons solaires et terrestres qui occasionnent la chaleur.	19 et 123

NOMS des AUTEURS.	ANNÉES de L'IMPRESSION.	INDICATION DES MATIÈRES.	Pages.
PICTET.	1801	Comparaison du mètre définitif avec un étalon des mesures anglaises, rapportée par M. Pictet.	109
R. PRONY	*Id.*	Description et usage du comparateur de Lenoir.	301
		TOME XX.	
Idem.	1802	Résultat des expériences faites pour déterminer le rapport du mètre au pied anglais	103
		TOME XXI.	
J. HOWARD. . .	*Idem.*	Traité de géométrie sphérique..	125
		TOME XXII.	
PICTET.	1803	Description du baromètre portatif de Deluc. . .	309
L. EDGEWORTH	*Idem.*	Sur la possibilité d'exécution et les avantages d'un système général de routes garnies en fer, et les moyens de l'exécuter.	87
		TOME XXIII.	
T. CAVALLO . .	*Idem.*	Élémens de physique expérimentale	3,125,229, 337
		TOME XXIV.	
Idem.	*Idem.*	Élémens de physique expérimentale.	3,109,205, 297
H. GREATHEAD.	*Idem.*	Description et usage d'un bateau, appelé *bateau de secours* (avec *fig.*).	270
		TOME XXV.	
RUMFORD. . . .	1804	Recherches sur la chaleur et sur la manière dont elle se propage...	185 et 273
SOCONILCKI . .	*Idem.*	Lettre sur un pont militaire, exécuté à Grodno (avec *fig.*).	335

FIN.

TABLE
DES ARTICLES.

CHAPITRE II.

Ponts projetés.

CHAPITRE III.

Navigation.

CHAPITRE IV.

Extraits de divers Mémoires et Rapports.

CHAPITRE V.

Machines.

PLANCHES DU RECUEIL.

ERRATA.

Page 14, 2e alinéa, *ligne* 7, *au lieu de* 1 pouce ($0^m\,27$), *lisez* ($0^m\,027$).

La même faute se retrouve quelquefois dans l'évaluation des pouces ou lignes en mètres; il faut alors lire le nombre comme s'il exprimoit des millimètres.

Page 18, 5e alinéa, 18 pouces ($0^m\,88$), *lisez* 18 pouces ($0^m\,49$).

Page 30, 4e alinéa, *ligne* 3, 2 pieds ($0^m\,54$), *lisez* 2 pouces ($0^m\,054$).

Page 31, 2e alinéa, *c'est sur les formes*, lisez *c'est sur les fermes*.

Page 35, 1er alinéa, *ainsi que les trottoirs*, lisez *ainsi que les parapets*.

Page 38, *ligne* 3, 2 pouces ($0^m\,054^c$) et 1 pouce ($0^m\,025^c$), il faut supprimer le *c*; la même faute se retrouve encore quelquefois.

Page 42, 2e alinéa, *ligne* 7, 18 pieds, *lisez* 18 pouces.

Page 54, 4e alinéa, 2 pieds et demi et 3 pieds cubes ($3^m\,08$ et $3^m\,70$), *lisez* ($0^m\,09$ et $0^m\,11$) cubes.

Page 55, dans le titre du milieu, conférence, *lisez* circonférence.

Page 56, 3e alinéa, 7 pieds cubes ($8^m\,64$), *lisez* ($0^m\,26$) cube.

Page 59, *ligne* 3, les rayons des rayons des roues, *lisez* les rayons des roues.

Page 67, 60,000 toises carrées ($116,940^m$), *lisez* 240,000 mètres carrés.

Page 71, *article manufacture*, commencée en 1792 et finie en 1760, *lisez* commencée en 1752 et finie en 1760.

Page 80, 2e alinéa, la sûreté des possesseurs, *lisez* la sûreté des possessions.

Page 83, *article pavé des rues*, 3e alinéa, 200 milles ($26^{myr}\,12$), *lisez* ($33^{myr}\,33$).

Page 93, 4e alinéa, à 51 milles ($2^{my}\,50$), *lisez* ($8^{myr}\,5$).

Page 100, 3e alinéa, 4 à 5 pouces ($0^m\,43$ à $0^m\,47$), *lisez* ($0^m\,108$ à $0^m\,135$).

Page 102, 5e alinéa, 30 pouces ($0^m\,66$), *lisez* ($0^m\,81$).

Page 114, *ligne première*, prr, *lisez* par.

Idem, 2e alinéa, *ligne* 2, 3 pieds ($2^m\,92$), *lisez* 3 pieds ($0^m\,96$).

Page 121, 5e alinéa, et leur conserver, *lis.* à leur conserver.

Page 123, *ligne* 2, ($0^m\,30$), *lis.* ($0^m\,32$).

Idem, 2e alinéa, *ligne* 5, 6 pouces (2^m), *lisez* 6 pieds (2^m).

Page 130, 4e alinéa, *ligne* 8, représente, *lis.* ressemble.

A la table des produits de la vis d'Archimède, à la colonne de l'élévation **en mesures métriques,** mètres cubes, *lis.* mètres.

Dans toute cette colonne, il est nécessaire de reculer la virgule d'une place vers la droite. Ex. : première ligne, ($0^m\,2401$), *lis.* ($2^m\,401$).

Page 147, gypse grosseur opaque, *lisez* gypse grossier opaque.

Dans les pesanteurs de l'air commun et de l'air pur, il faut reculer la virgule d'une place vers la gauche. Ex. : 123,233, *lisez* 12,3233.

Page 156, *Homberg* 1697, sur le changement dans quelques liqueurs dans le vide, *lisez* de quelques liqueurs.

Page 166, *Sénès*, toise des voûtes, *lisez* toisé des voûtes.

Page 170, *Vaucanson*, fatdeaux, *lisez* fardeaux.

Page 174, *Réaumur*, surpassent, *lisez* surpasse.

Page 183, *Varignon, premier article*, les espaces qui, *lisez* les espaces que.

Page 184, *Tschirnausen*, développés, *lisez* développées.

Page 192, *Parent, ligne* 7, on, *lisez* ou.

Page 194, *Bernouilly, ligne* 2, pour déterminer, *lisez* pour le déterminer.

Page 240, *Legendre*, des sphéroïdes elliptiques de résolution, *lisez* de révolution.

Page 241, *Monge*, sur les développées et les poids singuliers des courbes à double courbure, *lisez* et les points singuliers.

Page 250, *Gourdain*, pour l'opération de Lock, *lisez* du lock.

Page 252, *Hauy*, 1785, *lisez* 1795.

Page 256, *Burchart*, an VIII (1600), *lisez* (1800).

Page 260, dernière ligne, ses trois triangles, *lisez* ses trois angles.

Page 264, *Pont à bascule, première ligne*, 84 pieds ($15^m\,59$), *lisez* 84 pieds ($27^m\,24$).

NOTE

SUR L'ORIGINE ET L'ÉTAT ACTUEL

DES GRANDS CHEMINS EN FRANCE.

CHEMINS, ROUTES, VOIES.

Extrait de l'Encyclopédie in-fol., tome III, page 275 et suivantes ; édition de 1753.

Chemin, route, voie (*Gramm. synon.*). Termes relatifs à l'action de voyager. Voie se dit de la manière dont on voyage, *aller par la voie d'eau ou par la voie de terre.* Route de tous les lieux par lesquels il faut passer pour arriver d'un endroit dans un autre dont on est fort éloigné. *Chemin et voie* s'emploient encore au figuré : on dit faire son chemin dans le monde, suivre des voies obliques et verser sur sa route. On dit le chemin et la voie du ciel, et non *route*, peut-être parce que l'idée de *battu* et de *fréquenté* sont du nombre de celles que *route* offre à l'esprit. *Route et chemin* se prennent encore d'une manière abstraite et sans aucun rapport qu'à l'idée de *voyage : il est en route, il est en chemin ;* deux façons de parler qui désignent la même action rapportée dans l'une, à la distance des lieux par lesquels il faut passer, et dans l'autre, au terrain même sur lequel il faut marcher.

Il est à présumer qu'il y eut des grands chemins, aussitôt que les hommes furent rassemblés en assez grand nombre sur la surface de la terre, pour se distribuer en différentes sociétés, séparées par des distances. Il y eut aussi vraisemblablement quelques règles de police sur leur entretien, dès ces premiers temps ; mais il ne nous en reste aucun vestige. Cet objet ne commence à nous paroître traité comme étant de quelque conséquence, que pendant les beaux jours de la Grèce ; le sénat d'Athènes y veilloit ; Lacédémone, Thèbes et d'autres Etats en avoient confié le soin aux hommes les plus importans ; ils étoient aidés dans cette inspection par des officiers subalternes. Il ne paroît cependant pas que cette ostentation de police eût produit de grands effets en Grèce. S'il est vrai que les routes ne fussent pas même alors pavées, de bonnes pierres bien dures et bien assises auroient mieux valu que tous les dieux tutélaires qu'on y plaçoit ; ou plutôt ce sont-là vraiment les dieux tutélaires des *grands chemins.* Il étoit réservé à un peuple commerçant de sentir l'avantage de la facilité des voyages et des transports ; aussi attribue-t-on aux Carthaginois le *paver* des premières *voies.* Les Romains ne négligèrent pas cet exemple ; et cette partie de leurs travaux n'est pas une des moins glorieuses pour ce peuple, et ne sera pas une des moins durables. Le premier chemin qu'ils aient construit, passe pour le p us beau qu'ils aient eu. C'est la voie *appienne,* ainsi appelée d'*Appius Claudius.* Deux chariots pouvoient aisément y passer de front ; la pierre apportée de carrières fort éloignées fut débitée en pavé de trois, quatre et cinq pieds de surface. Ces pavés furent assemblés aussi exactement que les pierres qui forment les murs de nos maisons : le chemin alloit de Rome à Capoue ; le pays au-delà n'appartenoit pas encore aux

Romains. La voie *Aurélienne* est la plus ancienne après celle d'*Appius*. *Caïus Aurélius Cotta* la fit construire l'an 512 de Rome : elle commençoit à la *porte Aurélienne*, et s'étendoit le long de la mer Tyrrhène jusqu'au *Forum Aurelii*. La voie *flaminienne* est la troisième dont il soit fait mention : on croit qu'elle fut commencée par C. Flaminius, tué dans la seconde guerre punique, et continuée par son fils : elle conduisoit jusqu'à Rimini. Le peuple et le sénat prirent tant de goût pour ces travaux, que sous Jules-César, les principales villes de l'Italie communiquoient toutes avec la capitale par des *chemins pavés*. Ces routes commencèrent même dès-lors à s'étendre dans les provinces conquises. Pendant la dernière guerre d'Afrique, on construisit un chemin de cailloux taillés en quarré, de l'Espagne dans la Gaule jusqu'aux Alpes. *Domitius Œnobarbus* pava la voie *Domitia*, qui conduisoit dans la Savoie, le Dauphiné et la Provence. Les Romains firent en Allemagne une autre voie domitienne, moins ancienne que la précédente. Auguste, maître de l'empire, regarda les ouvrages des grands chemins d'un œil plus attentif qu'il ne l'avoit fait pendant son consulat. Il fit percer des grands chemins dans les Alpes ; son dessein étoit de les continuer jusqu'aux extrémités orientales et occidentales de l'Europe. Il en ordonna une infinité d'autres dans l'Espagne ; il fit élargir et continuer celui de *Medina* jusqu'à *Gades*. Dans le même temps, et par les mêmes montagnes, on ouvrit deux chemins vers Lyon ; l'un traversa la Tarentaise, et l'autre fut pratiqué dans l'Appenin. Agrippa seconda bien Auguste dans cette partie de l'administration. Ce fut à Lyon qu'il commença la distribution des grands chemins dans toute la Gaule. Il y en eut quatre particulièrement remarquables par leur longueur et la difficulté des lieux ; l'un traversoit les montagnes de l'Auvergne, et pénétroit jusqu'au fond de l'Aquitaine ; un autre fut poussé jusqu'au Rhin et à l'embouchure de la Meuse, suivit, pour ainsi dire, le fleuve et finit à la mer d'Allemagne ; un troisième conduit à travers la Bourgogne, la Champagne et la Picardie, s'arrêtoit à Boulogne sur mer ; un quatrième s'étendoit le long du Rhône, entroit dans le bas Languedoc, et finissoit à Marseille sur la Méditerranée. De ces chemins principaux, il en partoit une infinité d'autres qui se rendoient aux différentes villes dispersées sur leur voisinage ; et de ces villes à d'autres villes, entre lesquelles on distingue Trèves, d'où les chemins se distribuèrent fort au loin dans plusieurs provinces. L'un de ces chemins, entr'autres, alloit à Strasbourg, et de Strasbourg à Belgrade ; un second conduisoit par la Bavière jusqu'à Sirmisch, distant de 425 de nos lieues.

Il y avoit aussi des *chemins* de communication de l'Italie aux provinces orientales de l'Europe par les Alpes et la mer de Venise. Aquilée étoit la dernière ville de ce côté : c'étoit le centre de plusieurs grands chemins, dont le principal conduisoit à Constantinople ; d'autres moins importans se répandoient en Dalmatie, dans la Croatie, la Hongrie, la Macédoine, les Mésies. L'un de ces chemins s'étendoit jusqu'aux bouches du Danube, arrivoit à Tomes et ne finissoit qu'où la terre ne paroissoit plus habitable.

Les mers ont pu couper les *chemins* entrepris par les Romains, mais non les arrêter ; témoins la Sicile, la Sardaigne, l'île de Corse, l'Angleterre, l'Asie, l'Afrique, dont les chemins communiquoient, pour ainsi dire, avec ceux de l'Europe par les ports les plus commodes. De l'un et de l'autre côté d'une mer toutes les terres étoient percées de grandes *voies* militaires ; on comptoit plus de 600 de nos lieues de chemins pavés par les Romains dans la Sicile ; près de 100 dans la Sardaigne, environ 73 dans la Corse ; 1100 dans les îles britanniques ; 4250 lieues en Asie ; 4674 lieues en Afrique. La grande communication de l'Italie avec cette partie du monde étoit du port d'Ostie à Carthage ; aussi les chemins étoient-ils plus fréquens aux environs de ce dernier endroit que dans aucun autre. Telle étoit la correspondance des routes en-deçà et au-delà du détroit de Constantinople, qu'on pouvoit aller de Rome à Milan, à Aquilée, sortir de l'Italie, arriver à Sirmisch en Esclavonie, à Constantinople ; traverser la Natolie, la Galatie, la Sourie ; passer à Antioche, dans la Phénicie, la Palestine, l'Égypte, à Alexandrie ; aller chercher Carthage, s'avancer jusqu'aux confins de l'Ethiopie à Clysmos ; s'arrêter à la mer Rouge, après avoir fait 2380 de nos lieues de France.

Quels travaux ! à ne les considérer que par leur étendue. Mais que ne deviennent-ils pas quand on embrasse sous un seul point de vue et cette étendue et les difficultés qu'ils ont présentées ; les forêts ouvertes, les montagnes coupées, les collines applanies, les vallons comblés, les marais desséchés, les ponts élevés, etc.

Les grands *chemins* étoient construits selon la diversité des lieux ; ici ils s'avançoient de niveau avec les terres ; là , ils s'enfonçoient dans les vallons ; ailleurs, ils s'élevoient à une grande hauteur ; partout , on les commençoit par deux sillons tracés au cordeau : ces parallèles fixoient la largeur du *chemin* ; on creusoit l'intervalle de ces parallèles ; c'étoit dans cette profondeur que l'on étendoit les couches des matériaux du *chemin* : c'étoit d'abord un ciment de chaux et de sable, de l'épaisseur d'un pouce ; sur ce ciment, pour première couche, des pierres larges et plates, de 10 pouces de hauteur, assises les unes sur les autres, et liées par un mortier des plus durs ; pour seconde couche, une épaisseur de huit pouces de petites pierres rondes plus tendres que le caillou , avec des tuiles , des moëlons , des platras et autres décombres d'édifices , le tout battu dans un ciment d'alliage ; pour la troisième couche , un pied d'épaisseur d'un ciment fait d'une terre grasse mêlée avec de la chaux. Ces matières intérieures formoient depuis trois pieds jusqu'à trois pieds et demi d'épaisseur. La surface étoit de gravois liés par un ciment mêlé de chaux, et cette croûte a pu résister jusqu'à présent, en plusieurs endroits de l'Europe. Cette façon de paver avec le gravois étoit si solide, qu'on l'avoit pratiquée partout, excepté à quelques grandes voies où l'on avoit employé de grandes pierres , mais seulement jusqu'à cinquante lieues de distance des portes de Rome. On employoit les troupes de l'État, à ces ouvrages qui endurcissoient ainsi à la fatigue les peuples conquis, dont ces occupations préve-noient les révoltes ; on y employoit aussi les malfaiteurs, que la dureté de ces ouvrages effrayoit plus que la mort, et à qui on faisoit expier utilement leurs crimes.

Les fonds pour la perfection des *chemins* , étoient si assurés et si considérables, qu'on ne se con-tentoit pas de les rendre commodes et durables, on les embellisoit encore ; il y avoit des colonnes d'un mille à un autre, qui marquoient la distance des lieux, des pierres pour asseoir les gens de pied, et aider les cavaliers à monter sur leurs chevaux , des ponts, des temples , des arcs de triomphe, des mausolées, les sépulchres des nobles, les jardins des grands ; surtout dans le voi-sinage de Rome ; au loin, des *hermès* qui indiquoient les routes, des stations etc. Voyez *colonne milliaire*, *hermès*, *voies*, *stations* ou *mansions*. Voyez l'*Antiquité expliquée*, le *Traité* de Bergier , et celui de la *Police* de Lamarc.

.Telle est l'idée qu'on peut prendre en général de ce que les Romains ont fait, peut-être de plus surprenant. Les siècles suivans , et les autres peuples de l'univers offrent à peine quelque chose qu'on puisse opposer à ces travaux, si l'on en excepte le chemin commencé à Cusco, capi-tale du Pérou, et conduit par une distance de 500 lieues, sur une largeur de 25 à 40 pieds , jusqu'à Quito. Les pierres les plus petites dont il étoit pavé, avoient dix pieds en quarré ; il étoit soutenu à droite et à gauche, par des murs élevés au-dessus du chemin , à hauteur d'appui ; deux ruisseaux couloient au pied de ces murs, et des arbres plantés sur leurs bords formoient une avenue immense.

La police des *grands chemins* subsista chez les Romains, avec plus ou moins de vigueur , selon que l'État fut plus ou moins florissant ; elle suivit toutes les révolutions du gouvernement et de l'empire, et s'éteignit avec celui-ci. Des peuples ennemis les uns des autres, indisciplinés , mal-affermis dans leurs conquêtes, ne songèrent guère aux routes publiques, et l'indifférence sur cet objet, dura en France jusques au règne de Charlemagne. Cette commodité étoit trop essen-tielle à la conservation des conquêtes, pour que ce monarque ne s'en apperçût pas ; aussi est-il le premier de nos rois qui ait fait travailler aux *chemins publics*. Il releva d'abord les *voies militaires* des Romains. Il employa à ce travail, et ses troupes et ses sujets : mais l'esprit qui animoit Charle-magne, s'affoiblit beaucoup dans ses successeurs ; les villes restèrent dépavées ; les ponts et les *grands chemins* furent abandonnés, jusques sous Philippe-Auguste, qui fit paver la capitale, pour la première fois en 1184, et qui nomma des officiers à l'inspection des ponts et chaussées. Ces officiers, à charge au public , disparurent peu à peu, et leurs fonctions passèrent aux juges particuliers des lieux , qui les conservèrent jusqu'en 1508. Ce fut alors que les tribunaux relatifs aux *grands chemins* et même à la voierie, en général, se multiplièrent (*voyez* grande voierie) ; il y en avoit quatre différents, lorsque Henri-le-Grand créa l'office de *grand voier*, ou d'inspecteur des routes de la France ; Monsieur de Sully en fut revêtu : mais cette partie ne se ressentit pas, comme les autres, des vues supérieures de ce grand homme : depuis ce temps, le gouvernement s'est réservé la direction immédiate de cet objet important, et les choses sont maintenant sur un pied à rendre les routes du royaume les plus commodes et les plus belles qu'il y ait en Europe, par les moyens les plus surs et les plus simples. Cet ouvrage étonnant est déjà même fort avancé. Quelque soit le côté par où l'on sorte de la capitale, on se trouve sur les chaussées les plus larges et les plus solides ; elles se distribuent dans les provinces de France, les plus éloignées, et il en part de chacune des collatérales, qui établissent, entre les villes, même les moins considérables, la communication la plus avantageuse pour le commerce. Voyez (à l'article *Ponts et chaussées*), quelle est l'administration à laquelle nous devons ces travaux utiles, et les précautions qu'on pourroit prendre pour qu'ils le fussent davantage encore, et que les hommes qu'on y applique, tous intelligens, se servissent de leurs lumières pour la perfection de la géographie, de l'hydrographie, et de presque toutes les parties de l'histoire naturelle et de la cosmologie.

Chemin. (Jurisprud.) On distingue en général deux sortes de *chemins* ; savoir, les *chemins publics* et les *chemins privés*.

Chez les Romains, on appeloit *via* tout *chemin public* ou *privé* ; par le terme d'*iter* seul, on entendoit un droit de passage particulier sur l'héritage d'autrui ; et par celui d'*actus*, on entendoit le droit de faire passer des bêtes de charge, ou une charette ou chariot sur l'héritage d'autrui ; ce qu'ils appeloient ainsi *iter* et *actus* n'étoient pas des chemins proprement dits, ce n'étoient que des droits de passage ou servitudes rurales.

Ainsi le mot *via* étoit le terme propre pour exprimer un *chemin public* ou *privé* ; ils se servoient cependant aussi du mot *iter* pour exprimer un *chemin public*, en y ajoutant l'épithète *publicum*.

On distingue parmi nous en général deux sortes de *chemins publics* ; savoir les grands *chemins*, ou *chemins royaux*, qui tendent d'une ville à une autre, et les chemins de traverse, qui communiquent d'un *grand chemin* à un autre, ou d'un bourg ou village à un autre. Il y a aussi des *chemins privés* qui ne servent que pour communiquer aux héritages.

Les premiers réglemens faits en France, au sujet des *chemins*, se trouvent dans les Capitulaires du roi Dagobert, où il distingue *via publica, via convicinalis* et *semita*. Il prononce des amendes contre ceux qui barroient les chemins.

Charlemagne est cependant regardé comme le premier de nos rois qui ait donné une forme à la police des *grands chemins* et des *ponts* : il fit contribuer le public à cette dépense.

Louis le Debonnaire, et quelques-uns de ses successeurs, firent aussi quelques ordonnances à ce sujet ; mais les troubles des X, XI et XIIe siècles firent perdre de vue la police des *chemins* ; on n'entretenoit alors que les plus nécessaires, comme les chaussées qui facilitoient l'entrée des ponts ou des grandes villes, et le passage des endroits marécageux.

Nous ne parlerons pas ici de ce qui se fit sous Philippe-Auguste, par rapport au pavé des rues de Paris, cet objet devant être renvoyé aux mots *pavés* et *rues* ; mais il paroît constant que le rétablissement de la police des *grands chemins* eut à-peu-près la même époque que la première confection du pavé de Paris, qui fut en 1184, comme on l'a dit plus haut.

L'inspection des *grands chemins* fut confiée, comme du temps de Charlemagne et de Louis le Débonnaire, à des envoyés ou commissaires généraux, appelés *missi*, qui étoient nommés par le roi, et départis dans les provinces : ils avoient seuls la police des *chemins*, et n'étoient comptables de leurs fonctions qu'au roi.

Ces commissaires s'étant rendus à charge au public, ils furent rappelés au commencement du XIVe siècle, et la police des chemins fut laissée aux juges ordinaires des lieux.

Les choses restèrent en cet état jusqu'en 1508, que l'on donna aux trésoriers de France quelque part en la grande voierie. Henri II, par édit de février 1552, autorisa les élus à faire faire les réparations qui n'excéderoient pas *vingt livres*. Henri III, en 1583, leur associa les officiers des eaux et forêts, ensorte qu'il y avoit alors quatre sortes de jurisdictions qui étoient en droit de connoître de ces matières.

Henri IV ayant reconnu la confusion que causoit cette concurrence, créa, en 1599, un office de
and voyer, auquel il attribua la surintendance des grands *chemins*, et le pouvoir de commettre des
utenans dans les provinces.

Cet arrangement n'ayant pas eu tout le succès que l'on en attendoit, Louis XIII, par édit de fé-
ier 1626, supprima le titre de grand voyer, et attribua la jurisdiction sur les *grands chemins* aux
ésoriers de France, lesquels étant répandus dans les différentes provinces, sont plus à portée de
quer à cet exercice ; mais le roi ayant bientôt reconnu l'importance de se réserver la surintendance
la grande voierie, établit alors un directeur général des ponts et chaussées, qui avoit sous lui plu-
urs inspecteurs et ingénieurs, et sur le rapport du directeur général, le roi ordonnoit chaque année,
r arrêt de son conseil, les travaux et réparations qui devoient être faits aux chemins. L'adjudication
rabais de ces ouvrages se faisoit à Paris par les trésoriers de France, et dans les provinces, par les
endans, qui veilloient aussi sur les *grands chemins*, suivant les ordres qui leur étoient envoyés. Les
ys d'Etat veilloient eux-mêmes dans leur territoire à l'entretien des ponts et chaussées.

Henri II avoit ordonné, dès 1552, de planter des arbres le long des *grands chemins*, mais cela avoit
é mal exécuté.

L'arrêt du conseil du 3 mai 1720, qui a fixé la largeur des *grands chemins*, a ordonné de les border
fossés, et aux propriétaires des héritages qui y aboutissent de les planter des deux côtés d'ormes,
res, châtaigniers, arbres fruitiers, ou autres arbres, suivant la nature du terrain, à la distance de
nte pieds l'un de l'autre, et à une toise au moins du bord extérieur des fossés, et de les armer
pines.

Faute par les propriétaires d'en planter, il est dit que les personnes auxquelles appartient le droit
voierie, pourront en planter à leurs frais, et qu'en ce cas les arbres plantés par eux leur appartien-
ont, de même que le fruit de ces arbres. La même chose avoit déjà été ordonnée.

Lorsqu'il s'agissoit de construire ou de réparer quelque *chemin public*, les juges préposés pour y
ir la main pouvoient contraindre les paveurs, et autres ouvriers nécessaires, de s'y employer, sous
ine d'amende, et même d'emprisonnement.

Il étoit défendu à toutes personnes d'anticiper sur les *chemins*, ni d'y mettre des fumiers, ou
tre chose qui puisse embarrasser.

Lorsqu'il s'agissoit d'élargir ou d'aligner les *chemins publics*, les propriétaires des terres voisines
ient tenus de fournir le terrain nécessaire.

Les entrepreneurs étoient autorisés à prendre des matériaux partout où ils en pouvoient trouver, en
lommageant le propriétaire.

Les terres nécessaires pour rehausser les chemins pouvoient être prises sur les terrains les plus
oches.

Il étoit défendu à toutes personnes de détourner les voitures qui travailloient aux *chemins*, ni de leur
porter aucun trouble.

En quelques endroits on avoit établi des péages, dont le produit étoit destiné à l'entretien des *che-
ns*. Pour éviter l'embarras que causoient sur les chemins les voitures qui étoient trop larges, on avoit
é, dès 1624, la longueur des essieux des charriots et charrettes à cinq pieds dix pouces, avec dé-
se aux ouvriers d'en faire de plus longs.

Les rouliers ne devoient point atteler plus de quatre chevaux à une charrette à deux roues. (Arrêt
conseil, du 18 juillet 1672, et décembre ; du 14 novembre 1724.)

La charge d'une voiture à deux roues étoit de cinq poinçons de vin, ou de trois milliers pesant
autres marchandises : il étoit néanmoins permis aux rouliers de porter six poinçons de vin, en por-
t au retour du pavé et du sable aux atteliers des *grands chemins*. On oblige même présentement ceux
i retournent à vide de porter une certaine quantité de pavé. *Voyez* la Bibliothèque de Bouchet, au
t *chemin* ; les Lois civiles, *part. II, liv. I* ; l'Exposition des Coutumes sur la largeur des che-
ns, etc. ; le Traité sur la construction des chemins ; l'Ordonnance des Eaux et Forêts, le Traité de
Police, *tom. IV, liv. IV*, le Dictionnaire des Arrêts, au mot *chemin*.

L'Ordonnance des Eaux et Forêts, au titre des *routes* et *chemins royaux*, porte que dans les forêts les *grands chemins* auront au moins soixante-douze pieds de largeur, et que dans six mois tout bois, épines et broussailles qui se trouveroient dans l'espace de soixante pieds, *ès grands chemins* servant au passage des coches et carrosses publics, tant des forêts du roi que de celles des ecclésiastiques, communautés, seigneurs et particuliers, seroient essartés et coupés, ensorte que le chemin soit plus libre et plus sûr.

Cette même ordonnance vouloit aussi que les propriétaires des héritages aboutissans aux rivières navigables laissassent le long des bords vingt-quatre pieds, au moins, de place en largeur, pour *chemin de halage* et trait de chevaux, sans qu'ils puissent planter arbre, ni tenir clôture ou haie plus près que trente pieds du côté que les bateaux se tirent, et dix pieds de l'autre bord, à peine de 500 liv. d'amende, confiscation des arbres, et d'être, les contrevenans, contraints à réparer et remettre en état les *chemins* à leurs frais.

La largeur des autres *chemins royaux*, hors les forêts et bord des rivières, a été réglée différemment par divers lettres patentes et arrêts, jusqu'à l'arrêt du conseil du 3 mai 1720, qui a fixé la largeur des *grands chemins* à soixante pieds, et celle des autres *chemins publics* à trente-six pieds ; ce qui s'est observé depuis ce temps autant qu'il a été possible : on a même donné plus de largeur à quelques-uns des *chemins royaux* des environs de Paris, et cela pour la décoration de l'abord de la capitale de l'empire.

Depuis cinquante ans, l'art de la construction des ponts et des chaussees en France s'est beaucoup perfectionné, ainsi que les lois sur cette partie importante de la prospérité publique, principalement depuis le règne immortel du Monarque qui gouverne aujourd'hui l'Empire français.